Visuelles Wörterbuch

ITALIENISCH – DEUTSCH

TOP-FLITE XL
Titleist

Visuelles Wörterbuch

ITALIENISCH – DEUTSCH

coventgarden

coventgarden

BEI DORLING KINDERSLEY
London, New York, Melbourne,
München und Delhi

Lektorat Angeles Gavira
Bildredaktion Ina Stradins
DTP-Design Sunil Sharma, Balwant Singh,
Harish Aggarwal, John Goldsmid, Ashwani Tyagi
DTP-Koordination Pankaj Sharma
Herstellung Liz Cherry
Bildrecherche Anna Grapes
Cheflektorat Liz Wheeler
Chefbildlektorat Phil Ormerod
Programmleitung Jonathan Metcalf

Design für Dorling Kindersley: WaltonCreative.com
Bildbetreuung Colin Walton, Tracy Musson
Gestaltung Peter Radcliffe, Earl Neish, Ann Cannings
Bildrecherche Marissa Keating

Sprachenteil für Dorling Kindersley: g-and-w Publishing
Leitung: Jane Wightwick, **Assistenz:** Ana Bremón
Übersetzung und Lektorat: Christine Arthur
Weitere Unterstützung: Dr. Arturo Pretel, Martin Prill,
Frédéric Monteil, Meinrad Prill, Mari Bremón,
Oscar Bremón, anunchi Bremón, Leila Gaafar

Für die deutsche Ausgabe:
Programmleitung Monika Schlitzer
Projektbetreuung Kathrin Schmidt
Herstellungsleitung Dorothee Whittaker
Herstellung Anna Strommer

Bibliografische Information Der Deutschen Bibliothek
Die Deutsche Bibliothek verzeichnet diese Publikation
in der Deutschen Nationalbibliografie;
detaillierte bibliografische Daten sind im Internet über
http://dnb.ddb.de abrufbar.

ISBN 10: 3-8310-9036-X
ISBN 13: 978-3-8310-9036-5

Colour reproduction by Colourscan, Singapore
Printed and bound at Tlaciarne BB, Slovakia

Besuchen Sie uns im Internet
www.dk.com

sommario
Inhalt

42
la salute
die Gesundheit

146
mangiare fuori
auswärts essen

252
il tempo libero
die Freizeit

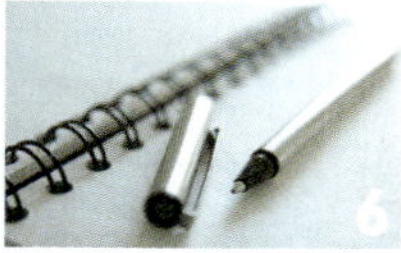
6
informazioni sul dizionario
über das Wörterbuch

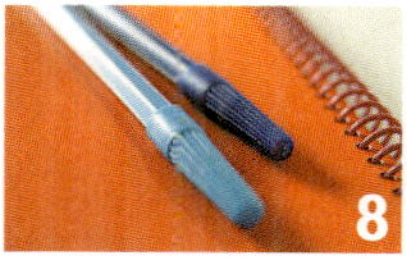
8
come usare questo libro
die Benutzung des Buchs

10
le persone
die Menschen

28
l'aspetto
die äußere Erscheinung

56
la casa
das Haus

92
i servizi
die Dienstleistungen

102
gli acquisti
der Einkauf

116
il cibo
die Nahrungsmittel

160
lo studio
das Lernen

170
il lavoro
die Arbeit

192
i trasporti
der Verkehr

218
gli sport
der Sport

278
l'ambiente
die Umwelt

302
i dati
die Information

324
indice
Register

399
ringraziamenti
Dank

le persone • die Menschen

il corpo | der Körper 12
la faccia | das Gesicht 14
la mano | die Hand 15
il piede | der Fuß 15
i muscoli | die Muskeln 16
lo scheletro | das Skelett 17
gli organi interni die inneren Organe 18
gli organi riproduttivi die Fortpflanzungsorgane 20
la famiglia | die Familie 22
i rapporti die Beziehungen 24
le emozioni | die Gefühle 25
gli avvenimenti della vita die Ereignisse des Lebens 26

l'aspetto • die äußere Erscheinung

gli abiti da bambino die Kinderkleidung 30
l'abbigliamento da uomo die Herrenkleidung 32
l'abbigliamento da donna die Damenkleidung 34
gli accessori | die Accessoires 36
i capelli | das Haar 38
la bellezza | die Schönheit 40

la salute • die Gesundheit

la malattia | die Krankheit 44
il medico | der Arzt 45
la ferita | die Verletzung 46
il pronto soccorso die erste Hilfe 47
l'ospedale | das Krankenhaus 48
il dentista | der Zahnarzt 50
l'ottico | der Augenoptiker 51
la gravidanza die Schwangerschaft 52
il parto | die Geburt 53
le terapie alternative die Alternativtherapien 54

la casa • das Haus

la casa | das Haus 58
i sistemi interni die Hausanschlüsse 60
il salotto | das Wohnzimmer 62
la sala da pranzo das Esszimmer 64
la cucina | die Küche 66
gli utensili da cucina die Küchengeräte 68
la camera da letto das Schlafzimmer 70
la stanza da bagno das Badezimmer 72
la camera dei bambini das Kinderzimmer 74
la lavanderia die Waschküche 76
il laboratorio die Heimwerkstatt 78
la scatola degli attrezzi der Werkzeugkasten 80
il tappezzare | das Tapezieren 82
il giardino | der Garten 84
le piante da giardino die Gartenpflanzen 86
gli attrezzi da giardino die Gartengeräte 88
il giardinaggio die Gartenarbeit 90

i servizi • die Dienstleistungen

i servizi di emergenza die Notdienste 94
la banca | die Bank 96
le comunicazioni die Kommunikation 98
l'albergo | das Hotel 100

gli acquisti • der Einkauf

il centro commerciale das Einkaufszentrum 104
il grande magazzino das Kaufhaus 105
il supermercato der Supermarkt 106
la farmacia | die Apotheke 108
il fioraio das Blumengeschäft 110
l'edicola der Zeitungshändler 112
il confettiere der Konditor 113
gli altri negozi andere Geschäfte 114

il cibo • die Nahrungsmittel

la carne | das Fleisch 118
il pesce | der Fisch 120
le verdure | das Gemüse 122
la frutta | das Obst 126
le granaglie e i legumi secchi die Getreidearten und die Hülsenfrüchte 130
le erbe aromatiche e le spezie die Kräuter und die Gewürze 132
i cibi imbottigliati die Nahrungsmittel in Flaschen 134
i latticini die Milchprodukte 136
il pane e le farine das Brot und das Mehl 138
i dolci e i dessert die Kuchen und die Nachspeisen 140
la salumeria | die Feinkost 142
le bevande | die Getränke 144

mangiare fuori • auswärts essen

- **il caffè** | das Café 148
- **il bar** | die Bar 150
- **il ristorante** | das Restaurant 152
- **il fast food** der Schnellimbiss 154
- **la colazione** | das Frühstück 156
- **la cena** | die Hauptmahlzeit 158

lo studio • das Lernen

- **la scuola** | die Schule 162
- **la matematica** die Mathematik 164
- **la scienza** | die Wissenschaft 166
- **l'università** die Hochschule 168

il lavoro • die Arbeit

- **l'ufficio** | das Büro 172
- **il computer** | der Computer 176
- **i mass media** | die Medien 178
- **la legge** | das Recht 180
- **la fattoria** | der Bauernhof 182
- **l'edilizia** | der Bau 186
- **i mestieri** | die Berufe 188

i trasporti • der Verkehr

- **le strade** | die Straßen 194
- **l'autobus** | der Bus 196
- **l'automobile** | das Auto 198
- **la motocicletta** das Motorrad 204
- **la bicicletta** | das Fahrrad 206
- **il treno** | der Zug 208
- **l'aeroplano** | das Flugzeug 210
- **l'aeroporto** | der Flughafen 212
- **la nave** | das Schiff 214
- **il porto** | der Hafen 216

lo sport • der Sport

- **il football americano** der Football 220
- **il rugby** | das Rugby 221
- **il calcio** | der Fußball 222
- **l'hockey** | das Hockey 224
- **il cricket** | das Kricket 225
- **la pallacanestro** der Basketball 226
- **il baseball** | der Baseball 228
- **il tennis** | das Tennis 230
- **il golf** | das Golf 232
- **l'atletica** | die Leichtathletik 234
- **gli sport da combattimento** der Kampfsport 236
- **il nuoto** | der Schwimmsport 238
- **la vela** | der Segelsport 240
- **l'equitazione** | der Reitsport 242
- **la pesca** | der Angelsport 244
- **lo sci** | der Skisport 246
- **gli altri sport** die anderen Sportarten 248
- **il fitness** | die Fitness 250

il tempo libero • die Freizeit

- **il teatro** | das Theater 254
- **l'orchestra** | das Orchester 256
- **il concerto** | das Konzert 258
- **il turismo** die Besichtigungstour 260
- **le attività all'aria aperta** die Aktivitäten im Freien 262
- **la spiaggia** | der Strand 264
- **il campeggio** | das Camping 266
- **gli intrattenimenti in casa** die Privatunterhaltung 268
- **la fotografia** | die Fotografie 270
- **i giochi** | die Spiele 272
- **arte e artigianato** das Kunsthandwerk 274

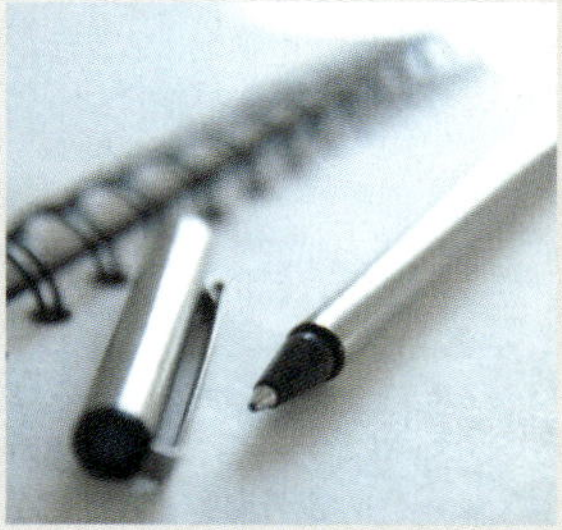

l'ambiente • die Umwelt

- **lo spazio** | der Weltraum 280
- **la Terra** | die Erde 282
- **il paesaggio** | die Landschaft 284
- **il tempo** | das Wetter 286
- **le rocce** | das Gestein 288
- **i minerali** | die Mineralien 289
- **gli animali** | die Tiere 290
- **le piante** | die Pflanzen 296
- **la città** | die Stadt 298
- **l'architettura** die Architektur 300

i dati • die Information

- **l'ora** | die Uhrzeit 304
- **il calendario** | der Kalender 306
- **i numeri** | die Zahlen 308
- **i pesi e le misure** die Maße und Gewichte 310
- **il mappamondo** die Weltkarte 312
- **particelle e antonimi** Partikeln und Antonyme 320
- **frasi utili** praktische Redewendungen 322

informazioni sul dizionario

È dimostrato che l'uso di immagini aiuti a capire e memorizzare le informazioni. Applicando tale principio, abbiamo realizzato questo dizionario bilingue, corredato da numerosissime illustrazioni, che presenta un ampio ventaglio di vocaboli utili in due lingue europee.

Il dizionario è diviso in vari argomenti ed esamina dettagliatamente molti aspetti del mondo moderno, dal ristorante alla palestra, dalla casa all'ufficio, dallo spazio al regno animale. L'opera contiene inoltre frasi e vocaboli utili per conversare e per estendere il proprio vocabolario.

È un'opera di consultazione essenziale per tutti gli appassionati delle lingue – pratica, stimolante e facile da usare.

Indicazioni

Le due lingue vengono presentate sempre nello stesso ordine: italiano e tedesco.

In italiano, i sostantivi vengono riportati con il relativo articolo determinativo, che indica il genere (maschile, femminile o neutro) e il numero (singolare o plurale), come ad esempio:

il seme	**le mandorle**
der Samen	die Mandeln

Alla fine del libro ogni lingua ha inoltre il proprio indice, che consente di cercare un vocabolo in una delle due lingue e di trovare il rimando alla pagina che gli corrisponde. Il genere è indicato dalle seguenti abbreviazioni:

m = maschile
f = femminile
n = neutro

über das Wörterbuch

Bilder helfen erwiesenermaßen, Informationen zu verstehen und zu behalten. Dieses zweisprachige Wörterbuch enthält eine Fülle von Illustrationen und präsentiert gleichzeitig ein umfangreiches aktuelles Vokabular in zwei europäischen Sprachen.

Das Wörterbuch ist thematisch gegliedert und behandelt eingehend die meisten Bereiche des heutigen Alltags, vom Restaurant und Fitnesscenter, Heim und Arbeitsplatz bis zum Tierreich und Weltraum. Es enthält außerdem Wörter und Redewendungen, die für die Unterhaltung nützlich sind und das Vokabular erweitern.

Dies ist ein wichtiges Nachschlagewerk für jeden, der sich für Sprachen interessiert – es ist praktisch, anregend und leicht zu benutzen.

Einige Anmerkungen

Die zwei Sprachen werden immer in der gleichen Reihenfolge aufgeführt – Italienisch und Deutsch.

Substantive werden mit den bestimmten Artikeln, die das Geschlecht (Maskulinum, Femininum oder Neutrum) und den Numerus (Singular oder Plural) ausdrücken, angegeben, zum Beispiel:

il seme	**le mandorle**
der Samen	die Mandeln

Am Ende des Buchs befinden sich Register für jede Sprache. Sie können dort ein Wort in einer der zwei Sprachen und die jeweilige Seitenzahl nachsehen. Die Geschlechtsangabe erfolgt mit folgenden Abkürzungen:

m = Maskulinum
f = Femininum
n = Neutrum

come usare questo libro

Che stiate imparando una lingua nuova a scopo di lavoro, per diletto o in preparazione per una vacanza all'estero, o desideriate estendere il vostro vocabolario in una lingua che vi è già familiare, questo dizionario è uno strumento di apprendimento prezioso che potete usare in vari modi diversi.

Quando imparate una lingua nuova, cercate le parole affini per origine (che sono quindi simili nelle varie lingue) ma occhio alle false analogie (vocaboli che sembrano uguali ma hanno significati molto diversi).

Questo dizionario mostra inoltre come le lingue hanno influito l'una sull'altra.

Attività pratiche di apprendimento

• Girando per casa, in ufficio, a scuola, guardate le pagine relative all'ambiente in cui vi trovate, poi chiudete il libro, guardatevi attorno e cercate di ricordare il nome del maggior numero possibile di oggetti e strutture.

• Provate a scrivere un racconto, una lettera o un dialogo usando il maggior numero possibile dei vocaboli riportati su di una pagina in particolare. Vi aiuterà a memorizzare i vocaboli e a ricordare come si scrivono. Se volete scrivere testi più lunghi, cominciate con delle frasi che comprendano 2 o 3 delle parole.

• Se avete una memoria molto visiva, prendete un foglio di carta e disegnatevi o ricopiatevi le immagini che appaiono nel libro, quindi chiudete il libro e scrivete le parole sotto alle immagini.

• Quando vi sentite più sicuri, scegliete dei vocaboli dall'indice di una lingua straniera e cercate di ricordarne i significati, trovando poi le pagine corrispondenti per verificare che siano giusti.

die Benutzung des Buchs

Ganz gleich, ob Sie eine Sprache aus Geschäftsgründen, zum Vergnügen oder als Vorbereitung für einen Auslandsurlaub lernen, oder Ihr Vokabular in einer Ihnen bereits vertrauten Sprache erweitern möchten, dieses Wörterbuch ist ein wertvolles Lernmittel, das Sie auf vielfältige Art und Weise benutzen können.

Wenn Sie eine neue Sprache lernen, achten Sie auf Wörter, die in verschiedenen Sprachen ähnlich sind sowie auf falsche Freunde (Wörter, die ähnlich aussehen aber wesentlich andere Bedeutungen haben).

Sie können ebenfalls feststellen, wie die Sprachen einander beeinflusst haben.

Praktische Übungen

• Versuchen Sie sich zu Hause, am Arbeits- oder Studienplatz den Inhalt der Seiten einzuprägen, die Ihre Umgebung behandeln. Schließen Sie dann das Buch und prüfen Sie, wie viele Gegenstände Sie in den anderen Sprachen sagen können.

• Schreiben Sie eine Geschichte, einen Brief oder Dialog und benutzen Sie dabei möglichst viele Ausdrücke von einer bestimmten Seite des Wörterbuchs. Dies ist eine gute Methode, sich das Vokabular und die Schreibweise einzuprägen. Sie können mit kurzen Sätzen von zwei bis drei Worten anfangen und dann nach und nach längere Texte schreiben.

• Wenn Sie ein visuelles Gedächtnis haben, können Sie Gegenstände aus dem Buch abzeichnen oder abpausen. Schließen Sie dann das Buch und schreiben Sie die passenden Wörter unter die Bilder.

• Wenn Sie mehr Sicherheit haben, können Sie Wörter aus dem Fremdsprachenregister aussuchen und deren Bedeutung aufschreiben, bevor Sie auf der entsprechenden Seite nachsehen.

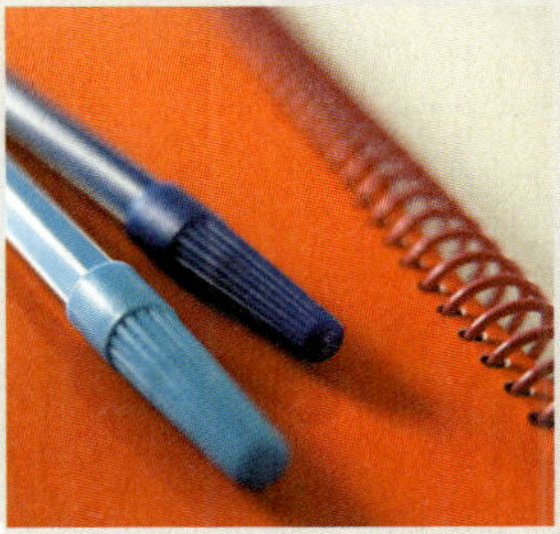

le persone
die Menschen

il corpo • der Körper

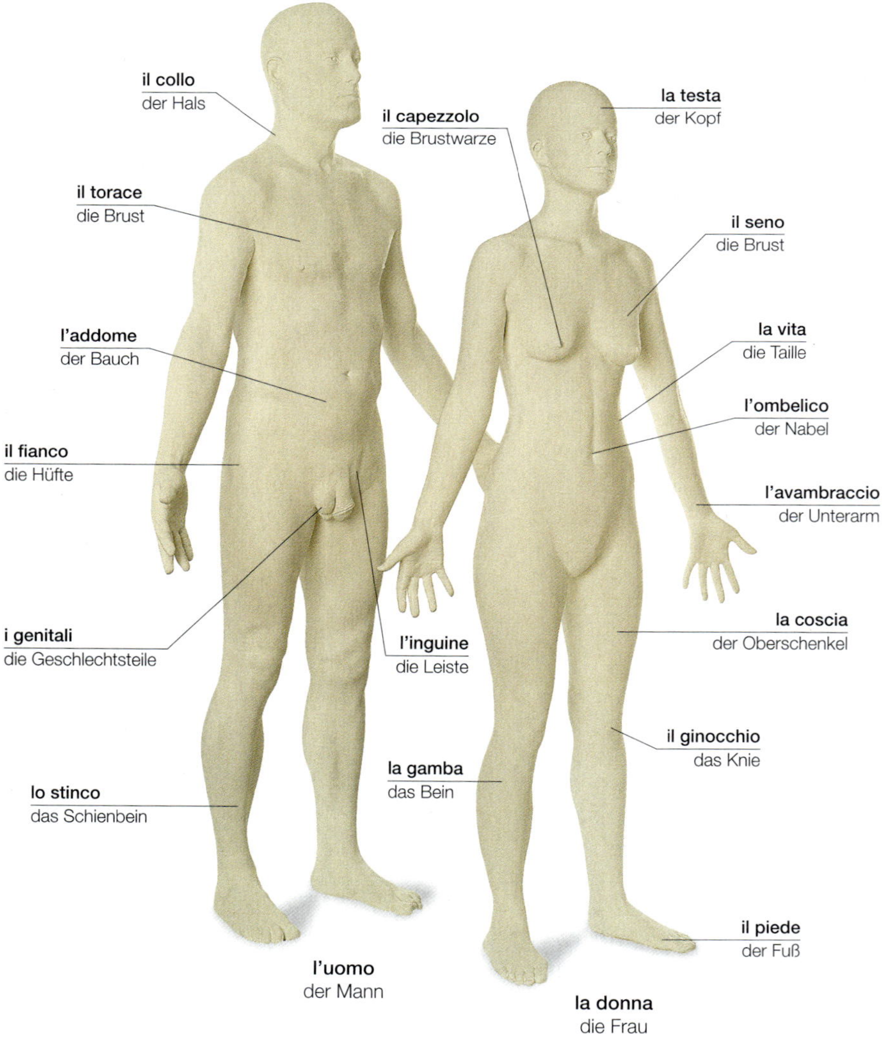

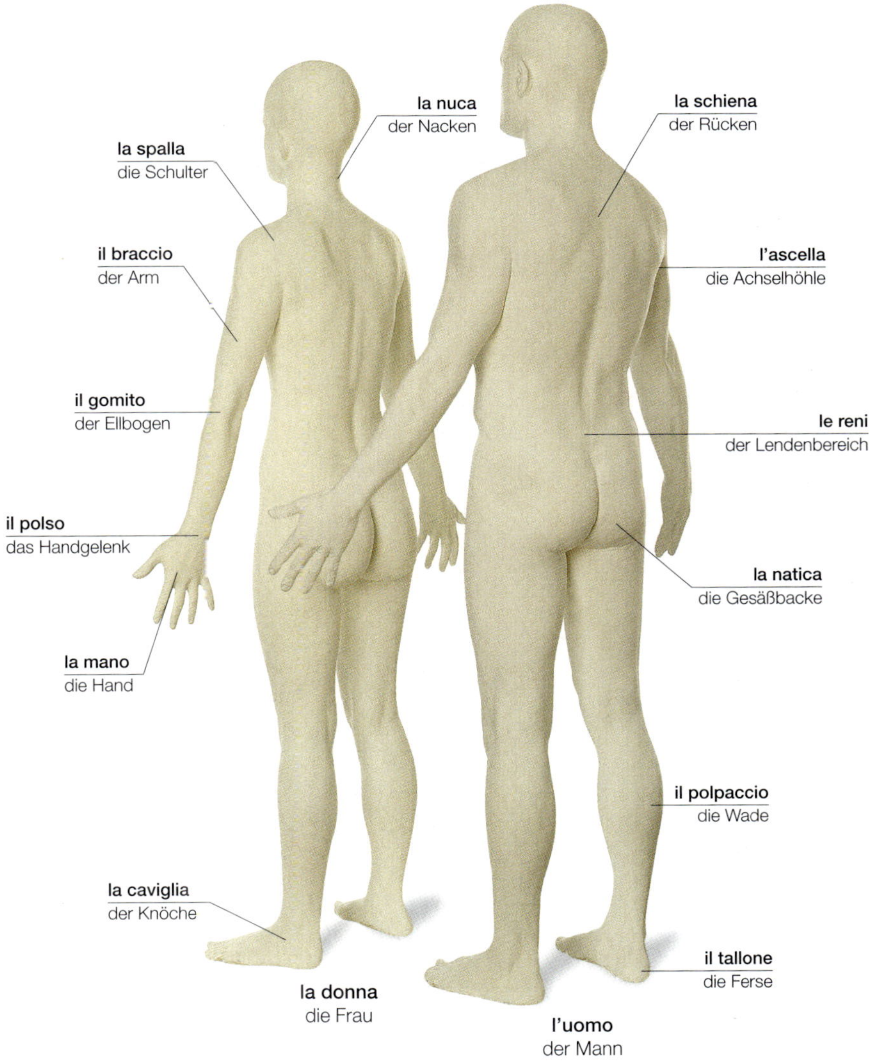
la nuca
der Nacken
la spalla
die Schulter
la schiena
der Rücken
il braccio
der Arm
l'ascella
die Achselhöhle
il gomito
der Ellbogen
le reni
der Lendenbereich
il polso
das Handgelenk
la natica
die Gesäßbacke
la mano
die Hand
il polpaccio
die Wade
la caviglia
der Knöche
il tallone
die Ferse
la donna
die Frau
l'uomo
der Mann

la faccia • das Gesicht

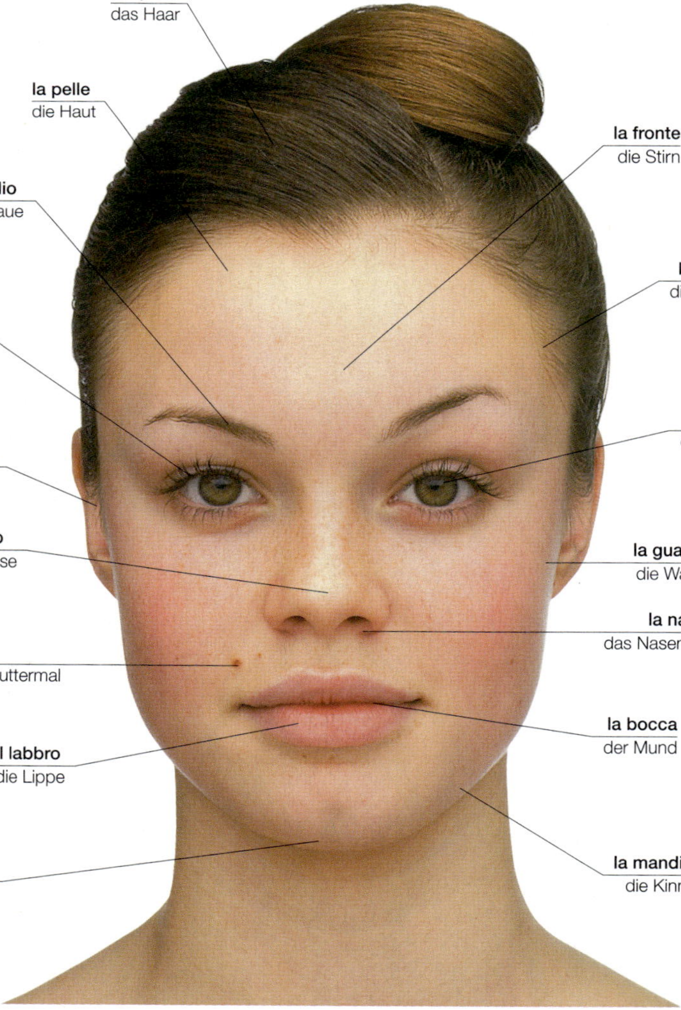

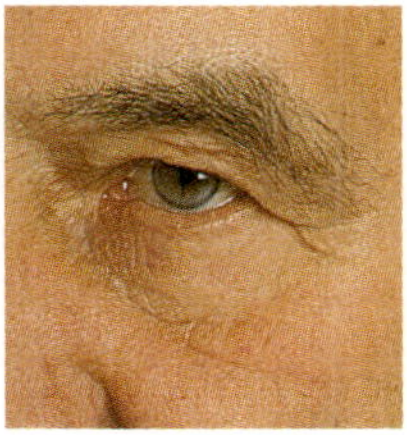

la ruga
die Falte

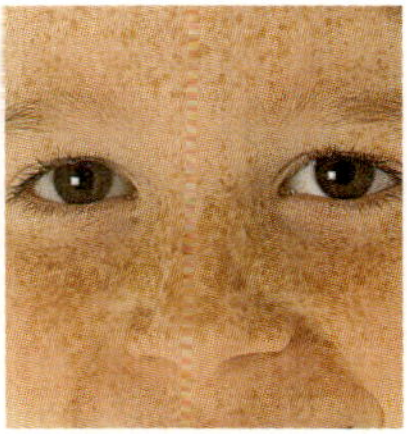

la lentiggine
die Sommersprosse

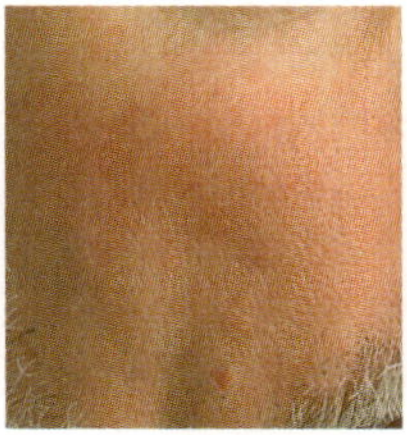

il poro
die Pore

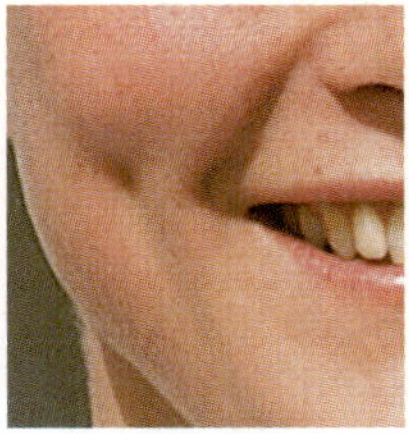

la fossetta
das Grübchen

la mano • die Hand

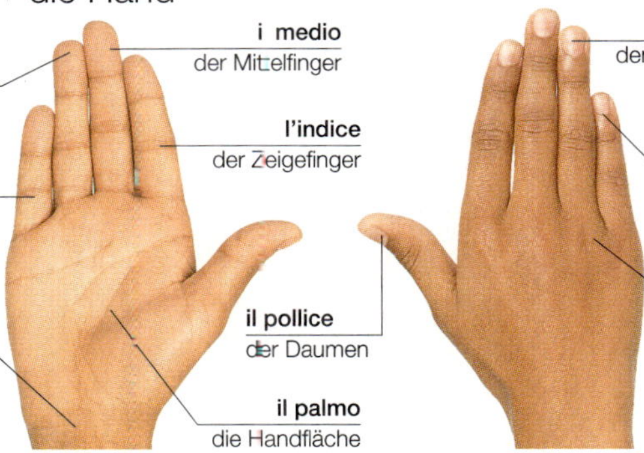

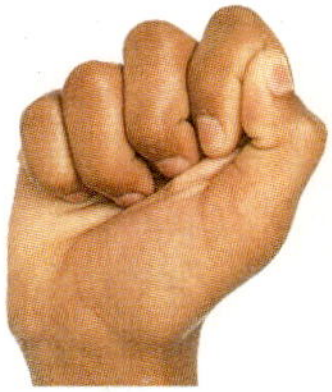

il pugno
die Faust

il piede • der Fuß

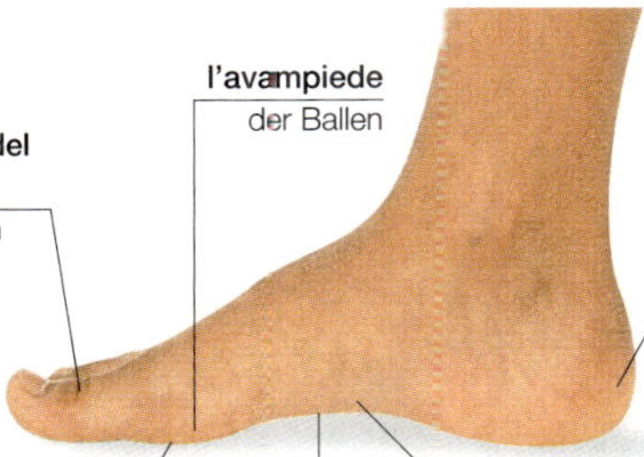

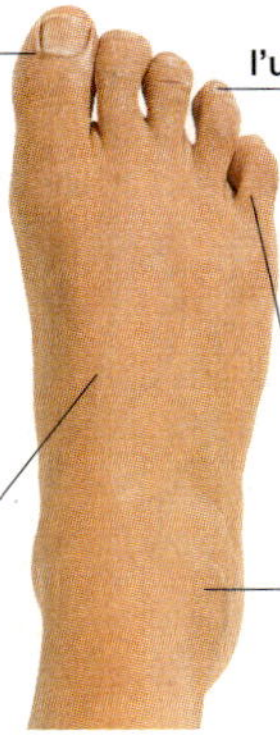

i muscoli • die Muskeln

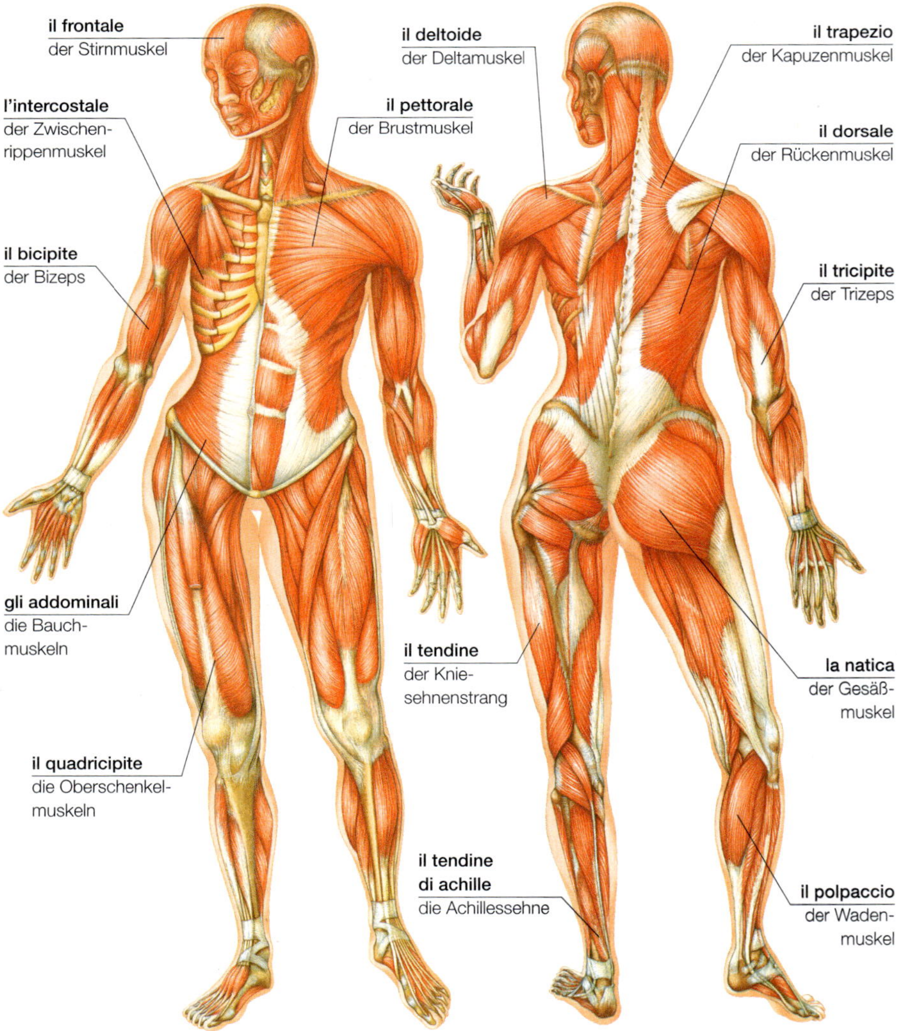

lo scheletro • das Skelett

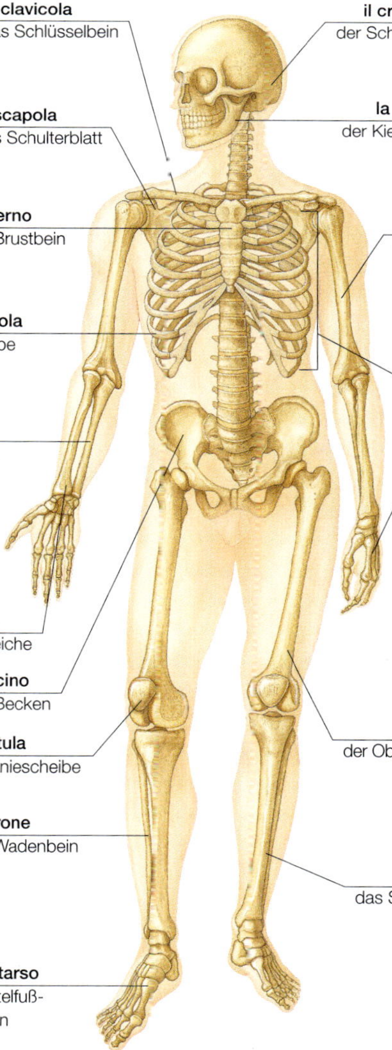

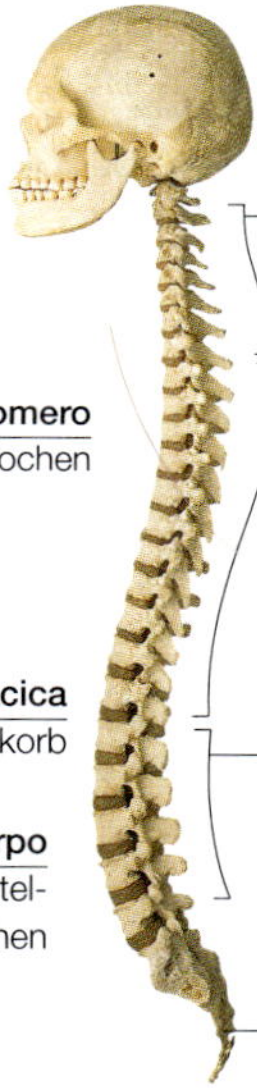

la spina dorsale
die Wirbelsäule

l'articolazione • das Gelenk

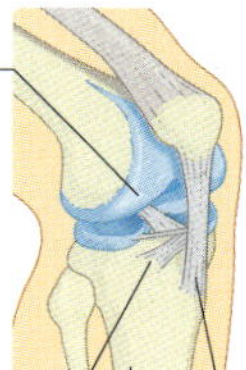

gli organi interni • die inneren Organe

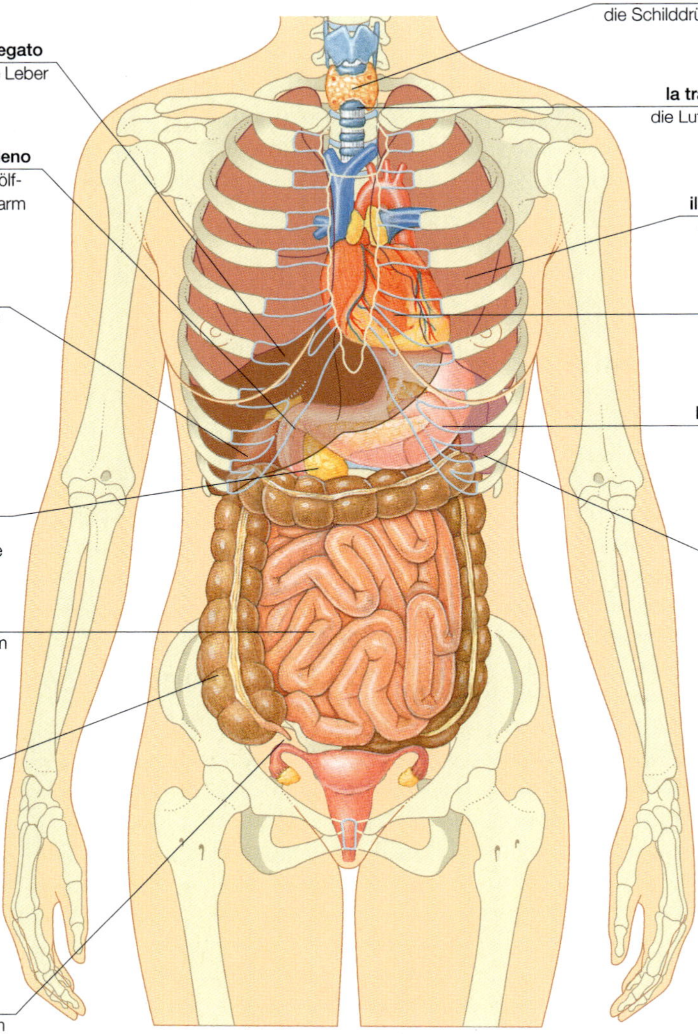

la testa • der Kopf

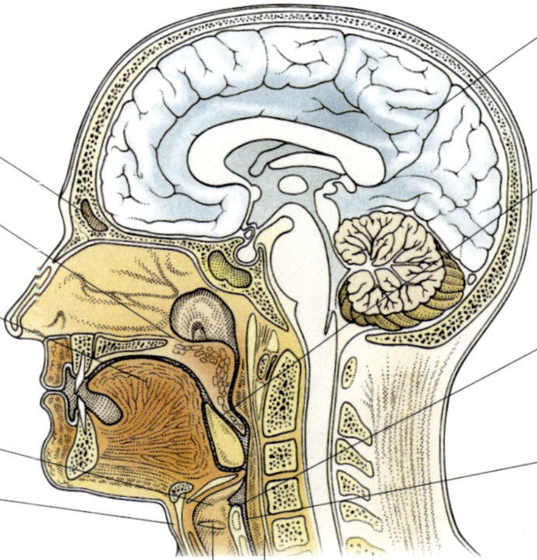

i sistemi corporali • die Körpersysteme

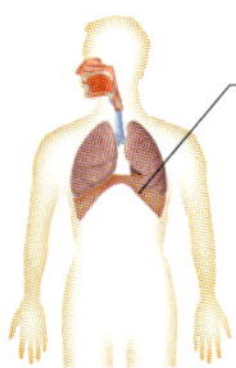

il sistema respiratorio
das Atmungssystem

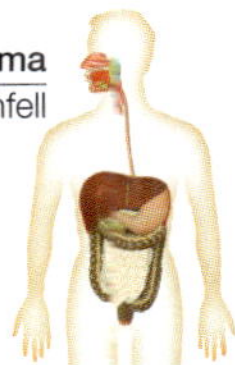
il sistema digestivo
das Verdauungssystem

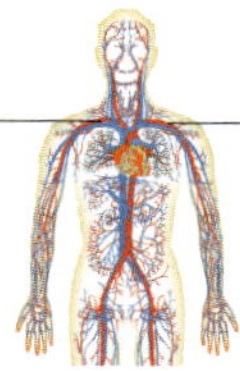

il sistema cardiovascolare
das Herz- und Gefäßsystem

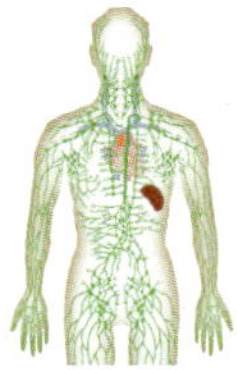
il sistema linfatico
das lymphatische System

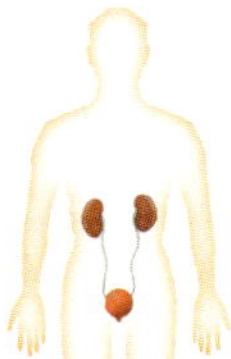
il sistema urinario
das Harnsystem

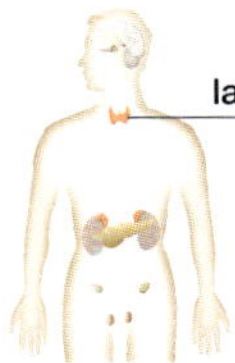

il sistema endocrino
das endokrine System

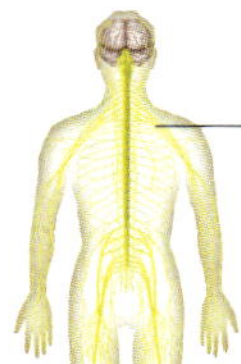

il sistema nervoso
das Nervensystem

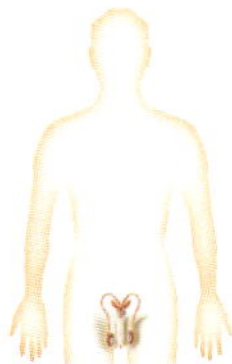
il sistema riproduttivo
das Fortpflanzungssystem

gli organi riproduttivi • die Fortpflanzungsorgane

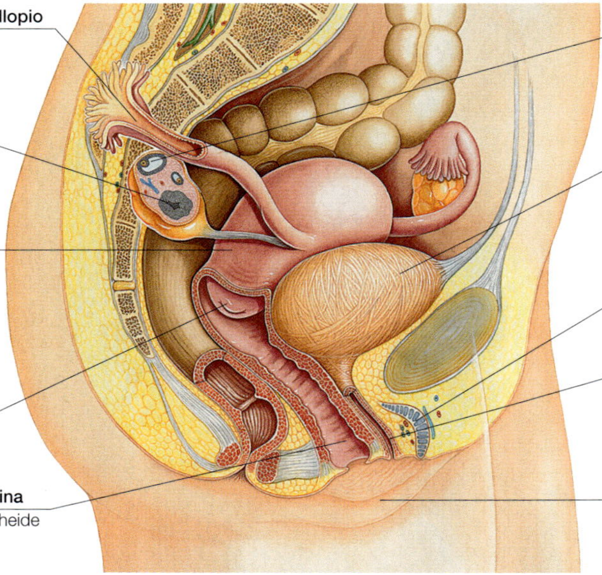

organi riproduttivi femminili | weiblich

la riproduzione • die Fortpflanzung

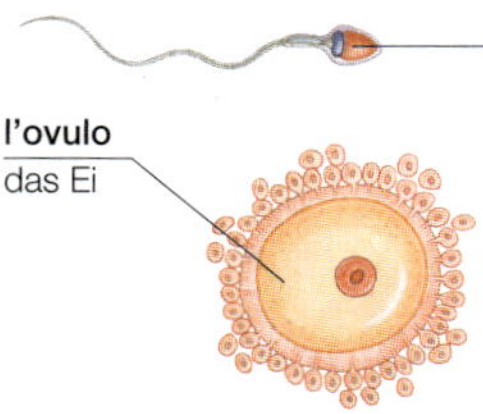

la fecondazione | die Befruchtung

vocabolario • Vokabular

l'ormone das Hormon	**impotente** impotent	**la mestruazione** die Menstruation
l'ovulazione der Eisprung	**fecondo** fruchtbar	**il coito** der Geschlechtsverkehr
sterile steril	**concepire** empfangen	**la malattia venerea** die Geschlechtskrankheit

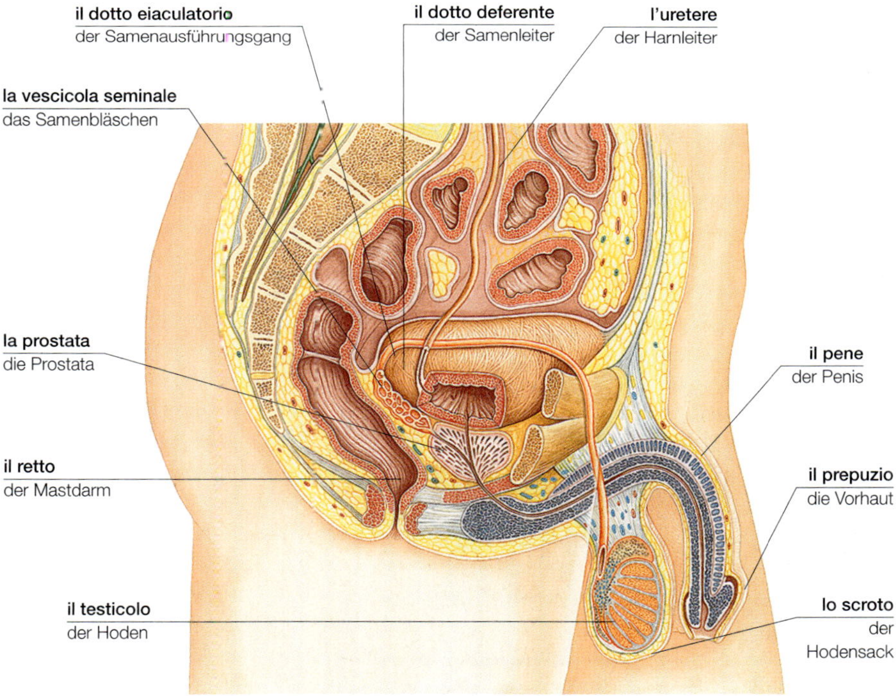

organi riproduttivi maschili | männlich

la contraccezione • die Empfängnisverhütung

il pessario
das Pessar

il diaframma
das Diaphragma

il preservativo
das Kondom

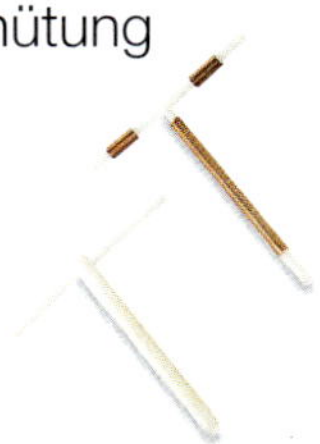

la spirale
die Spirale

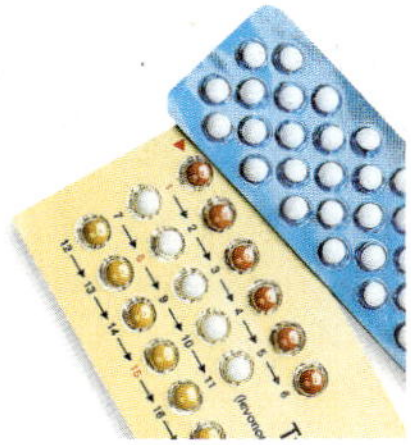

la pillola
die Pille

la famiglia • die Familie

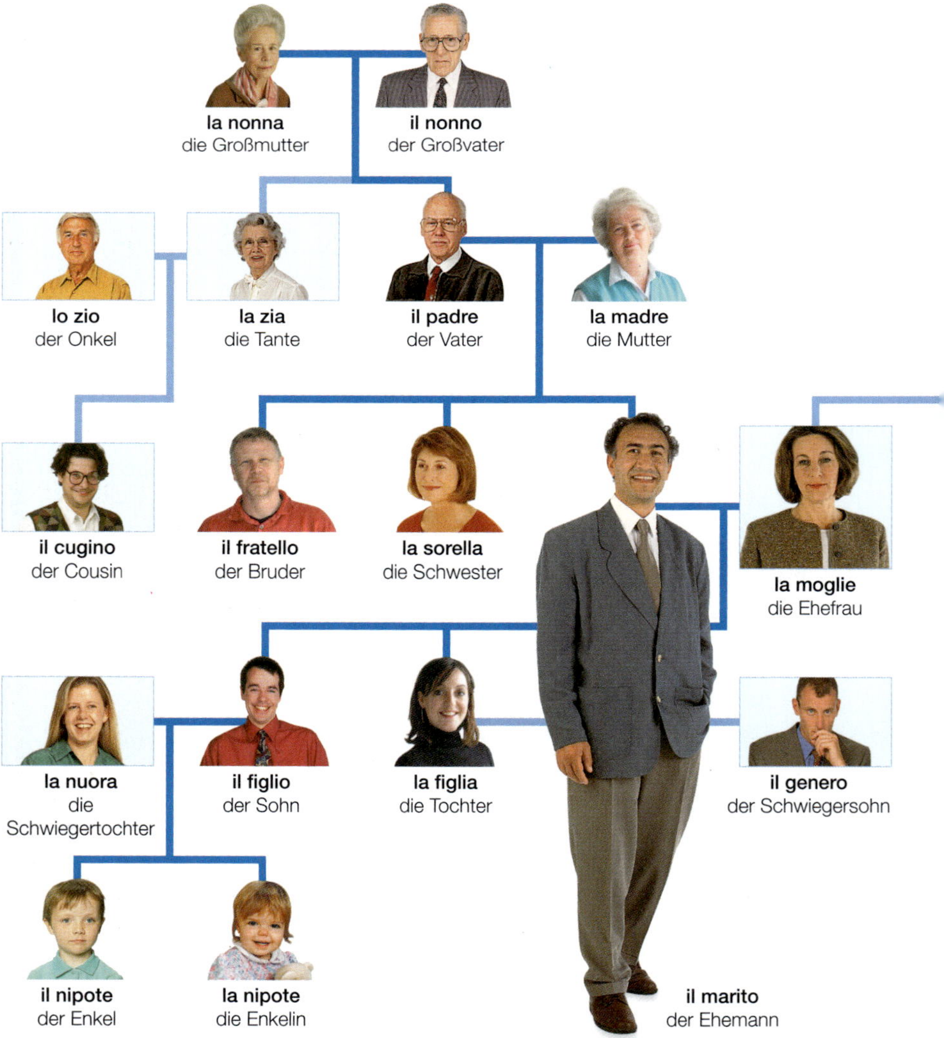

vocabolario • Vokabular

i parenti die Verwandten	**i genitori** die Eltern	**i nipoti** die Enkelkinder	**la matrigna** die Stiefmutter	**il figliastro** der Stiefsohn	**la generazione** die Generation
i nonni die Großeltern	**i bambini** die Kinder	**il patrigno** der Stiefvater	**la figliastra** die Stieftochter	**il compagno/ la compagna** der Partner/ die Partnerin	**i gemelli** die Zwillinge

la suocera
die Schwiegermutter

il suocero
der Schwiegervater

il cognato
der Schwager

la cognata
die Schwägerin

la nipote
die Nichte

il nipote
der Neffe

gli appellativi • die Anreden

Signora
Frau

Signore
Herr

Signorina
Fräulein

le fasi • die Stadien

il bimbo
das Baby

il bambino
das Kind

il ragazzo
der Junge

la ragazza
das Mädchen

l'adolescente
die Jugendliche

l'adulto
der Erwachsene

l'uomo
der Mann

la donna
die Frau

i rapporti • die Beziehungen

il capo
der Chef

l'assistente
die Assistentin

il partner di affari
die Geschäftspartnerin

il datore di lavoro
die Arbeitgeberin

l'impiegato
der Angestellte

il collega
der Kollege

l'ufficio | das Büro

il vicino
der Nachbar

l'amico
der Freund

il conoscente
der Bekannte

l'amico di penna
der Brieffreund

il ragazzo
der Freund

la ragazza
die Freundin

la coppia | das Paar

il fidanzato
der Verlobte

la fidanzata
die Verlobte

i fidanzati | die Verlobten

le emozioni • die Gefühle

felice
glücklich

triste
traurig

eccitato
aufgeregt

annoiato
gelangweilt

sorpreso
überrascht

spaventato
erschrocken

arrabbiato
verärgert

confuso
verwirrt

preoccupato
besorgt

nervoso
nervös

fiero
stolz

sicuro di sé
selbstsicher

imbarazzato
verlegen

t mido
schüchtern

vocabulario • Vokabular

turbato bestürzt	**ridere** lachen	**sospirare** seufzen	**gridare** schreien
scanda-lizzato schockiert	**piangere** weinen	**svenire** in Ohnmacht fallen	**sbadig-liare** gähnen

gli avvenimenti della vita • die Ereignisse des Lebens

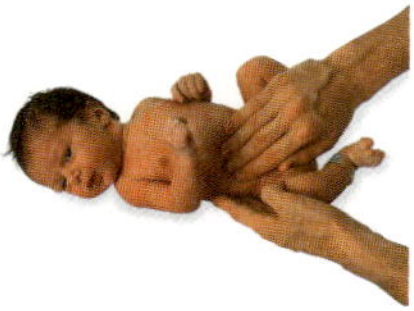

nascere
geboren werden

iniziare la scuola
zur Schule kommen

fare amicizia
sich befreunden

laurearsi
graduieren

trovare un lavoro
eine Stelle bekommen

innamorarsi
sich verlieben

sposarsi
heiraten

avere un bambino
ein Baby bekommen

il matrimonio | die Hochzeit

il divorzio
die Scheidung

il funerale
das Begräbnis

vocabolario • Vokabular

il battesimo
die Taufe

il bar mitzvah
die Bar Mizwa

l'anniverario
der Hochzeitstag

emigrare
emigrieren

andare in pensione
in den Ruhestand treten

morire
sterben

fare testamento
sein Testament machen

il ricevimento nuziale
die Hochzeitsfeier

il viaggio di nozze
die Hochzeitsreise

il certificato di nascita
die Geburtsurkunde

le celebrazioni • die Feste

la festa di compleanno
die Geburtstagsfeier

la cartolina
die Karte

il compleanno
der Geburtstag

il regalo
das Geschenk

il Natale
das Weihnachten

il Capodanno
das Neujahr

il carnevale
der Karneval

la processione
der Umzug

il nastro
das Band

il giorno del ringraziamento
der Thanksgiving Day

la Pasqua
das Ostern

il halloween
das Halloween

le feste • die Feste

la Pasqua ebraica
das Passah

il Ramadan
der Ramadan

il Diwali
das Diwali

l'aspetto
die äußere Erscheinung

gli abiti da bambino • die Kinderkleidung

il bimbo • das Baby

la tutina da neve
der Schneeanzug

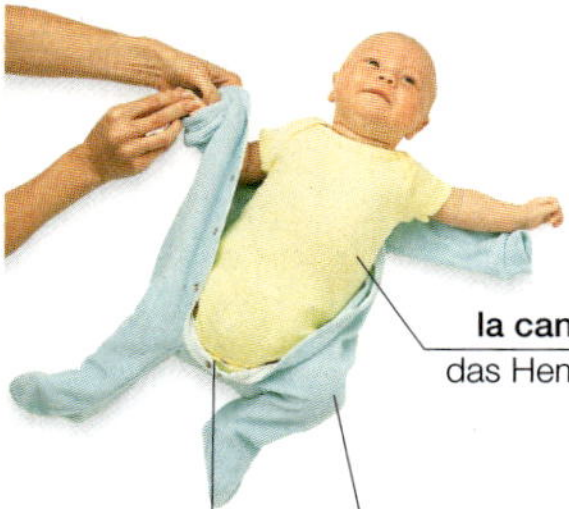

la canottiera
das Hemdchen

il bottone automatico
der Druckknopf

la tutina
der Strampelanzug

il pigiamino
der Schlafanzug

la tutina a maniche corte
der kurzärmlige Body

il bavaglino
das Lätzchen

i guanti
die Babyhandschuhe

le scarpette
die Babyschuhe

il pannolino di spugna
die Stoffwindel

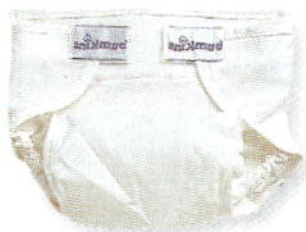

il pannolino usa e getta
die Wegwerfwindel

le mutande di plastica
das Gummihöschen

il bambino piccolo • das Kleinkind

il cappello per il sole
der Sonnenhut

il grembiulino
die Schürze

i pantaloncini
die Shorts

la salopette
die Latzhose

la maglietta
das T-Shirt

la gonna
der Rock

il bambino • das Kind

il vestito
das Kleid

i sandali
die Sandalen

l'estate
der Sommer

il cappuccio
die Kapuze

l'impermeabile
der Regenmantel

i jeans
die Jeans

lo zaino
der Rucksack

l'autunno
der Herbst

l'olivetta
der Knebelknopf

il montgomery
der Dufflecoat

la sciarpa
der Schal

l'eskimo
der Anorak

le galosce
die Gummistiefel

l'inverno
der Winter

l'accappatoio
der Bademantel

la camicia da notte
das Nachthemd

le pantofole
die Hausschuhe

gli indumenti per la notte
die Nachtwäsche

il logo
das Logo

le scarpe da ginnastica
die Sportschuhe

la tenuta da calcio
der Fußballdress

la tuta
der Trainingsanzug

il pantacollant
die Leggings

vocabolario • Vokabular

la fibra naturale
die Naturfaser

sintetico
synthetisch

È lavabile in lavatrice?
Ist es waschmaschinenfest?

È la taglia giusta per un bambino di due anni?
Passt das einem Zweijährigen?

l'abbigliamento da uomo • die Herrenkleidung

l'abito
der Anzug

il cappotto
der Mantel

vocabolario • Vokabular

la camicia das Hemd	**l'accappatoio** der Bademantel	**la tuta** der Trainingsanzug	**lungo** lang
il cardigan die Strickjacke	**la biancheria intima** die Unterwäsche	**l'impermeabile** der Regenmantel	**corto** kurz

Ha una taglia più grande/più piccola?
Haben Sie das eine Nummer größer/kleiner?

Posso provarmelo?
Kann ich das anprobieren?

il blazer
der Blazer

la giacca sportiva
das Sportjackett

il gilet
die Weste

il collo a V
der V-Ausschnitt

il girocollo
der runde Ausschnitt

la maglietta
das T-Shirt

i pantaloni di felpa
die Trainingshose

il casual
die Freizeitkleidung

il giaccone
der Anorak

la felpa
das Sweatshirt

la giacca a vento
die Windjacke

il maglione
der Pullover

il pigiama
der Schlafanzug

la canottiera
das Unterhemd

i calzoncini
die Shorts

lo slip
der Slip

i boxer
die Boxershorts

i calzini
die Socken

l'abbigliamento da donna • die Damenkleidung

l'abito da sera
das Abendkleid

il vestito
das Kleid

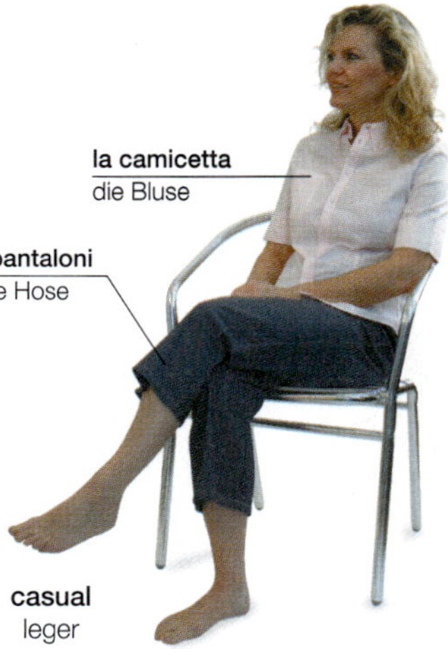

casual
leger

la biancheria intima • die Unterwäsche

il négligé
das Negligé

la sottoveste
der Unterrock

il corpetto
das Mieder

il bustino
das Bustier

le calze
die Strümpfe

il collant
die Strumpfhose

il reggiseno
der Büstenhalter

lo slip
der Slip

la camicia da notte
das Nachthemd

il matrimonio • die Hochzeit

l'abito da sposa
das Hochzeitskleid

vocabolario • Vokabular

il busto
das Korsett

la giarrettiera
das Strumpfband

il girovita
der Rockbund

la spallina
das Schulterpolster

attillato
eng anliegend

allacciato dietro il collo
rückenfrei

con armatura
mit Formbügeln

il reggiseno sportivo
der Sport-BH

gli accessori • die Accessoires

il berretto
die Mütze

il cappello
der Hut

il foulard
das Halstuch

la fibbia
die Gürtelschnalle

la cinta
der Gürtel

il manico
der Griff

la punta
die Spitze

l'ombrello
der Regenschirm

il fazzoletto
das Taschentuch

la farfalla
die Fliege

il fermacravatta
die Krawattennadel

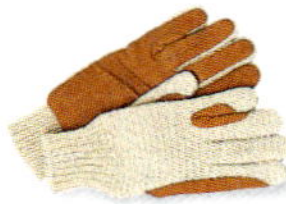

i guanti
die Handschuhe

i gioielli • der Schmuck

il pendaglio
der Anhänger

la spilla
die Brosche

il gemello
der Manschettenknopf

la maglia
das Glied

il bracciale
das Armband

il fermaglio
der Verschluss

la pietra preziosa
der Edelstein

la collana
die Kette

il filo di perle
die Perlenkette

l'orecchino
der Ohrring

l'anello
der Ring

la collana
die Halskette

l'orologio da polso
die Armbanduhr

il cofanetto portagioie | der Schmuckkasten

le borse • die Taschen

il portafoglio
die Brieftasche

il portamonete
das Portmonee

la borsa a tracolla
die Umhängetasche

la borsa da viaggio
die Reisetasche

la cartella
die Aktentasche

la borsetta
die Handtasche

lo zaino
der Rucksack

le scarpe • die Schuhe

la scarpa con i lacci
der Schnürschuh

la scarpa da trekking
der Wanderschuh

la scarpa da ginnastica
der Turnschuh

la scarpa di cuoio
der Lederschuh

la ciabatta
die Strandsandale

la scarpa con il tacco alto
der Schuh mit hohem Absatz

lo zatterone
der Plateauschuh

il sandalo
die Sandale

il mocassino
der Slipper

la scarpa da uomo
der Herrenhalbschuh

i capelli • das Haar

il pettine
der Kamm

pettinare | kämmen

la spazzola
die Haarbürste

spazzolare | bürsten

la parrucchiera
die Friseurin

il lavandino
das Waschbecken

la cliente
die Kundin

lavare | waschen

sciacquare
ausspülen

il grembiule
der Frisierumhang

tagliare
schneiden

asciugare con il fon
föhnen

mettere in piega
legen

gli accesori • die Frisierartikel

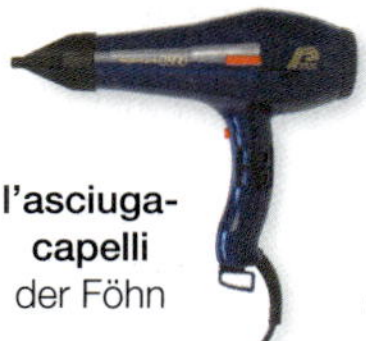

l'asciuga-capelli
der Föhn

lo shampoo
das Shampoo

il balsamo
die Haarspülung

il gel
das Haargel

la lacca
das Haarspray

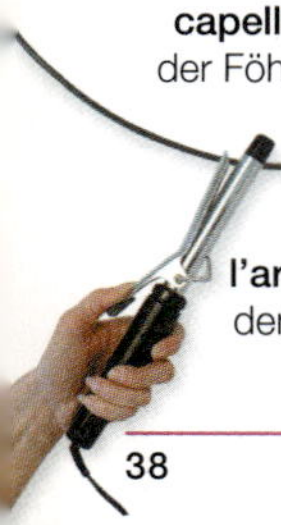

l'arricciacapelli
der Lockenstab

le forbici
die Schere

il cerchietto
der Haarreif

i bigodini
die Lockenwickler

la molletta
die Haarklammer

le acconciature • die Frisuren

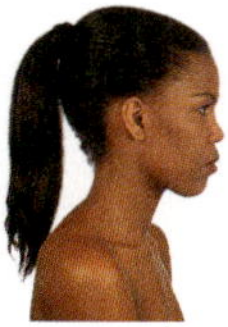
la coda di cavallo
der Pferdeschwanz

la treccia
der Zopf

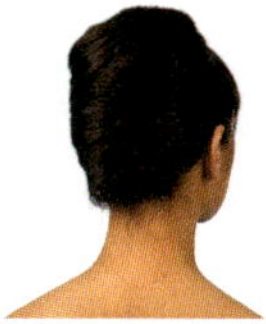
la piega alla francese
die Hochfrisur

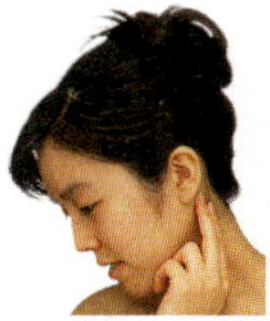
la crocchia
der Haarknoten

i codini
die Rattenschwänze

il caschetto
der Pagenkopf

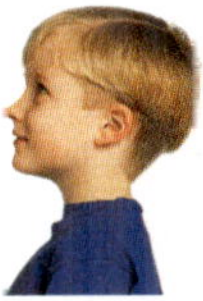
l'acconciatura corta
der Kurzhaarschnitt

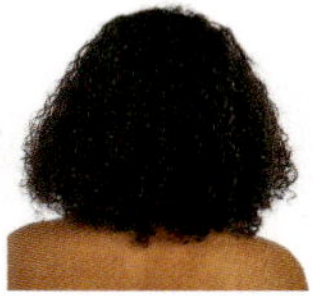
riccio
kraus

la permanente
die Dauerwelle

liscio
glatt

i colpi di sole
die Strähnen

calvo
kahl

la parrucca
die Perücke

i colori • die Haarfarben

biondo
blond

bruno
brünett

castano
rotbraun

rosso
rot

nero
schwarz

grigio
grau

bianco
weiß

tinto
gefärbt

vocabolario • Vokabular

l'elastico
das Haarband

spuntare
nachschneiden

il barbiere
der Herrenfriseur

le doppie punte
die gespaltenen Haarspitzen

la forfora
die Schuppen

grasso
fettig

secco
trocken

normale
normal

lisciare
glätten

il cuoio capelluto
die Kopfhaut

la bellezza • die Schönheit

il trucco • das Make-up

la matita per le sopracciglia
der Augenbrauenstift

la spazzolina per le sopracciglia
das Brauenbürstchen

la pinzetta
die Pinzette

lo smalto per le labbra
das Lipgloss

il pennello per le labbra
der Lippenpinsel

il marcatore per le labbra
der Lippenkonturenstift

il pennello
der Puderpinsel

il correttore
der Korrekturstift

il porta cipria | die Puderdose

i trattamenti di bellezza • die Schönheitsbehandlungen

la maschera di bellezza
die Gesichtsmaske

il trattamento per il viso
die Gesichtsbehandlung

il lettino solare
die Sonnenbank

esfoliare
das Peeling

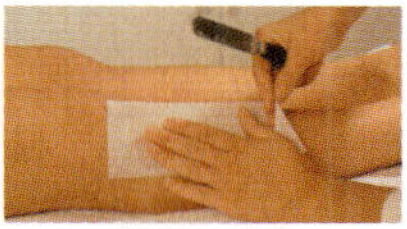

la ceretta
das Enthaarungswachs

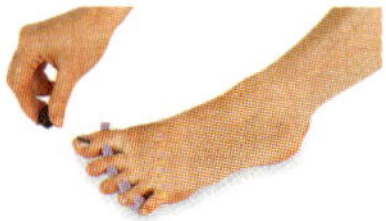

il pedicure
die Pediküre

la manicure • die Maniküre

la limetta
die Nagelfeile

l'acetone
der Nagellackentferner

lo smalto per unghie
der Nagellack

le forbicine per le unghie
die Nagelschere

il tagliaunghie
der Nagelknipser

gli articoli da toeletta • die Toilettenartikel

il latte detergente
die Reinigungsmilch

la lozione tonificante
das Gesichtswasser

la crema idratante
die Feuchtigkeitscreme

la crema autoabbronzante
die Selbstbräunungscreme

il profumo
das Parfum

l'eau de toilette
das Eau de Toilette

vocabolario • Vokabular

grasso fettig	**la carnagione** der Teint	**l'abbronzatura** die Sonnenbräune
chiaro hell	**sensibile** empfindlich	**il tatuaggio** die Tätowierung
scuro dunkel	**ipoallergenico** hypoallergen	**antirughe** Antifalten-
secco trocken	**la tonalità** der Farbton	**i batuffoli di ovatta** die Wattebällchen

la salute
die Gesundheit

la malattia • die Krankheit

la febbre | das Fieber

il mal di testa
die Kopfschmerzen

l'epistassi
das Nasenbluten

la tosse
der Husten

lo starnuto
das Niesen

il raffreddore
die Erkältung

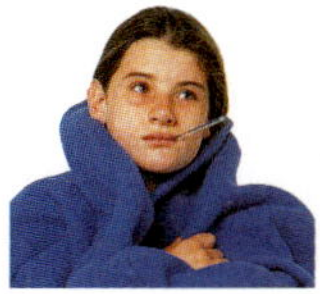
l'influenza
die Grippe

l'inalatore
der Inhalations-
apparat

l'asma
das Asthma

i crampi
die Krämpfe

la nausea
die Übelkeit

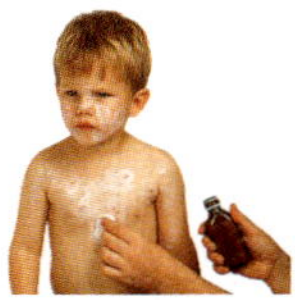
la varicella
die Windpocken

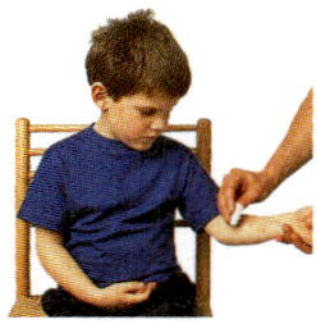
lo sfogo
der Hautausschlag

vocabolario • vokabular

l'infarto der Herzinfarkt	**l'allergia** die Allergie	**l'eczema** das Ekzem	**l'infreddatura** die Erkältung	**vomitare** sich übergeben	**la diarrea** der Durchfall
l'apoplessia der Schlaganfall	**l'allergia da fieno** der Heuschnupfen	**il virus** der Virus	**il mal di stomaco** die Magen-schmerzen	**l'epilessia** die Epilepsie	**il morbillo** die Masern
la pressione del sangue der Blutdruck	**il diabete** die Zucker-krankheit	**die l'infezione** Infektion	**svenire** in Ohnmacht fallen	**l'emicrania** die Migräne	**gli orecchioni** der Mumps

il medico • der Arzt

la visita • die Untersuchung

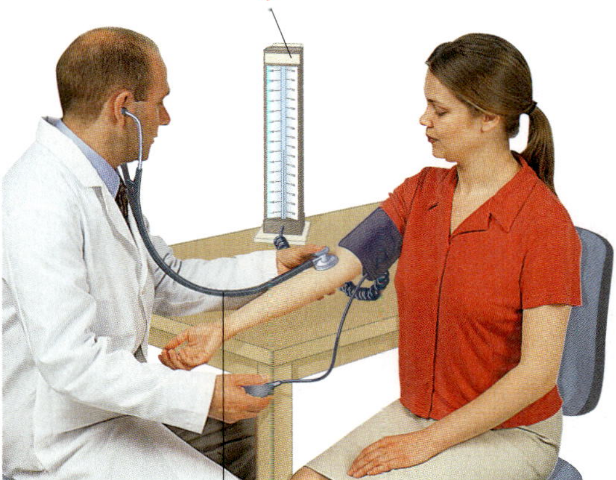

vocabolario • Vokabular

l'appuntamento
der Termin

la visita medica
die Untersuchung

la sala d'attesa
das Wartezimmer

la vaccinazione
die Impfung

l'ambulatorio
das Sprechzimmer

il termometro
das Thermometer

Ho bisogno di vedere un medico.
Ich muss einen Arzt sprechen.

Ho un dolore qui.
Es tut hier weh.

la ferita • die Verletzung

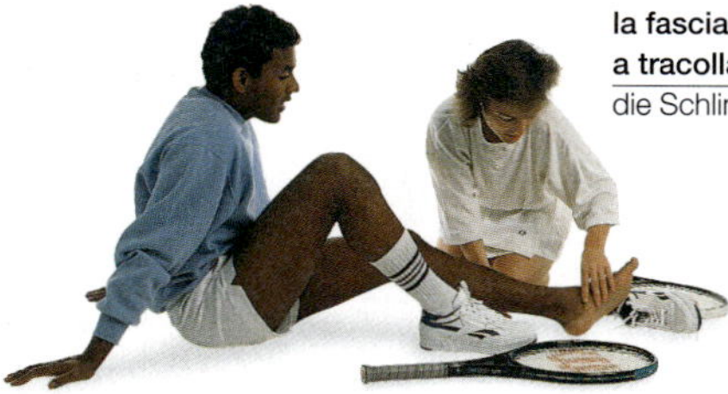

la slogatura | die Verrenkung

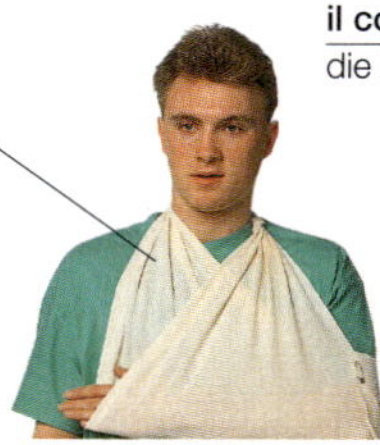

la frattura
die Fraktur

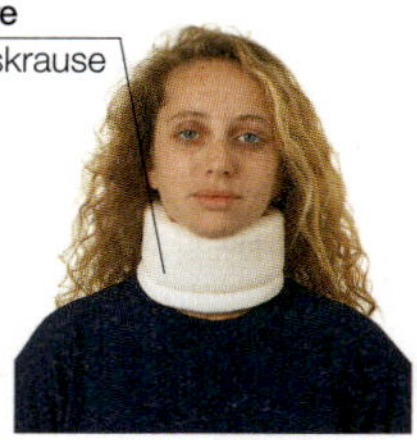

il colpo di frusta
das Schleudertrauma

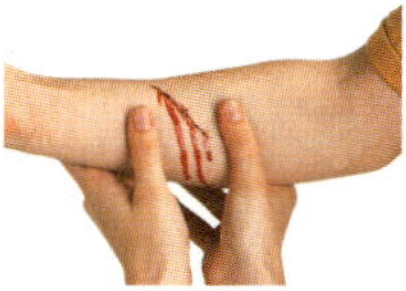

il taglio
der Schnitt

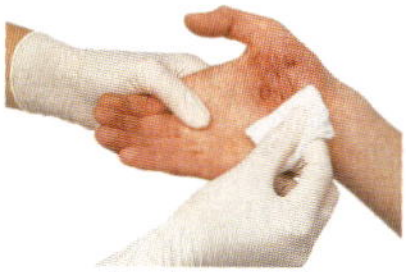

la sbucciatura
die Abschürfung

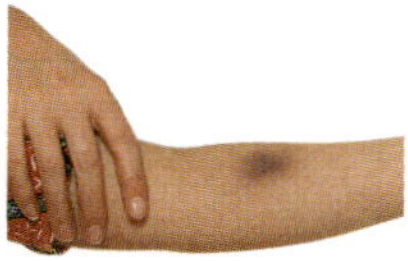

il livido
der Bluterguss

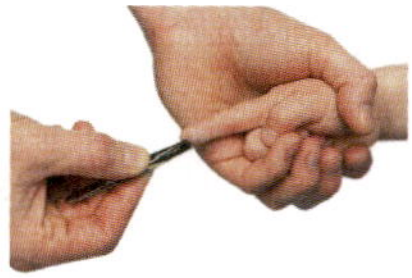

la scheggia
der Splitter

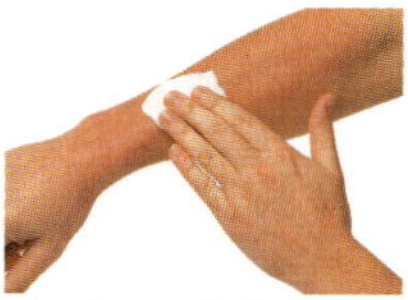

la scottatura
der Sonnenbrand

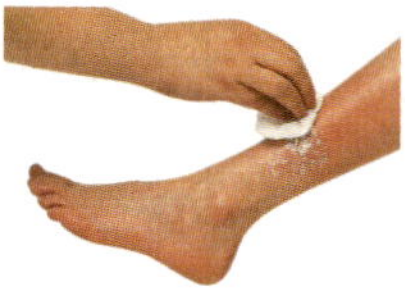

l'ustione
die Verbrennung

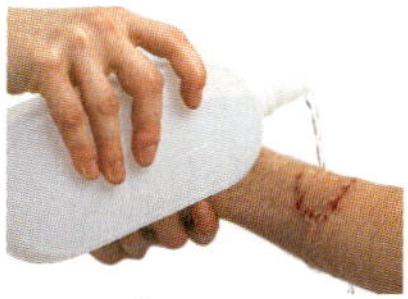

il morso
der Biss

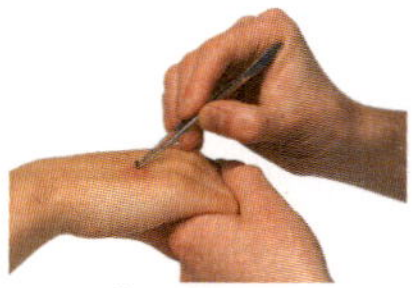

la puntura
der Stich

vocabolario • Vokabular

l'incidente
der Unfall

l'emergenza
der Notfall

la ferita
die Wunde

l'emorragia
die Blutung

la vescica
die Blase

l'avvelenamento
die Vergiftung

la commozione cerebrale
die Gehirnerschütterung

la ferita alla testa
die Kopfverletzung

la scossa elettrica
der elektrische Schlag

Si rimetterà?
Wird er/sie es gut überstehen?

Chiami un'ambulanza, per favore.
Rufen Sie bitte einen Krankenwagen.

Dove le fa male?
Wo haben Sie Schmerzen?

il pronto soccorso • die erste Hilfe

la pomata
die Salbe

il cerotto
das Pflaster

la spilla da balia
die Sicherheitsnadel

la benda
die Bandage

gli antidolorifici
die Schmerztabletten

la salvietta antisettica
das Desinfektionstuch

la pinzetta
die Pinzette

le forbici
die Schere

il disinfettante
das Antiseptikum

la cassetta di pronto soccorso | der Erste-Hilfe-Kasten

la garza
die Gaze

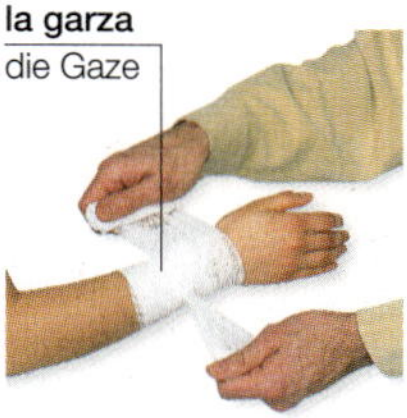

la bendatura
der Verband

la stecca | die Schiene

il nastro adesivo
das Leukoplast

la rianimazione
die Wiederbelebung

vocabolario • Vokabular

lo shock der Schock	**sterile** steril	**la respirazione** die Atmung	**Può aiutarmi?** Können Sie mir helfen?
privo di sensi bewusstlos	**soffocare** ersticken	**la pulsazione** der Pulsschlag	**Sa dare pronto soccorso?** Beherrschen Sie die Erste Hilfe?

l'ospedale • das Krankenhaus

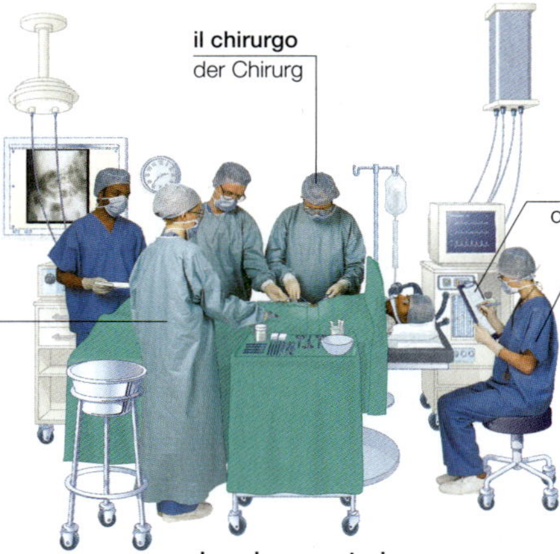

la sala operatoria
der Operationssaal

l'analisi del sangue
die Blutuntersuchung

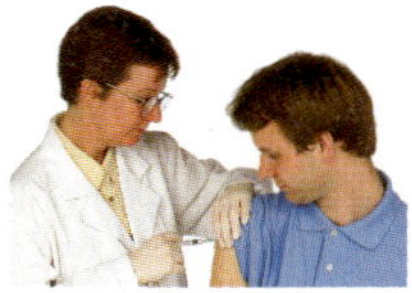

l'iniezione
die Spritze

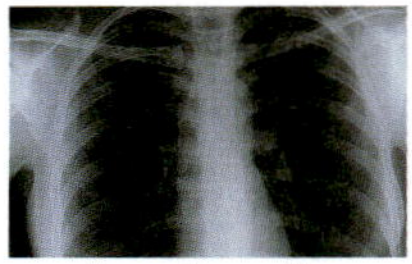

la radiografia
die Röntgenaufnahme

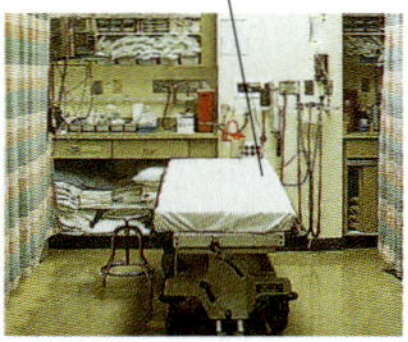

il pronto soccorso
die Notaufnahme

il reparto
die Krankenhausstation

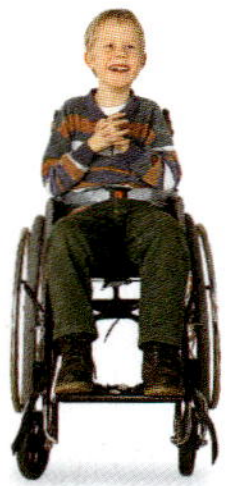

la sedia a rotelle
der Rollstuhl

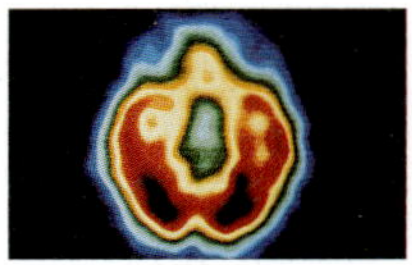

l'ecografia
das CT-Bild

vocabolario • Vokabular

l'operazione die Operation	**dimesso** entlassen	**l'orario delle visite** die Besuchszeiten	**il reparto maternità** die Entbindungsstation	**il paziente ambulatoriale** der ambulante Patient
ricoverato aufgenommen	**la clinica** die Klinik	**il reparto pediatrico** die Kinderstation	**la camera privata** das Privatzimmer	**il reparto di cura intensiva** die Intensivstation

i reparti • die Abteilungen

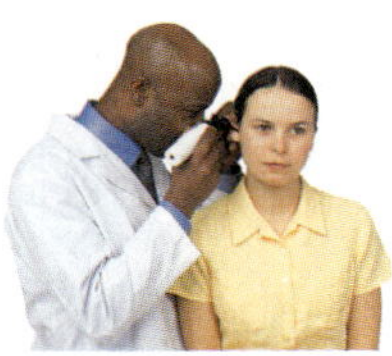

l'otorinolaringoiatrìa
HNO - Abteilung

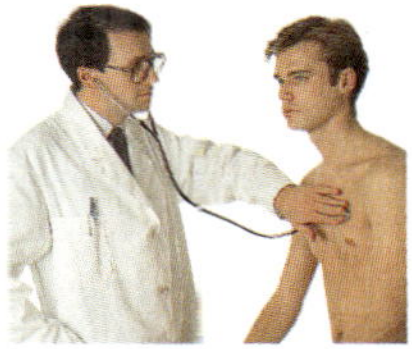

la cardiologia
die Kardiologie

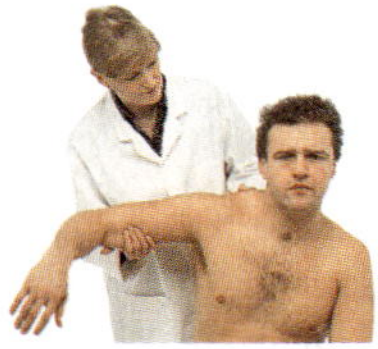

l'ortopedia
die Orthopädie

la ginecologia
die Gynäkologie

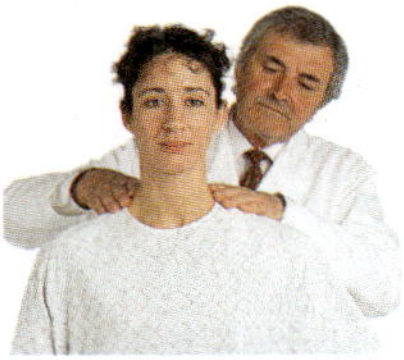

la fisioterapia
die Physiotherapie

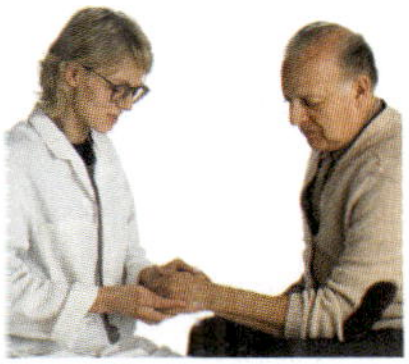

la dermatologia
die Dermatologie

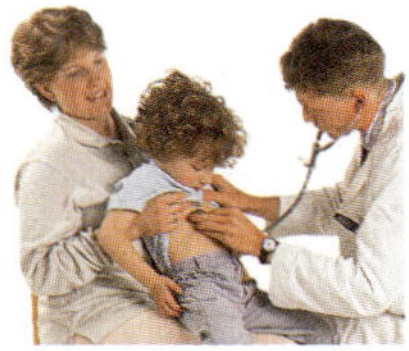

la pediatria
die Kinderheilkunde

la radiologia
die Radiologie

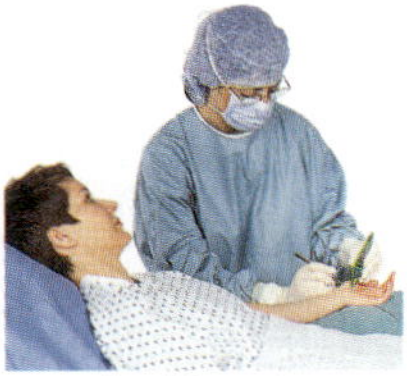

la chirurgia
die Chirurgie

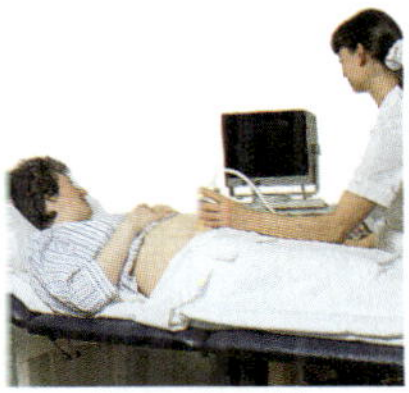

la maternità
die Entbindungsstation

la psichiatria
die Psychiatrie

l'oftalmologia
die Augenheilkunde

vocabolario • Vokabular

la neurologia
die Neurologie

l'oncologia
die Onkologie

l'urologia
die Urologie

la richiesta di una visita specialista
die Überweisung

la chirurgia plastica
die plastische Chirurgie

l'endocrinologia
die Endokrinologie

la patologia
die Pathologie

l'analisi
die Untersuchung

il risultato
das Ergebnis

lo specialista
der Facharzt

il dentista • der Zahnarzt

il dente • der Zahn

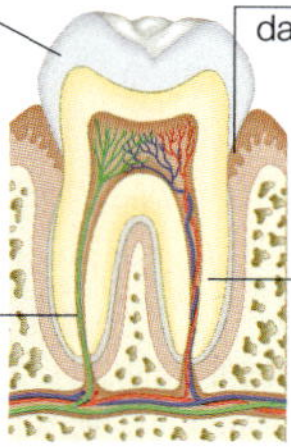

lo smalto
der Zahnschmelz

la gengiva
das Zahnfleisch

il nervo
der Nerv

la radice
die Zahnwurzel

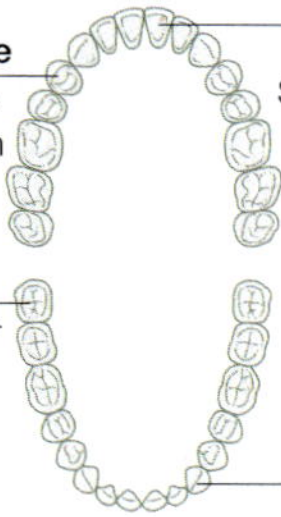

l'incisivo
der Schneidezahn

il premolare
der vordere Backenzahn

il molare
der Backenzahn

il canino
der Eckzahn

vocabolario • Vokabular

il mal di denti
die Zahnschmerzen

il trapano
der Bohrer

la placca
der Zahnbelag

il filo dentale
die Zahnseide

la carie
die Karies

l'estrazione
die Extraktion

l'otturazione
die Zahnfüllung

la corona
die Krone

il controllo • der Check-up

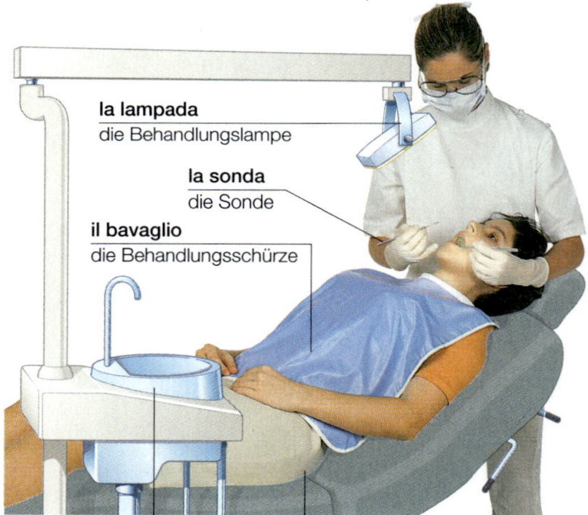

la lampada
die Behandlungslampe

la sonda
die Sonde

il bavaglio
die Behandlungsschürze

la sputacchiera
das Spuckbecken

la poltrona da dentista
der Patientenstuhl

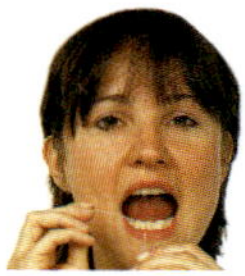

usare il filo dentale
mit Zahnseide reinigen

spazzolare
bürsten

l'apparecchio correttore
die Zahnspange

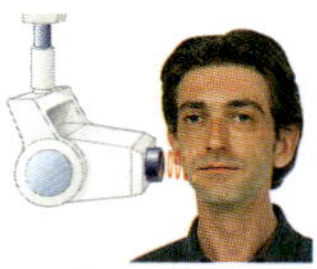

la radiografia dentale
die Röntgenaufnahme

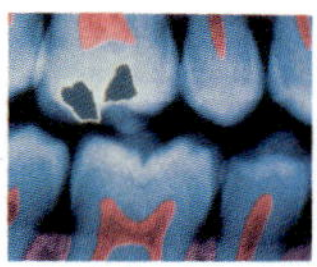

la lastra
das Röntgenbild

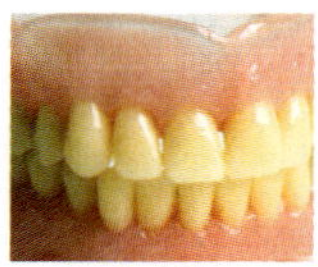

la dentiera
die Zahnprothese

l'ottico • der Augenoptiker

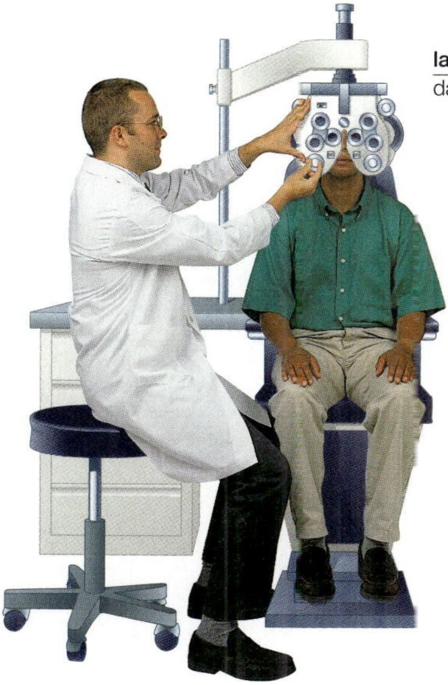

l'esame della vista | der Sehtest

la custodia
das Futteral

la lente
das Glas

la montatura
das Brillengestell

gli occhiali
die Brille

gli occhiali da sole
die Sonnenbrille

la soluzione per la pulizia
das Reinigungsmittel

la soluzione disinfettante
das Desinfektionsmittel

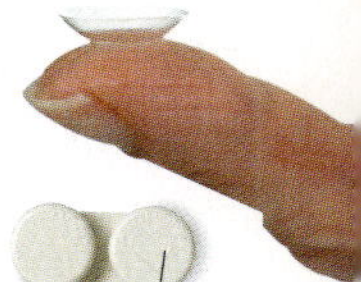

la custodia per le lenti
der Kontaktlinsen-behälter

le lenti a contatto | die Kontaktlinsen

l'occhio • das Auge

il sopracciglio
die Augenbraue

la palpebra
das Lid

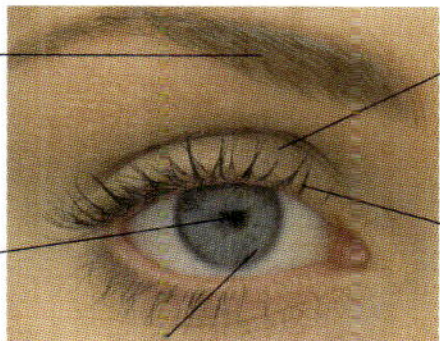

la pupilla
die Pupille

il ciglio
die Wimper

l'iride
die Iris

la retina
die Netzhaut

la lente
die Linse

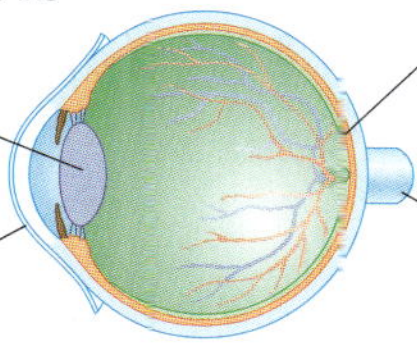

il nervo ottico
der Sehnerv

la cornea
die Hornhaut

vocabolario • Vokabular

la vista die Sehkraft	**l'astigmatismo** der Astigmatismus
la diottria die Dioptrie	**la presbiopia** die Weitsichtigkeit
la lacrima die Träne	**la miopia** die Kurzsichtigkeit
la cataratta der graue Star	**bifocale** Bifokal-

la gravidanza • die Schwangerschaft

il test di gravidanza
der Schwangerschaftstest

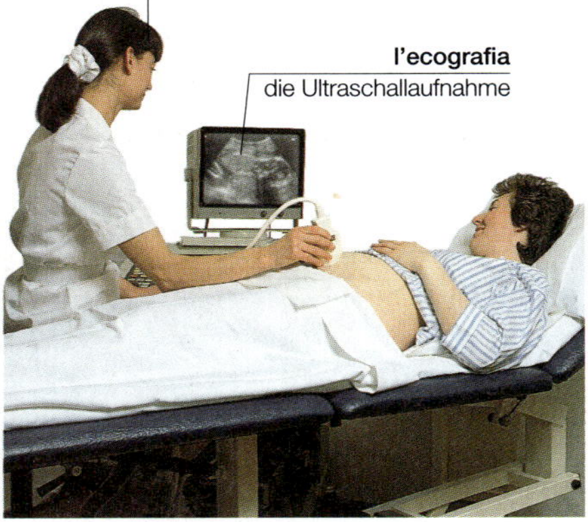

l'ultrasuono | der Ultraschall

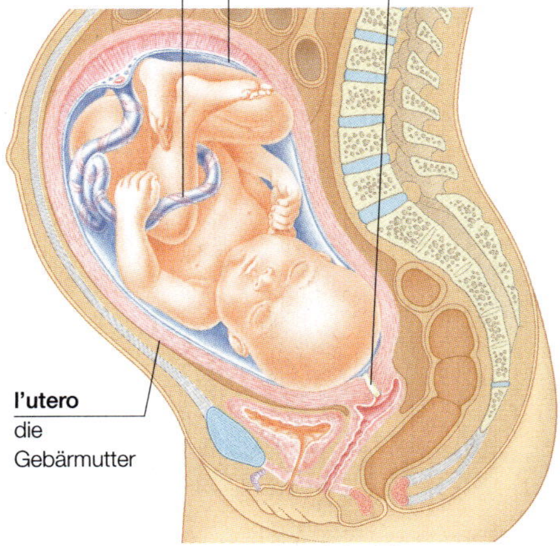

il feto | der Fötus

vocabolario • Vokabular

l'ovulazione der Eisprung	**prenatale** vorgeburtlich	**l'amniocentesi** die Amniozentese	**la dilatazione** die Erweiterung	**i punti** die Naht	**podalico** Steiß-
la concezione die Empfängnis	**in stato interessante** schwanger	**il liquido amniotico** das Fruchtwasser	**l'epidurale** die Periduralanästhesie	**il parto** die Entbindung	**il ginecologo** der Gynäkologe
incinta schwanger	**l'embrione** der Embryo	**la contrazione** die Wehe	**il taglio cesareo** der Kaiserschnitt	**la nascita** die Geburt	**prematuro** vorzeitig
il trimestre das Trimester	**l'utero** die Gebär-mutter	**rompere le acque** das Fruchtwasser geht ab	**l'episiotomia** der Dammschnitt	**l'aborto spontaneo** die Fehlgeburt	**l'ostetrico** der Geburtshelfer

il parto • die Geburt

la flebo
die Tropfinfusion

l'ostetrica
die Hebamme

il monitor
der Monitor

il catetere
der Katheter

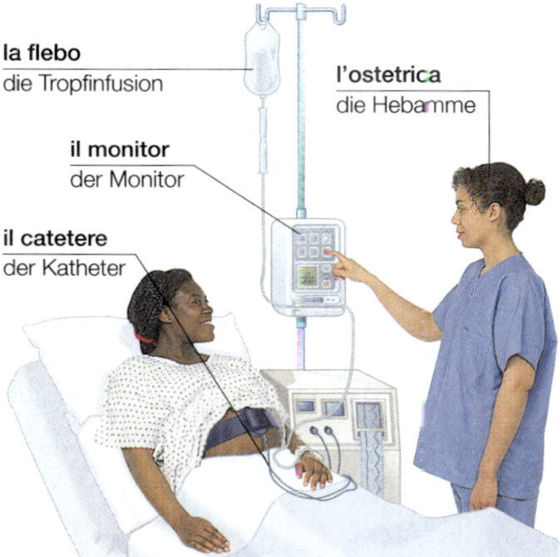

il travaglio indotto
die Geburt einleiten

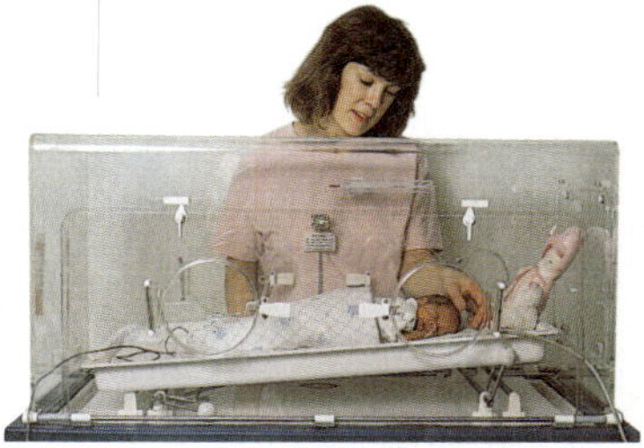

l'incubatrice | der Brutkasten

la bilancia
die Waage

il peso alla nascita | das Geburtsgewicht

il forcipe
die Geburtszange

la ventosa
die Saugglocke

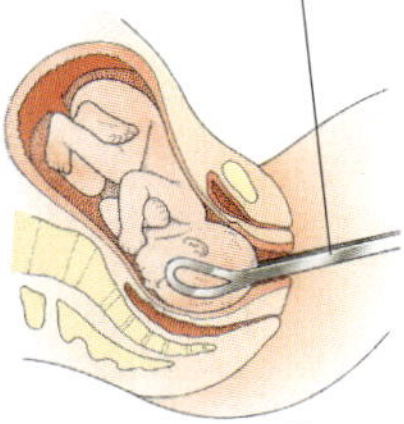

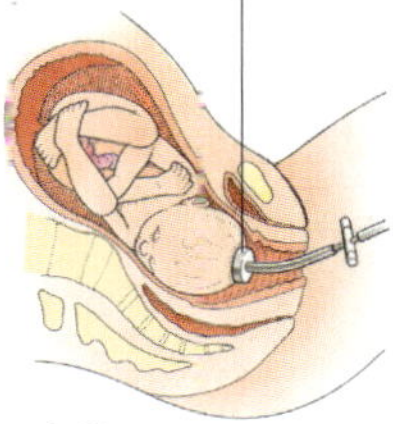

il parto assistito
die assistierte Entbindung

la targhetta d'identità
das Namensbändchen

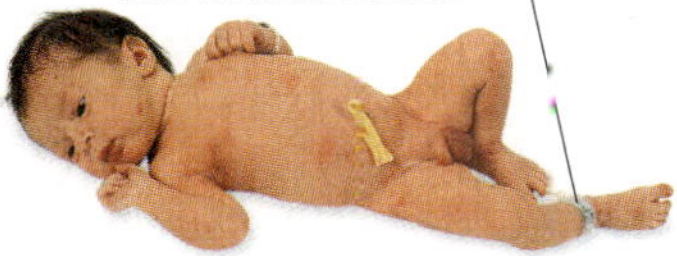

il neonato
das Neugeborene

l'allattamento • das Stillen

la pompa da seno
die Milchpumpe

il reggiseno da allattamento
der Stillbüstenhalter

allattare al seno
stillen

le coppe
die Einlagen

le terapie alternative • die Alternativtherapien

l'allenatore
der Lehrer

il tappetino
die Matte

lo yoga | das Yoga

il massaggio
die Massage

lo shiatsu
das Shiatsu

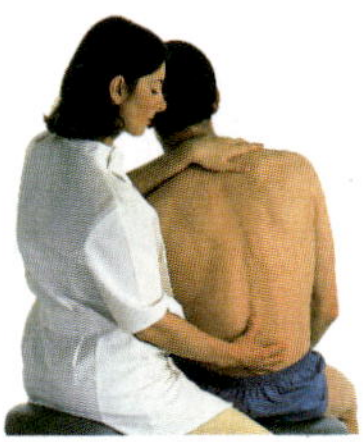

la chiropratica
die Chiropraktik

l'osteopatia
die Osteopathie

la riflessoterapia
die Reflexzonenmassage

la meditazione
die Meditation

l'assistente socio-psicologico
der Berater

la terapia di gruppo
die Gruppentherapie

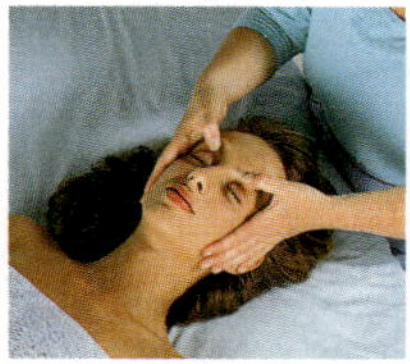

il reiki
das Reiki

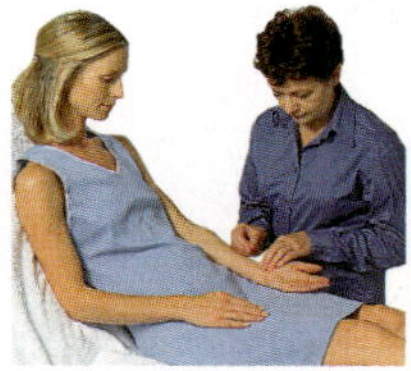

l'agopuntura
die Akupunktur

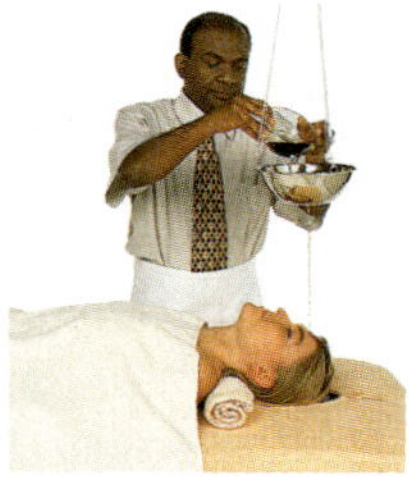

la medicina aiurvedica
das Ayurveda

l'ipnositerapia
die Hypnotherapie

la fitoterapia
die Kräuterheilkunde

gli oli essenziali
die ätherischen Öle

l'aromaterapia
die Aromatherapie

l'omeopatia
die Homöopathie

l'agopressione
die Akupressur

la terapista
die Therapeutin

la psicoterapia
die Psychotherapie

vocabolario • Vokabular

la cristalloterapia die Kristalltherapie	**il feng shui** das Feng Shui	**lo stress** der Stress	**l'erba** das Heilkraut
l'idroterapia die Wasserbehandlung	**la naturopatia** die Naturheilkunde	**il rilassamento** die Entspannung	**gli integratori** die Zusatzstoffe

la casa
das Haus

la casa • das Haus

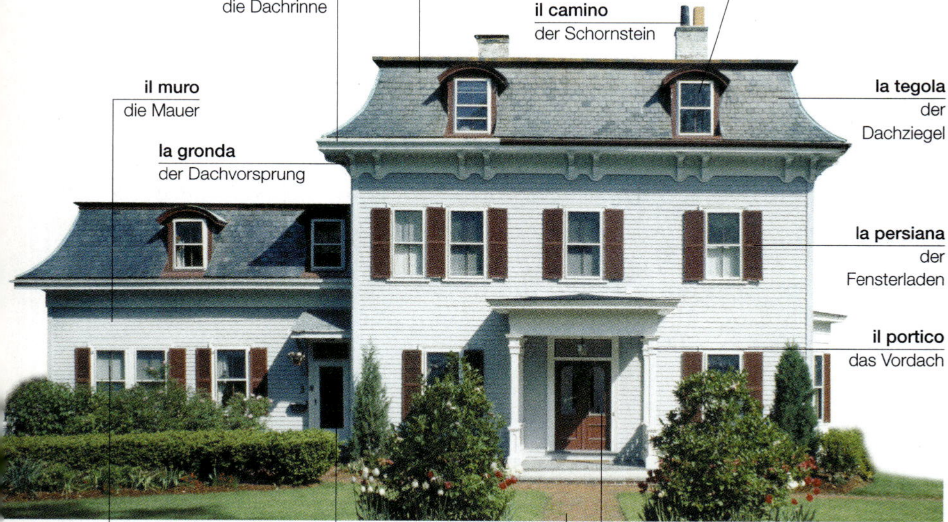

vocabolario • Vokabular

unifamiliare
Einzel(haus)

bifamiliare
Doppel(haus)

la cassetta per le lettere
der Briefkasten

il bungalow
der Bungalow

la stanza
das Zimmer

la casa a tre piani
das dreistöckige Haus

il garage
die Garage

la soffitta
der Dachboden

il seminterrato
das Kellergeschoss

il piano
das Stockwerk

il cortile
der Hof

la luce del portico
die Haustürlampe

l'allarme antifurto
die Alarmanlage

il padrone di casa
der Vermieter

la villetta a schiera
das Reihenhaus

affittare
mieten

l'affitto
die Miete

l'inquilino
der Mieter

l'ingresso • der Eingang

l'entrata
die Diele

il campanello
die Türklingel

lo zerbino
der Fußabtreter

il battiporta
der Türklopfer

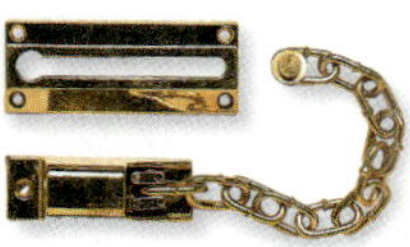

la catenella
die Türkette

la serratura
das Schloss

il chiavistello
der Türriegel

l'appartamento • die Wohnung

il caseggiato
der Wohnblock

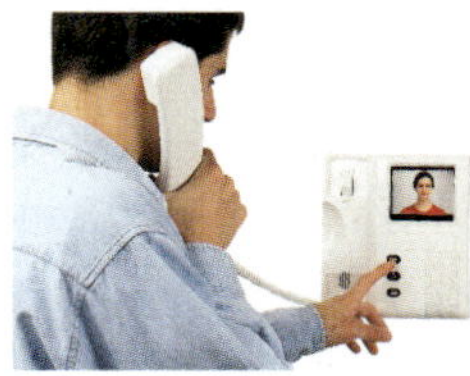

il citofono
die Sprechanlage

l'ascensore
der Fahrstuhl

i sistemi interni • die Hausanschlüsse

il termosifone
der Heizkörper

la stufa
der Heizofen

la pala
der Flügel

il ventilatore
der Ventilator

il termoventilatore
der Heizlüfter

l'elettricità • die Elektrizität

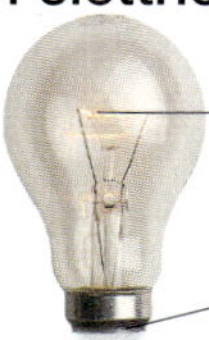

il filamento
der Glühfaden

l'attacco a baionetta
die Bajonettfassung

la lampadina
die Glühlampe

la messa a terra
die Erdung

la spina
der Stecker

il polo
der Pol

neutro
neutral

in tensione
geladen

i fili
die Leitung

vocabolario • Vokabular

la tensione
die Spannung

l'ampere
das Ampère

il contatore di corrente
der Stromzähler

il fusibile
die Sicherung

la valvoliera
der Sicherungskasten

la rete elettrica
das Stromnetz

la presa
die Steckdose

l'interruttore
der Schalter

la corrente alternata
der Wechselstrom

la corrente continua
der Gleichstrom

l'elettricità
der Strom

l'interruzione di corrente
der Stromausfall

il trasformatore
der Transformator

il generatore
der Generator

l'impianto idraulico • die Installation

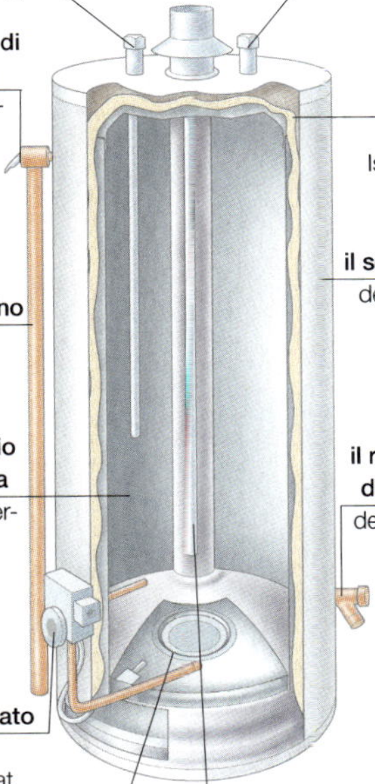

l'entrata
die Zuleitung

l'uscita
der Auslass

la valvola di sicurezza
das Sicherheitsventil

l'isolamento
die Isolierung

il serbatoio
der Kessel

il tubo di troppopieno
der Überlauf

il serbatoio dell'acqua
der Wasserraum

il rubinetto di scarico
der Ablasshahn

il termostato
der Thermostat

il bruciatore a gas
der Gasbrenner

l'elemento riscaldante
das Heizelement

lo scaldaacqua
der Boiler

l'acquaio • die Spüle

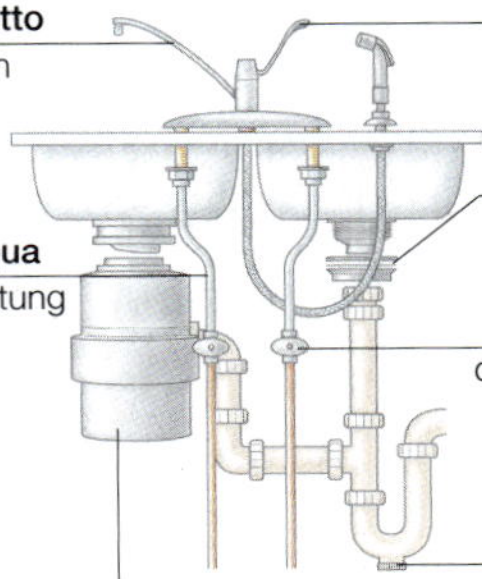

il rubinetto
der Hahn

la leva
der Hebel

il tubo dell'acqua
die Zuleitung

la guarnizione
die Dichtung

il rubinetto di arresto
der Absperrhahn

lo scolo
der Abfluss

il macinatore di rifiuti
der Müllschlucker

il water • das WC

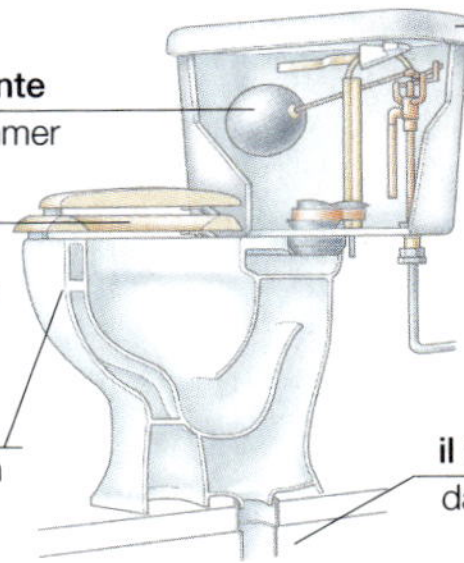

la cassetta
der Spülkasten

il galleggiante
der Schwimmer

il sedile
der Toilettensitz

la tazza
das Becken

il tubo di scolo
das Abflussrohr

lo smaltimento dei rifiuti • die Abfallentsorgung

la bottiglia
die Flasche

il secchio di riciclaggio
der Recyclingbehälter

il pedale
der Trethebel

il coperchio
der Deckel

la pattumiera
der Abfalleimer

l'unità di smistamento
die Abfallsortiereinheit

i rifiuti organici
der Bio-Abfall

il salotto • das Wohnzimmer

lo specchio
der Spiegel

il vaso
die Vase

la mensola del caminetto
der Kaminsims

il caminetto
der Kamin

il parafuoco
das Kamingitter

la candela
die Kerze

la tenda
der Vorhang

la tendina
die Gardine

la veneziana
die Jalousie

l'avvolgibile
das Rollo

la cornice
der Stuckrahmen

la poltrona
der Sessel

la libreria
das Bücherregal

il divano letto
die Bettcouch

il tappeto
der Teppich

lo studio | das Arbeitszimmer

la sala da pranzo • das Esszimmer

vocabolario • Vokabular

servire
servieren

apparecchiare
den Tisch decken

mangiare
essen

la colazione
das Frühstück

la tovaglia individuale
das Set

la tovaglia
die Tischdecke

affamato
hungrig

il pranzo
das Mittagessen

la cena
das Abendessen

sazio
satt

la porzione
die Portion

il pasto
das Essen

l'ospite
der Gast

il padrone di casa
der Gastgeber

la padrona di casa
die Gastgeberin

Posso averne ancora, per favore?
Könnte ich bitte noch ein bisschen haben?

Ne ho avuto abbastanza, grazie.
Ich bin satt, danke.

Era squisito.
Das war lecker.

le stoviglie e le posate • das Geschirr und das Besteck

la tazza
der Becher

la tazzina da caffé
die Kaffeetasse

la tazza da té
die Teetasse

il piatto
der Teller

la ciotola
die Schüssel

la caffettiera
die Cafetière

la teiera
die Teekanne

la brocca
das Kännchen

il portauovo
der Eierbecher

la cristalleria
die Glaswaren

il coperto
das Gedeck

la cucina • die Küche

la mensola
das Küchenregal

il pannello di protezione
der Spritzschutz

il rubinetto
der Wasserhahn

il lavandino
das Spülbecken

il cassetto
die Schublade

la cappa
der Dunstabzug

il fornello di ceramica
das Glaskeramikkochfeld

il piano di lavoro
die Arbeitsfläche

il forno
der Backofen

l'armadietto
der Küchenschrank

gli elettrodomestici • die Küchengeräte

il forno a microonde
die Mikrowelle

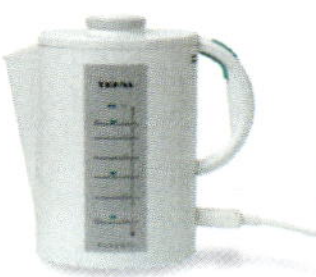

il bollitore
der Wasserkocher

il tostapane
der Toaster

il recipiente
die Mixerschüssel

la lama
das Messer

il miscelatore
die Küchenmaschine

il coperchio
der Deckel

il frullatore
der Mixer

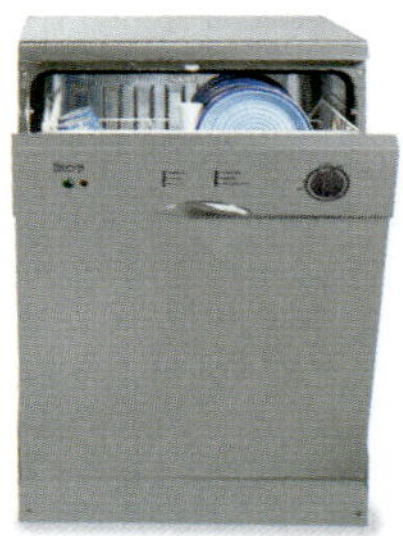

la lavastoviglie
die Spülmaschine

il frigocongelatore | der Gefrier-Kühlschrank

vocabolario • Vokabular

la piastra das Kochfeld	**congelare** einfrieren
il gocciolatoio das Abtropfbrett	**scongelare** auftauen
la pattumiera der Mülleimer	**il fornello** der Brenner
cuocere a vapore dämpfen	**rosolare** anbraten

cucinare • das Kochen

sbucciare
schälen

affettare
schneiden

grattugiare
reiben

versare
gießen

mescolare
verrühren

sbattere
schlagen

bollire
kochen

friggere
braten

spianare
ausrollen

rimestare
umrühren

cuocere a fuoco lento
köcheln lassen

affogare
pochieren

cuocere al forno
backen

arrostire
braten

cuocere alla griglia
grillen

gli utensili da cucina • die Küchengeräte

il tagliere
das Hackbrett

il coltello da pane
das Brotmesser

il coltello da cucina
das Küchenmesser

la mannaia
das Hackmesser

l'affilacoltelli
der Messer-schärfer

il martello
der Fleischklopfer

lo spiedino
der Spieß

il pelapatate
der Schäler

il cavatorsoli
der Apfelstecher

la grattugia
die Reibe

il pestello
der Stößel

il mortaio
der Mörser

lo schiacciapatate
der Kartoffelstampfer

l'apriscatole
der Dosenöffner

l'apribottiglie
der Flaschenöffner

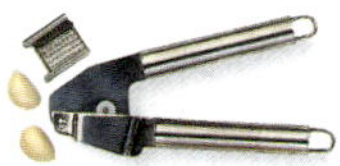

lo spremiaglio
die Knoblauchpresse

il cucchiaio da portata
der Servierlöffel

la paletta forata
der Pfannenwender

lo scolapasta
das Sieb

la spatola
der Teigschaber

il cucchiaio di legno
der Holzlöffel

il cucchiaio perforato
der Schaumlöffel

il mestolo
der Schöpflöffel

il forchettone
die Tranchiergabel

il cucchiaio dosatore
der Portionierer

la frusta
der Schneebesen

il colino
das Sieb

il coperchio
der Deckel

antiaderente
kunststoffbeschichtet

la padella
die Bratpfanne

la pentola
der Kochtopf

la padella per grigliare
das Grillblech

il wok
der Wok

la casseruola di terracotta
der Schmortopf

di vetro
Glas-

la scodella
die Rührschüssel

lo stampo per soufflé
die Souffléform

pirofilo
feuerfest

il piatto da gratin
die Auflaufform

lo stampo
das Auflaufförmchen

la casseruola
die Kasserolle

la cottura dei dolci • das Kuchenbacken

la bilancia
die Haushaltswaage

il misurino
der Messbecher

lo stampo per dolci
die Kuchenform

lo stampo per torte
die Pastetenform

lo stampo per flan
die Obstkuchenform

il pennello da cucina
der Backpinsel

il mattarello
das Nudelholz

la tasca da pasticciere
der Spritzbeutel

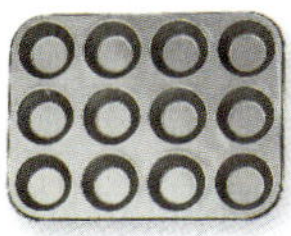

la teglia per pasticcini
die Törtchenform

la piastra del forno
das Kuchenblech

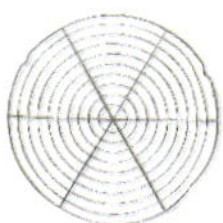

la gratella
das Abkühlgitter

il guanto da forno
der Topfhandschuh

il grembiule
die Schürze

la camera da letto • das Schlafzimmer

l’armadio
der Kleiderschrank

la lampadina
die Nachttischlampe

la testata
das Kopfende

il comodino
der Nachttisch

il cassettone
die Kommode

il cassetto
die Schublade

il letto
das Bett

il materasso
die Matratze

il copriletto
die Tagesdecke

il guanciale
das Kopfkissen

la borsa calda
die Wärmflasche

la radiosveglia
der Radiowecker

la sveglia
der Wecker

la scatola di fazzolettini
die Papiertaschen-tuchschachtel

la gruccia
der Kleiderbügel

la biancheria da letto • die Bettwäsche

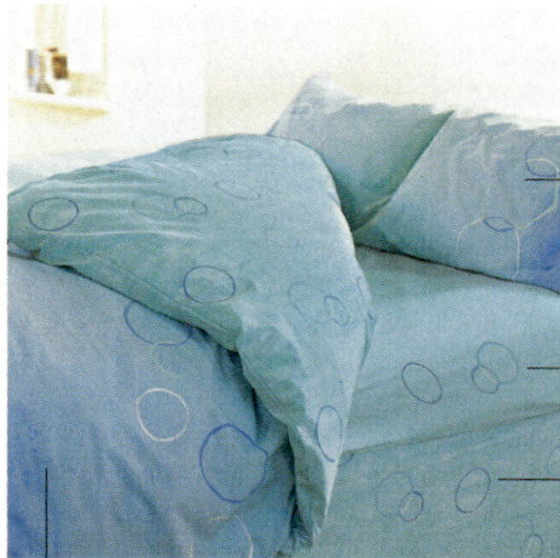

vocabolario • Vokabular

il letto singolo
das Einzelbett

la termocoperta
die Heizdecke

il letto matrimoniale
das Doppelbett

la molla
die Sprungfeder

il tappeto
der Teppich

i piedi del letto
das Fußende

l'insonnia
die Schlaflosigkeit

andare a letto
ins Bett gehen

addormentarsi
einschlafen

svegliarsi
aufwachen

alzarsi
aufstehen

fare il letto
das Bett machen

mettere la sveglia
den Wecker stellen

russare
schnarchen

l'armadio a muro
der Einbauschrank

la stanza da bagno • das Badezimmer

il rubinetto dell'acqua fredda
der Kaltwasserhahn

la porta della doccia
die Duschtür

il rubinetto dell'acqua calda
der Heißwasserhahn

il portasciugamani
der Handtuchhalter

il soffione della doccia
der Duschkopf

il lavandino
das Waschbecken

la doccia
die Dusche

il tappo
der Stöpsel

lo scolo
der Abfluss

il sedile
der Toilettensitz

il water
die Toilette

la spazzola da water
die Toilettenbürste

la vasca
die Badewanne

il bidè | das Bidet

vocabolario • Vokabular

la carta igienica
das Toilettenpapier

lo scendibagno
die Badematte

l'armadietto dei medicinali
die Hausapotheke

la tenda per la doccia
der Duschvorhang

farsi la doccia
duschen

farsi il bagno
baden

l'igiene dentale • die Zahnpflege

lo spazzolino da denti
die Zahnbürste

il dentifricio
die Zahnpasta

il colluttorio
das Mundwasser

il filo interdentale
die Zahnseide

la luffa
der Luffaschwamm

la spugna
der Schwamm

la pomice
der Bimsstein

la spazzola
die Rückenbürste

il deodorante
das Deo

il portasapone
die Seifenschale

il sapone
die Seife

la crema per il viso
die Gesichtscreme

la docciaschiuma
das Duschgel

il bagnoschiuma
das Schaumbad

l'accappatoio
der Bademantel

l'asciugamano piccolo
das Handtuch

l'asciugamano grande
das Badetuch

gli asciugamani
die Handtücher

la lozione per il corpo
die Körperlotion

il talco
der Körperpuder

la rasatura • das Rasieren

il rasoio elettrico
der Elektrorasierer

la schiuma da barba
der Rasierschaum

il rasoio monouso
der Einwegrasierer

la lametta
die Rasierklinge

il dopobarba
das Rasierwasser

la camera dei bambini • das Kinderzimmer

la cura del neonato • die Säuglingspflege

la spugna
der Schwamm

la vaschetta
die Babywanne

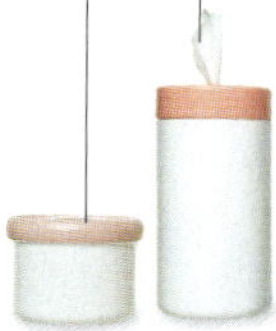

la pomata antirossore
die Wundsalbe

la salviettina umidificata
das Pflegetuch

il vasino
das Töpfchen

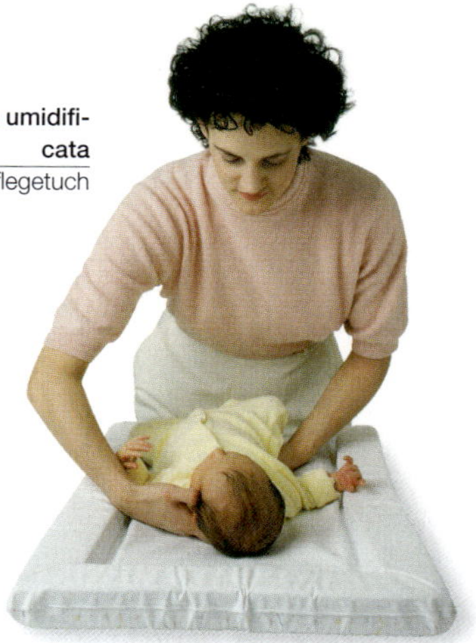

il materassino
die Wickelmatte

il dormire • das Schlafen

il mobile
das Mobile

le sbarre
die Gitterstäbe

il paracolpi
der Kopfschutz

il materasso
die Matratze

il lettino | das Kinderbett

la coperta
die Decke

il lenzuolo
das Laken

la felpa
die Flauschdecke

la biancheria da letto
das Bettzeug

il sonaglio
die Rassel

il portabebè
das Körbchen

il giocare • das Spielen

la bambola
die Puppe

il peluche
das Kuscheltier

la casa delle bambole
das Puppenhaus

la casa da gioco
das Spielhaus

l'orsacchiotto
der Teddybär

il giocattolo
das Spielzeug

il cesto dei giocattoli
der Spielzeugkorb

la palla
der Ball

il box
der Laufstall

la sicurezza • die Sicherheit

il fermo di sicurezza
die Kindersicherung

la trasmittente
die Babysprechanlage

lo sbarramento
das Treppengitter

il pasto • das Essen

il seggiolone
der Kinderstuhl

la tettarella
der Sauger

la tazza per bere
die Schnabeltasse

il biberon
die Babyflasche

la passeggiata • das Ausgehen

il passeggino
der Sportwagen

la capote
das Verdeck

la carrozzina
der Kinderwagen

la culla portatile
das Tragebettchen

il pannolino
die Windel

la borsa dei ricambi
die Babytasche

il marsupio
die Babytrageschlinge

la lavanderia • die Waschküche

il bucato • die Wäsche

i panni sporchi
die schmutzige Wäsche

il cesto della biancheria da lavare
der Wäschekorb

la lavatrice
die Waschmaschine

la lavasciuga
der Waschautomat mit Trockner

l'asciuga-biancheria
der Trockner

i vestiti puliti
die saubere Wäsche

il cesto della biancheria pulita
der Wäschekorb

la corda per il bucato
die Wäscheleine

la molletta
die Wäsche-klammer

asciugare
trocknen

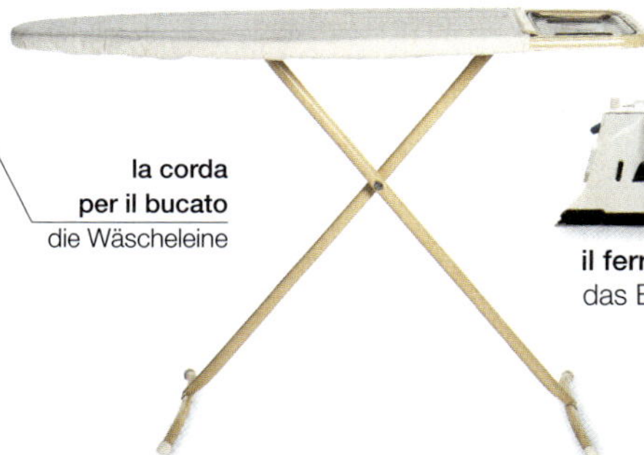

l'asse da stiro | das Bügelbrett

il ferro da stiro
das Bügeleisen

vocabolario • Vokabular

caricare
füllen

sciacquare
spülen

centrifugare
schleudern

la centrifuga
die Wäscheschleuder

stirare
bügeln

l'ammorbidente
der Weichspüler

Come funziona la lavatrice?
Wie benutze ich die Waschmaschine?

Qual è il programma per i tessuti colorati/bianchi?
Welches Programm nehme ich für farbige/weiße Wäsche?

gli accessori per la pulizia • die Reinigungsartikel

il tubo di aspirazione
der Saugschlauch

l'aspirapolvere
der Staubsauger

il secchio
der Eimer

la scopa di spugna
der Mopp

la spazzola
der Handfeger

la paletta
das Kehrblech

il detergente
das Reinigungsmittel

la polvere
das Waschpulver

liquido
der Flüssigreiniger

il detersivo
das Waschmittel

lo spolverino
das Staubtuch

la cera
die Politur

le attività • die Tätigkeiten

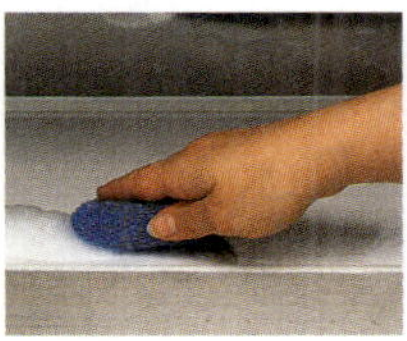

pulire
putzen

lavare
spülen

pulire
wischen

fregare
schrubben

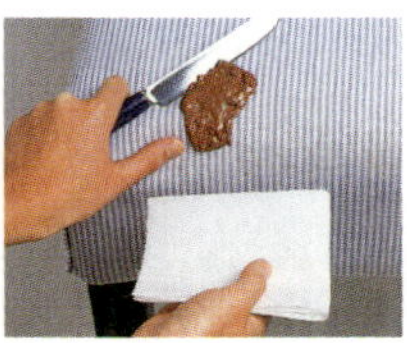

raschiare
kratzen

la scopa
der Besen

spazzare
fegen

spolverare
Staub wischen

lucidare
polieren

il laboratorio • die Heimwerkstatt

il gattuccio
die Stichsäge

il mandrino
das Bohrfutter

la batteria
die Batterie

il trapano ricaricabile
der Bohrer mit Batteriebetrieb

la punta
der Bohrer

il trapano elettrico
der Elektrobohrer

la pistola per colla
die Klebepistole

il morsetto
die Zwinge

la morsa
der Schraubstock

la levigatrice
die Schleifmaschine

la lama
das Sägeblatt

la sega circolare
die Kreissäge

il banco da lavoro
die Werkbank

la colla da legno
der Holzleim

la contornitrice
der Grundhobel

i trucioli
die Holzspäne

la rastrelliera per gli arnesi
das Werkzeuggestell

il girabacchino
die Bohrwinde

la prolunga
die Verlängerungsschnur

le tecniche • die Fertigkeiten

tagliare
schneiden

segare
sägen

forare
bohren

martellare
hämmern

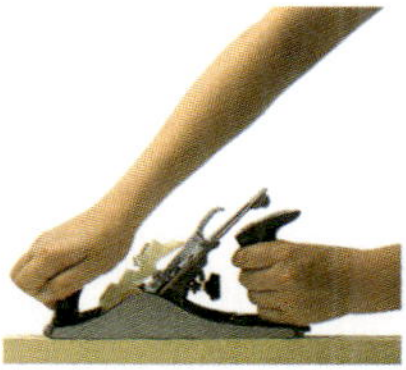

piallare
hobeln

tornire
drechseln

incidere
schnitzen

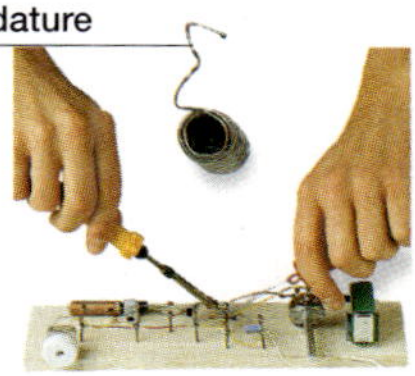

saldare
löten

i materiali • die Materialien

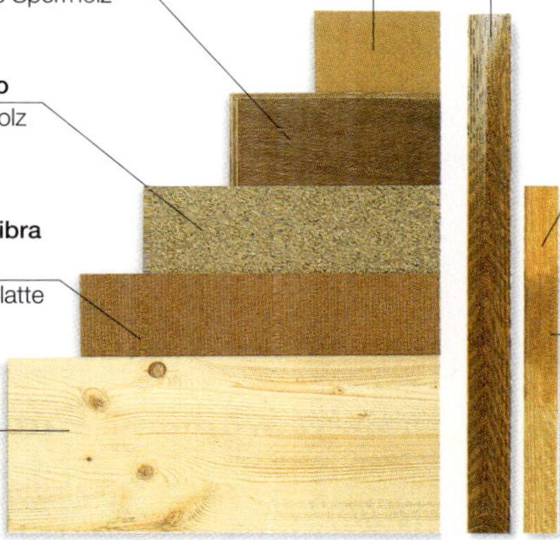

il legno | das Holz

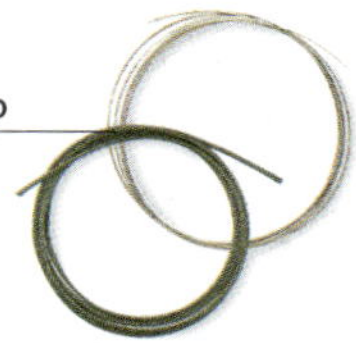

il cavo
das Kabel

il metallo | das Metall

la cassetta degli attrezzi • der Werkzeugkasten

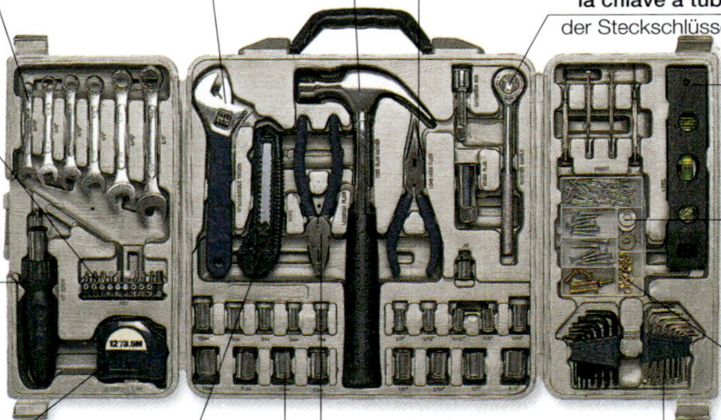

le punte • die Bohrer

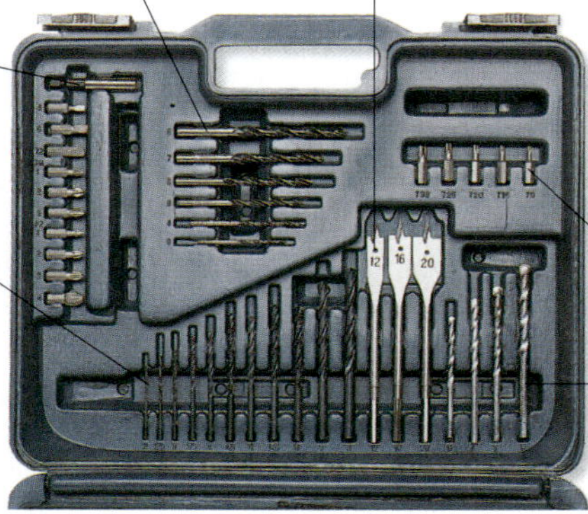

il cacciavite a croce
der Kreuzschlitzschraubenzieher

il chiodo
der Nagel

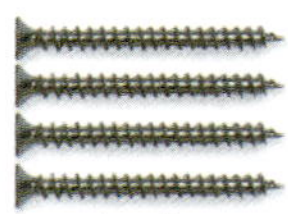

la vite
die Schraube

la pinza spelafilo
die Entisolierzange

la pinza tagliafilo
der Drahtschneider

il saldatoio
der Lötkolben

il nastro isolante
das Isolierband

il bisturi
das Skalpell

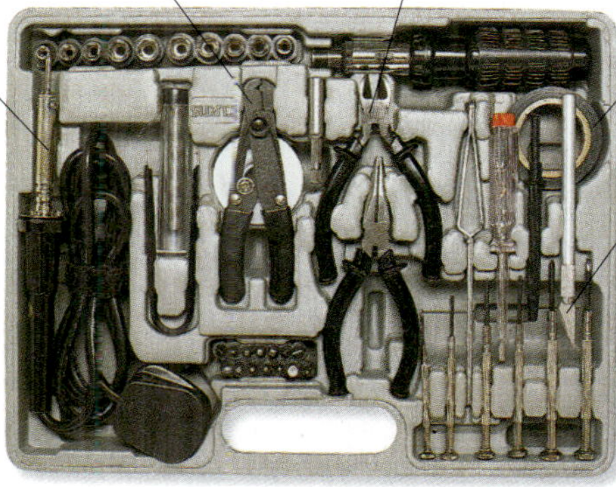

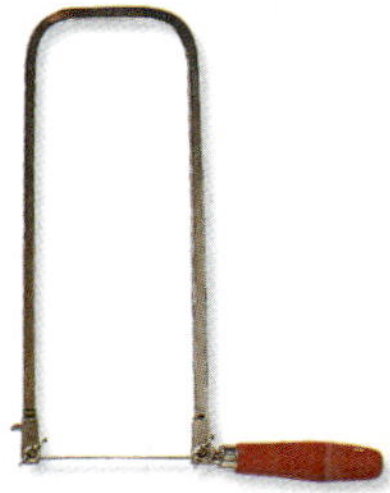

la sega da traforo
die Schweifsäge

le lega per saldatura
der Lötzinn

la sega per tenoni | die Profilsäge

gli occhiali protettivi
die Schutzbrille

la pialla
der Hobel

il seghetto
der Fuchsschwanz

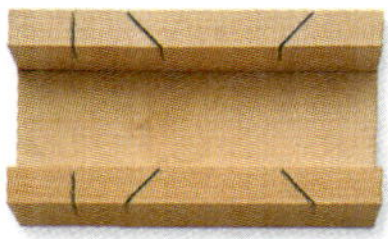

la cassetta guidalama per ugnature
die Gehrungslade

il seghetto per metalli
die Metallsäge

il trapano manuale
der Handbohrer

la lana d'acciaio
die Stahlwolle

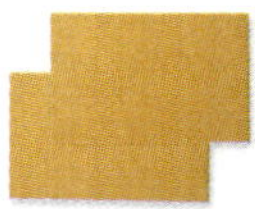

la carta vetrata
das Schmirgelpapier

la chiave inglese
die Rohrzange

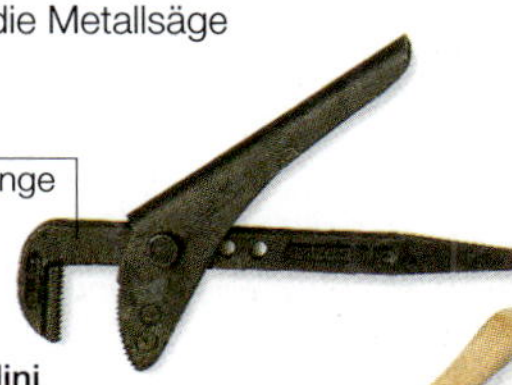

lo scalpello
der Meißel

la lima
die Feile

l'affilatore
der Wetzstahl

lo sturalavandini
der Sauger

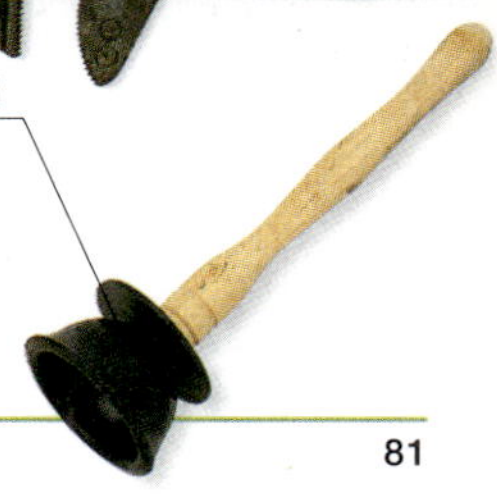

il tagliatubi | der Rohrabschneider

il tappezzare • das Tapezieren

le forbici
die Tapezierschere

il coltello da pacchi
das Tapeziermesser

il filo a piombo
das Senkblei

la spatola
die Spachtel

tappezzare | tapezieren

staccare
abziehen

stuccare
spachteln

scartavetrare
schmirgeln

intonacare | verputzen

incollare | anbringen

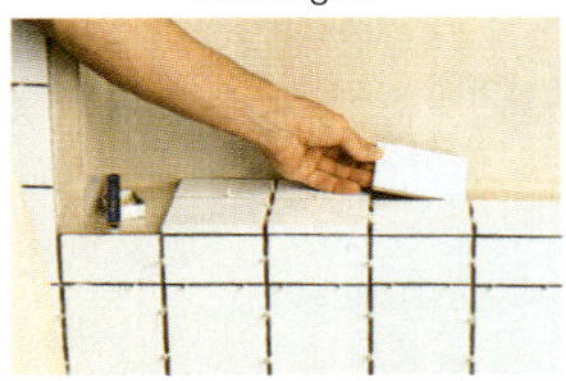

piastrellare | kacheln

il pennello
die Streichbürste

il barattolo di vernice
der Farbtopf

la tuta
der Overall

il telo di protezione
das Abdecktuch

dipingere
anstreichen

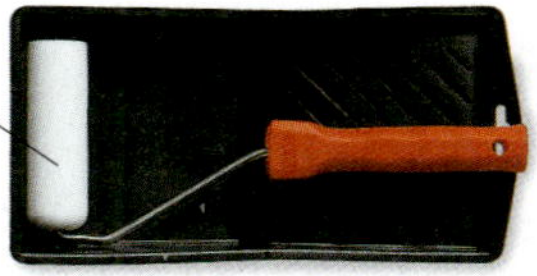

il rullo
der Roller

la vaschetta per la vernice
die Wanne

la vernice
die Farbe

la spugna
der Schwamm

il nastro adesivo coprente
das Abdeckband

la carta vetrata
das Schmirgelpapier

lo stucco
die Spachtelmasse

la trementina
das Terpentin

l'acquaragia
das Verdünnungsmittel

vocabolario • Vokabular

l'intonaco der Gips	**lucido** glänzend	**la carta a rilievo** das Reliefpapier	**la mano di fondo** die Grundierung	**il solvente** das Lösungsmittel
la pittura die Emulsionsfarbe	**opaco** matt	**la carta di fondo** das Einsatzpapier	**la mano finale** der Deckanstrich	**la malta** der Fugenkitt
la vernice trasparente der Lack	**lo stampino** die Schablone	**la vernice di base** die Grundfarbe	**il conservante** der Schutzanstrich	**il sigillante** das Versiegelungsmittel

il giardino • der Garten

i tipi di giardino • die Gartentypen

il giardino a patio
der Patiogarten

il giardino pensile
der Dachgarten

il giardino di pietra
der Steingarten

il giardino all'italiana | der italienische (Zier)garten

il cortile | der Hof

il giardino all'inglese
der englische (Zier)garten

il giardino di erbe
der Kräutergarten

il giardino acquatico
der Wassergarten

gli ornamenti per giardini • die Gartenornamente

la fioriera pensile
die Blumenampel

il graticcio
das Spalier

la pergola
die Pergola

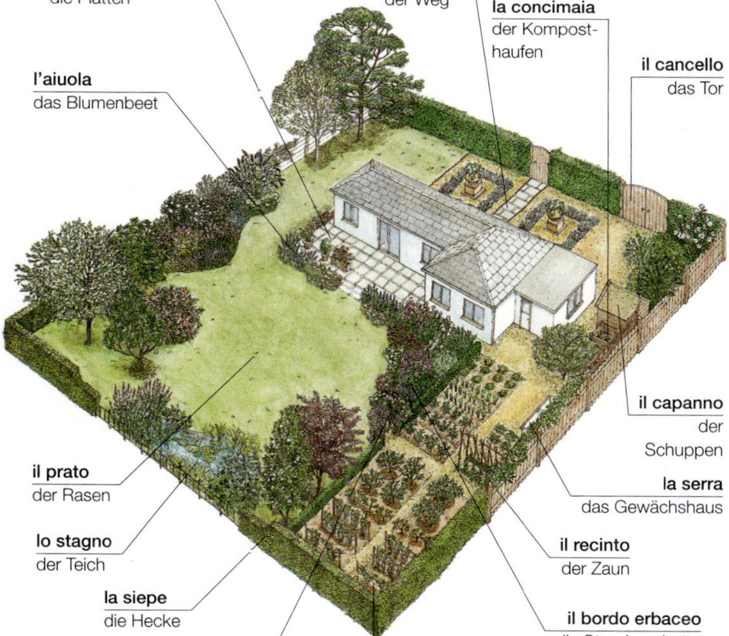

il patio in legno
die Planken

la fontana | der Springbrunnen

il terreno • der Boden

lo strato superficiale
die Erde

la sabbia
der Sand

il calcare
der Kalkstein

il limo
der Schlick

l'argilla
der Lehm

le piante da giardino • die Gartenpflanzen

i tipi di piante • die Pflanzenarten

annuale
einjährig

biennale
zweijährig

perenne
mehrjährig

il bulbo
die Zwiebel

la felce
der Farn

il giunco
die Binse

il bambù
der Bambus

le erbacce
das Unkraut

l'erba aromatica
das Kraut

la pianta acquatica
die Wasserpflanze

l'albero
der Baum

la palma
die Palme

la conifera
der Nadelbaum

sempreverde
immergrün

a foglie caduche
der Laubbaum

l'arte topiaria
der Formschnitt

le piante da roccia
die Alpenpflanze

la pianta grassa
die Sukkulente

il cactus
der Kaktus

gli attrezzi da giardino • die Gartengeräte

la vanga
der Spaten

il forcone
die Mistgabel

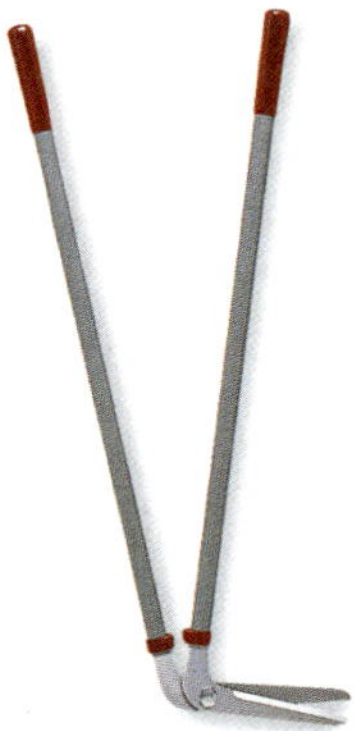

le forbici tagliabordi
die Schere

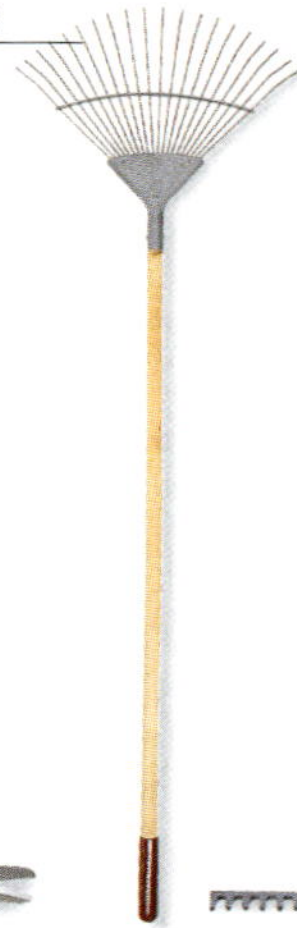

il rastrello
die Harke

la zappa
die Hacke

il terriccio
die Komposterde

i semi
die Samen

la farina di ossa
die Knochenasche

la ghiaia
der Kies

il cestello
der Gartenkorb

il tagliabordi
der Schneider

il tosaerba
der Rasenmäher

la carriola
die Schubkarre

l'annaffiatura • das Gießen

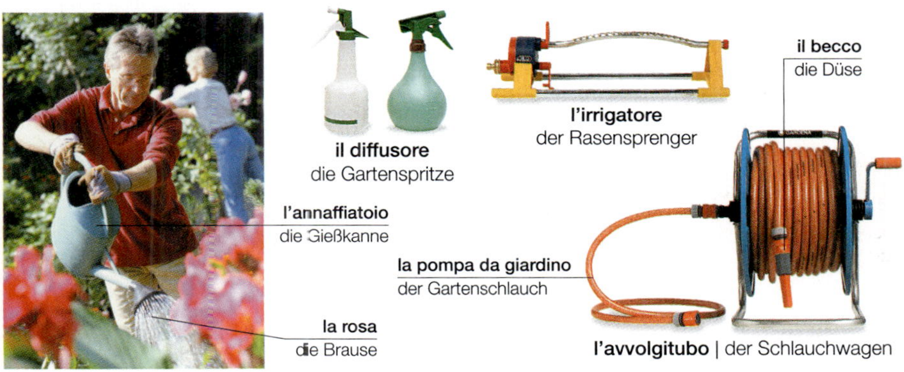

il giardinaggio • die Gartenarbeit

tagliare l'erba | mähen

ricoprire di zolle erbose
mit Rasen bedecken

inforcare
stechen

rastrellare
harken

spuntare
stutzen

scavare
graben

seminare
säen

concimare a spandimento
mit Kopfdünger düngen

annaffiare
gießen

far crescere
ziehen

togliere i fiori appassiti
köpfen

spruzzare
sprühen

legare a un bastoncino
hochbinden

innestare
pfropfen

propagare
vermehren

potare
beschneiden

trapiantare
umpflanzen

sradicare le erbacce
jäten

concimare
mulchen

raccogliere
ernten

vocabolario • Vokabular

coltivare züchten	**cogliere** pflücken	**concimare** düngen	**setacciare** sieben	**biologico** biologisch	**il semenzale** der Sämling	**il sottosuolo** der Untergrund
curare hegen	**invasare** eintopfen	**architettare** gestalten	**aerare** auflockern	**il prosciugamento** die Entwässerung	**il concime** der Dünger	**il diserbante** der Unkraut-vernichter

JKL
5
TUV
8
7
0

i servizi
die Dienstleistungen

i servizi di emergenza • die Notdienste

l'ambulanza • der Krankenwagen

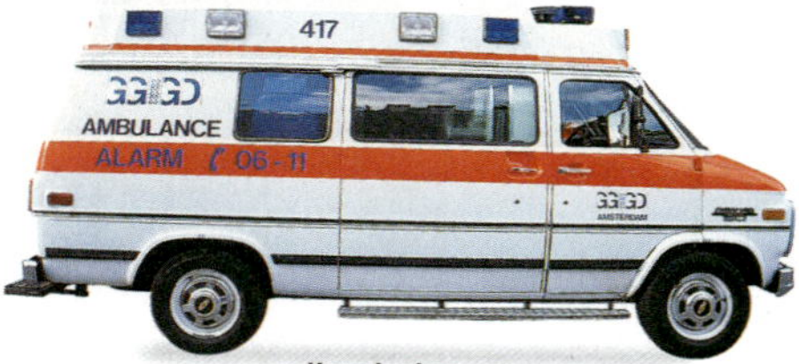

l'ambulanza
der Krankenwagen

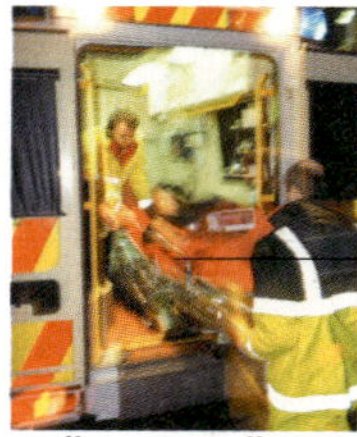

la barella
die Tragbahre

il paramedico
der Rettungssanitäter

la polizia • die Polizei

il distintivo
die Kennmarke

l'uniforme
die Uniform

il manganello
der Gummiknüppel

la pistola
die Pistole

il poliziotto
der Polizist

le manette
die Handschellen

la sirena
die Sirene

la luce
das Licht

l'auto della polizia
das Polizeiauto

la stazione di polizia
die Polizeiwache

vocabolario • Vokabular

l'investigatore der Kriminalbeamte	**il furto** der Einbruchdiebstahl	**la denuncia** die Beschwerde	**l'arresto** die Festnahme
l'accusa die Anklage	**l'indagine** die Ermittlung	**l'aggressione** die Körperverletzung	**la cella** die Polizeizelle
l'impronta digitale der Fingerabdruck	**il reato** das Verbrechen	**il commissario** der Inspektor	**il sospetto** der Verdächtige

i vigili del fuoco • die Feuerwehr

il fumo
der Rauch

la gabbia
der Auslegerkorb

il braccio
der Ausleger

l'incendio | der Brand

il casco
der Schutzhelm

l'idrante
der Schlauch

il getto d'acqua
der Wasserstrahl

i vigili del fuoco
die Feuerwehrleute

la caserma dei vigili del fuoco
die Feuerwache

la scala di sicurezza
die Feuertreppe

la scala
die Leiter

la cabina
die Fahrerkabine

l'autopompa
das Löschfahrzeug

l'allarme antifumo
der Rauchmelder

l'allarme antincendio
der Feuermelder

l'ascia
das Beil

l'estintore
der Feuerlöscher

l'idrante
der Hydrant

Ho bisogno della polizia/dei vigili del fuoco/di un'ambulanza.
Die Polizei/die Feuerwehr/einen Krankenwagen, bitte.

C'è un incendio a…
Es brennt in…

C'è stato un incidente.
Es ist ein Unfall passiert.

Chiamate la polizia!
Rufen Sie die Polizei!

la banca • die Bank

il cliente
der Kunde

lo sportello
der Schalter

il cassiere
der Kassierer

i dépliants
die Broschüren

il banco
der Schalter

i moduli di versamento
die Einzahlungsformulare

il direttore
der Filialleiter

la carta di debito
die EC-Karte

la carta di credito
die Kreditkarte

il numero di conto
die Kontonummer

la firma
die Unterschrift

l'importo
der Betrag

la matrice
der Abschnitt

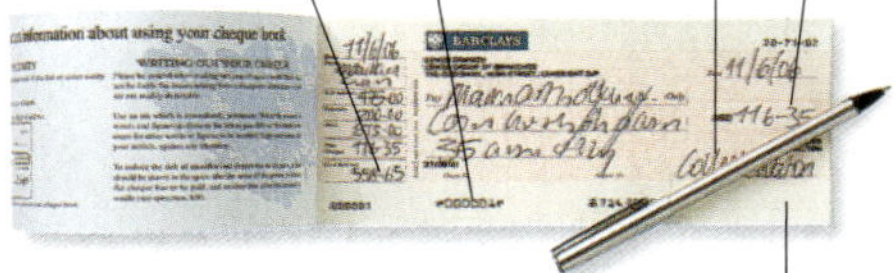

il libretto degli assegni
das Scheckheft

l'assegno
der Scheck

vocabolario • Vokabular

l'imposta
die Steuer

i risparmi
die Spareinlagen

l'addebito diretto
der Einzugsauftrag

l'ipoteca
die Hypothek

lo scoperto
die Kontoüberziehung

il tasso d'interesse
der Zinssatz

il pagamento
die Zahlung

il prestito
das Darlehen

il modulo di prelievo
das Abhebungsformular

versare
einzahlen

il pin
der PIN-Kode

la commissione bancaria
die Bankgebühr

il conto corrente
das Girokonto

il conto di risparmio
das Sparkonto

il bonifico
die Überweisung

il denaro
das Geld

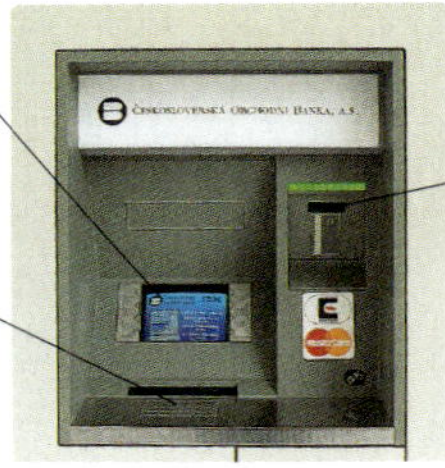

il bancomat
der Geldautomat

la valuta estera • die ausländische Währung

l'ufficio di cambio
die Wechselstube

il travel cheque
der Reisescheck

il tasso di cambio
der Wechselkurs

la finanza • die Geldwirtschaft

la consulente finanziaria
die Finanzberaterin

la borsa valori | die Börse

vocabolario • Vokabular

incassare einlösen	**le azioni** die Aktien
la denominazione der Nennwert	**i dividendi** die Gewinnanteile
la commissione die Provision	**il portafoglio** das Portmonee
l'investimento die Kapitalanlage	**l'azione ordinaria** die Stammaktie
i titoli die Wertpapiere	**il revisore dei conti** der Wirtschafts-prüfer

Posso cambiare questo?
Könnte ich das bitte wechseln?

Qual è il tasso di cambio oggi?
Wie ist der heutige Wechselkurs?

la comunicazione • die Kommunikation

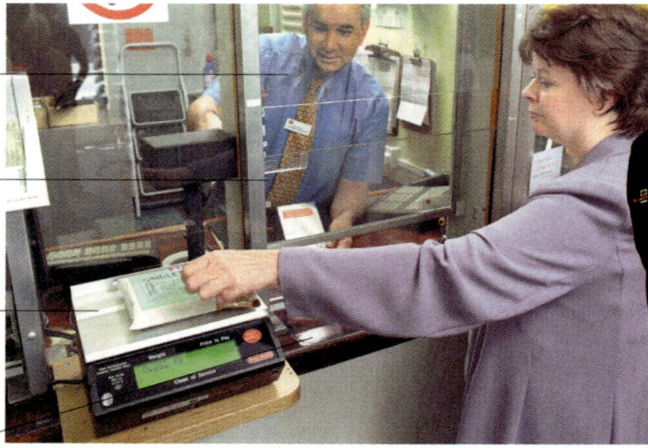

l'impiegato delle poste
der Postbeamte

lo sportello
der Schalter

la bilancia
die Waage

il banco
der Schalter

l'ufficio postale | die Post

il timbro postale
der Poststempel

il francobollo
die Briefmarke

il codice di avviamento postale
die Postleitzahl

l'indirizzo
die Adresse

la busta | der Umschlag

il postino
der Briefträger

vocabolario • Vokabular

la lettera
der Brief

posta aerea
per Luftpost

la posta raccomandata
das Einschreiben

il mittente
der Absender

la firma
die Unterschrift

la levata della posta
die Leerung

la consegna
die Zustellung

l'affrancatura
die Portokosten

il vaglia postale
die Postanweisung

fragile
zerbrechlich

il telegramma
das Telegramm

il sacco postale
der Postsack

non piegare
nicht falten

alto
oben

il fax
das Fax

la buca delle lettere
der Briefkasten

la cassetta delle lettere
der Hausbriefkasten

il pacco
das Paket

il corriere
der Kurierdienst

il telefono • das Telefon

il ricevitore
der Apparat

la base
die Feststation

la segreteria telefonica
der Anrufbeantworter

il telefono senza fili
das schnurlose Telefon

il videotelefono
das Fernsehtelefon

la cabina telefonica
die Telefonzelle

la tastiera
das Tastenfeld

il telefonino
das Handy

il ricevitore
der Hörer

la restituzione monete
die Münzrückgabe

il telefono a monete
der Münzfernsprecher

il telefono a scheda
das Kartentelefon

vocabolario • Vokabular

interrotto
unterbrochen

comporre
wählen

le informazioni telefoniche
die Auskunft

rispondere
abheben

il messaggio vocale
die Sprachmitteilung

il messaggio di testo
die SMS

il centralino
die Vermittlung

occupato
besetzt

la chiamata a carico del destinatario
das R-Gespräch

Può darmi il numero per...?
Können Sie mir die Nummer für…geben?

Qual è il prefisso per...?
Was ist die Vorwahl für…?

l'albergo • das Hotel

l'ingresso • die Empfangshalle

l'ospite
der Gast

la chiave della camera
der Zimmerschlüssel

i messaggi
die Nachrichten

la casella
das Fach

l'addetta alla ricezione
die Empfangsdame

il registro
das Gästebuch

il banco
der Schalter

la ricezione | der Empfang

il bagaglio
das Gepäck

il carrello
der Kofferkuli

il facchino
der Hoteldiener

l'ascensore
der Fahrstuhl

il numero della camera
die Zimmernummer

le camere • die Zimmer

la camera singola
das Einzelzimmer

la camera doppia
das Doppelzimmer

la camera a due letti
das Zweibettzimmer

il bagno privato
das Privatbadezimmer

i servizi • die Dienstleistungen

il servizio di pulizia
die Zimmerreinigung

il servizio di lavanderia
der Wäschedienst

il vassoio della colazione
das Frühstückstablett

il servizio in camera | der Zimmerservice

il minibar
die Minibar

il ristorante
das Restaurant

la palestra
der Fitnessraum

la piscina
das Schwimmbad

vocabolario • Vokabular

la mezza pensione
die Halbpension

la pensione completa
die Vollpension

la pensione con colazione
die Übernachtung mit Frühstück

Avete una camera libera?
Haben Sie ein Zimmer frei?

Ho una prenotazione
Ich habe ein Zimmer reserviert.

Vorrei una camera singola
Ich möchte ein Einzelzimmer.

Vorrei una camera per tre notti.
Ich möchte ein Zimmer für drei Nächte.

Quanto costa la camera a notte?
Was kostet das Zimmer pro Nacht?

Quando devo lasciare la stanza?
Wann muss ich das Zimmer räumen?

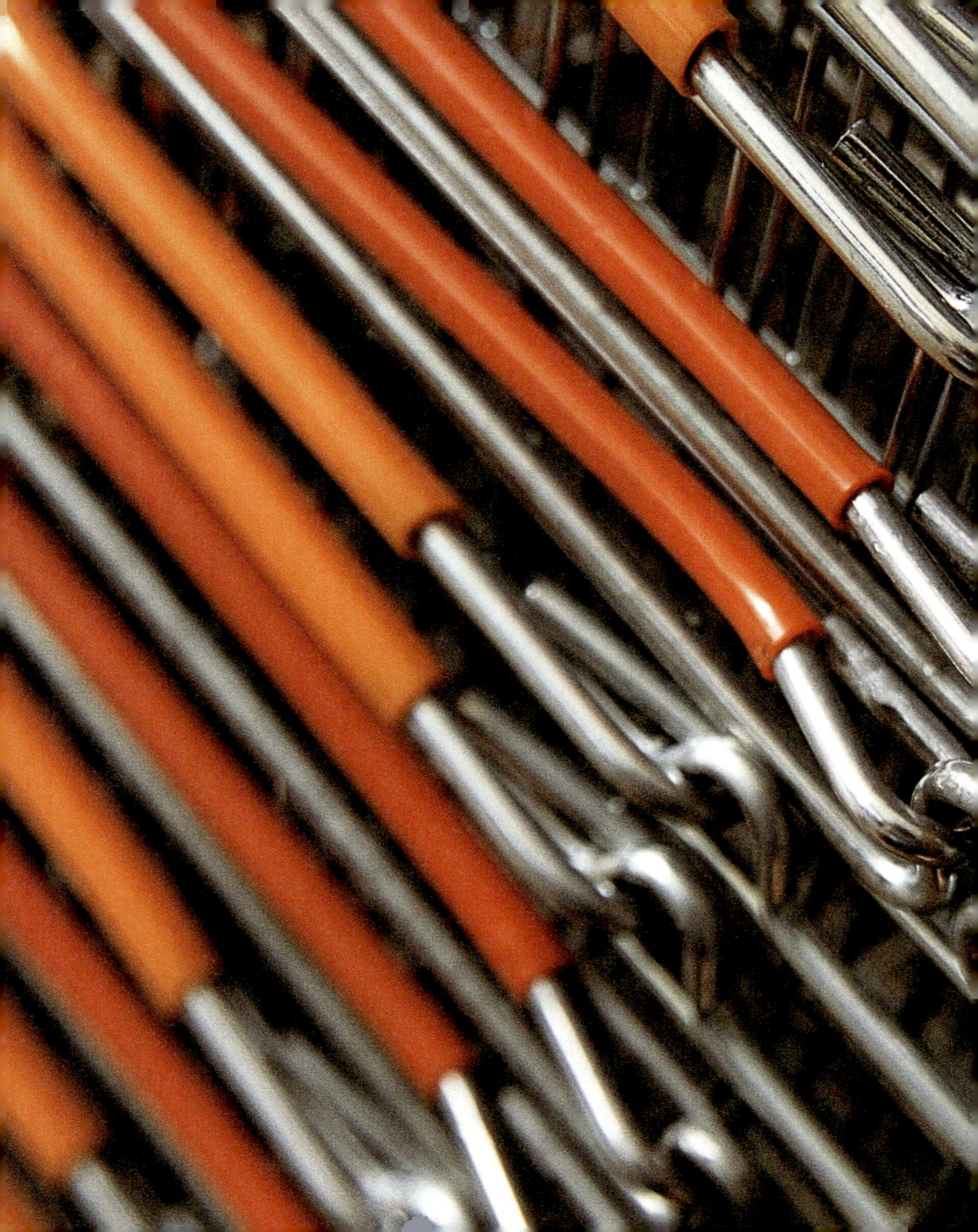

gli acquisti
der Einkauf

il centro commerciale • das Einkaufszentrum

vocabolario • Vokabular

il reparto bambini
die Kinderabteilung

il reparto bagagli
die Gepäckabteilung

il reparto calzature
die Schuhabteilung

la guida al negozio
die Anzeigetafel

il commesso
der Verkäufer

l'assistenza ai clienti
der Kundendienst

i camerini
die Anprobe

le toilettes
die Toiletten

la stanza di cambio pannolini
der Wickelraum

Quanto costa questo?
Was kostet das?

Posso cambiare questo?
Kann ich das umtauschen?

il grande magazzino • das Kaufhaus

l'abbigliamento da uomo
die Herrenbekleidung

l'abbigliamento da donna
die Damenoberbekleidung

la biancheria intima
die Damenwäsche

la profumeria
die Parfümerie

la cosmesi
die Schönheitspflege

la biancheria
die Haushaltswäsche

l'arredamento per la casa
die Möbel

la merceria
die Kurzwaren

gli articoli da cucina
die Küchengeräte

la porcellana
das Porzellan

gli articoli elettronici
die Elektroartikel

l'illuminazione
die Lampen

gli articoli sportivi
die Sportartikel

i giocattoli
die Spielwaren

la cancelleria
die Schreibwaren

il reparto alimentari
die Lebensmittelabteilung

il supermercato • der Supermarkt

la cassa | die Kasse

il carrello
der Einkaufswagen

il cestino
der Einkaufskorb

il codice a barre
der Strichkode

lo scanner
der Scanner

la panetteria
die Backwaren

i latticini
die Milchprodukte

i cereali da colazione
die Getreideflocken

lo scatolame
die Konserven

i dolci
die Süßwaren

la verdura
das Gemüse

la frutta
das Obst

la carne e il pollame
das Fleisch und das Geflügel

il pesce
der Fisch

la salumeria
die Feinkost

i surgelati
die Tiefkühlkost

i precotti
die Fertiggerichte

le bibite
die Getränke

i casalinghi
die Haushaltswaren

i prodotti per il bagno
die Toilettenartikel

i prodotti per bambini
die Babyprodukte

gli elettrodomestici
die Elektroartikel

il cibo per animali
das Tierfutter

le riviste | die Zeitschriften

la farmacia • die Apotheke

i prodotti per i denti
die Zahnpflege

l'igiene femminile
die Monatshygiene

i deodoranti
die Deos

le vitamine
die Vitamintabletten

il dispensario
die Apotheke

il farmacista
der Apotheker

la medicina per la tosse
das Hustenmedikament

i rimedi alle erbe
das Kräuterheilmittel

i prodotti per la pelle
die Hautpflege

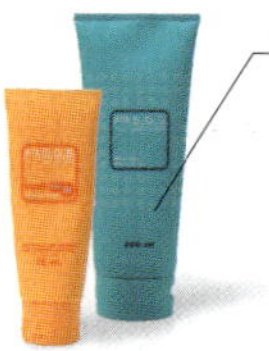

il doposole
die After-Sun-Lotion

la crema schermo
die Sonnenschutzcreme

la crema schermo totale
der Sonnenblocker

l'insettifugo
das Insektenschutzmittel

la salviettina umidificata
das Reinigungstuch

il fazzolettino
das Papiertaschentuch

l'assorbente
die Damenbinde

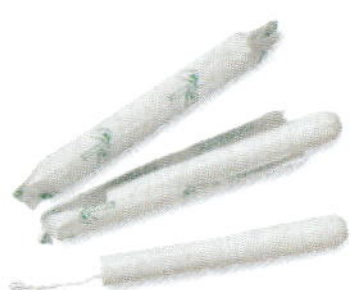

il tampone
der Tampon

il salvaslip
die Slipeinlage

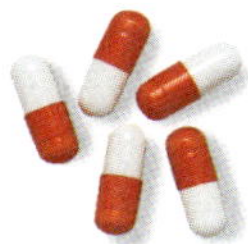

la pasticca
die Kapsel

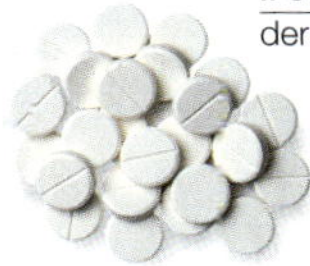

la pastiglia
die Tablette

il cucchiaio misuratore
der Messlöffel

lo sciroppo
der Saft

le istruzioni
die Gebrauchs-anweisung

l'inalatore
der Inhalierstift

la crema
die Creme

l'unguento
die Salbe

il gel
das Gel

la supposta
das Zäpfchen

il contagocce
die Pipette

le gocce
die Tropfen

l'ago
die Nadel

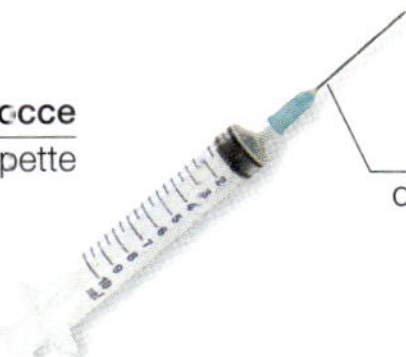

la siringa
die Spritze

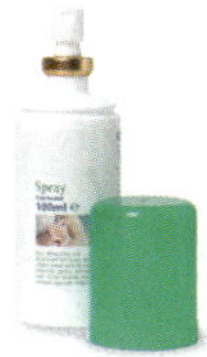

lo spray
der Spray

la polvere
das Pulver

vocabolario • Vokabular

il ferro
das Eisen

il calcio
das Kalzium

l'insulina
das Insulin

il magnesio
das Magnesium

la multivitamina
das Multivitaminmittel

gli effetti collaterali
die Nebenwirkungen

la data di scadenza
das Verfallsdatum

le pasticche antinausea
die Reisekrankheits-tabletten

monouso
Wegwerf-

solubile
löslich

il dosaggio
die Dosierung

il medicamento
das Medikament

la prescrizione
die Verordnung

il lassativo
das Abführmittel

la diarrea
der Durchfall

la pasticca per la gola
die Halspastille

l'antidolorifico
das Schmerzmittel

il sedativo
das Beruhigungsmittel

il sonnifero
die Schlaftablette

l'antinfiammatorio
der Entzündungshemmer

il fioraio • das Blumengeschäft

i fiori
die Blumen

il giglio
die Lilie

l'acacia
die Akazie

il garofano
die Nelke

la pianta da vaso
die Topfpflanze

il gladiolo
die Gladiole

l'iris
die Iris

la margherita
die Margerite

il crisantemo
die Chrysantheme

la gipsofila
das Schleierkraut

la violacciocca
die Levkoje

la gerbera
die Gerbera

il fogliame
die Blätter

la rosa
die Rose

la fresia
die Freesie

il vaso
die Blumenvase

l'orchidea
die Orchidee

la peonia
die Pfingstrose

il mazzetto
der Strauß

lo stelo
der Stängel

il narciso
die Osterglocke

il bocciolo
die Knospe

l'incarto
das Einwickelpapier

il tulipano | die Tulpe

gli arrangiamenti • die Blumenarrangements

il nastro
das Band

il mazzo di fiori
der Blumenstrauß

i fiori secchi
die Trockenblumen

il pot-pourri | das Potpourri

la corona | der Kranz

la ghirlanda
die Blumengirlande

Mi dà un mazzo di… per favore?
Ich möchte einen Strauß…, bitte.

Me li può incartare?
Können Sie die Blumen bitte einwickeln?

Posso allegare un messaggio?
Kann ich eine Nachricht mitschicken?

Quanto dureranno?
Wie lange halten sie?

Sono profumati?
Duften sie?

Li può mandare a…?
Können Sie die Blumen an… schicken?

l'edicola • der Zeitungshändler

le sigarette
die Zigaretten

il pacchetto di sigarette
das Päckchen Zigaretten

i fiammiferi
die Streichhölzer

i biglietti della lotteria
die Lottoscheine

i francobolli
die Briefmarken

la cartolina
die Postkarte

il giornalino a fumetti
das Comicheft

la rivista
die Zeitschrift

il giornale
die Zeitung

fumare • das Rauchen

il tabacco
der Tabak

l'accendino
das Feuerzeug

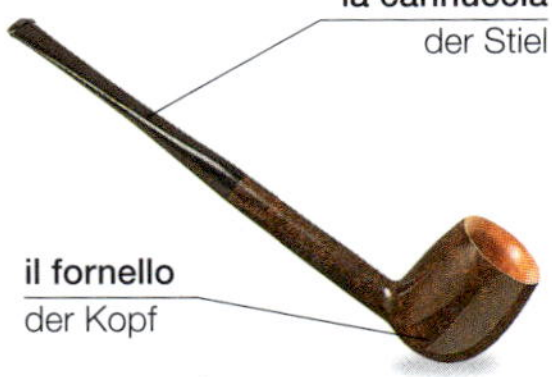

la cannuccia
der Stiel

il fornello
der Kopf

la pipa
die Pfeife

il sigaro
die Zigarre

il chiosco • der Kiosk

la scatola di cioccolatini
die Schachtel Pralinen

la tavoletta spuntino
die Nascherei

le patatine
die Chips

il negozio di dolciumi | das Süßwarengeschäft

vocabolario • Vokabular

il tartufo
der Trüffel

il cioccolato al latte
die Milchschokolade

il cioccolato amaro
die bittere Schokolade

il cioccolato bianco
die weiße Schokolade

il biscotto
der Keks

le caramelle
die Bonbons

il caramello
der Karamell

la caramelle assortite
die bunte Mischung

i dolciumi • die Süßwaren

il cioccolatino
die Praline

la tavoletta di cioccolata
die Tafel Schokolade

le caramelle
die Bonbons

il lecca lecca
der Lutscher

la caramella mou
das Toffee

il torrone
der Nugat

la caramella gommosa
das Marshmallow

la mentina
das Pfefferminz

la gomma da masticare
der Kaugummi

la caramella di gelatina
der Geleebonbon

la caramella alla frutta
der Fruchtgummi

la liquirizia
die Lakritze

gli altri negozi • andere Geschäfte

il panificio
die Bäckerei

la pasticceria
die Konditorei

la macelleria
die Metzgerei

la pescheria
das Fischgeschäft

il fruttivendolo
der Gemüseladen

il negozio di alimentari
das Lebensmittelgeschäft

il negozio di calzature
das Schuhgeschäft

il negozio di ferramenta
die Eisenwarenhandlung

il negozio di antiquariato
der Antiquitätenladen

il negozio di articoli da regalo
der Geschenkartikelladen

l'agenzia di viaggi
das Reisebüro

la gioielleria
das Juweliergeschäft

la libreria
der Buchladen

il negozio di dischi
das Musikgeschäft

l'enoteca
die Weinhandlung

il negozio di animali
die Tierhandlung

il negozio di mobili
das Möbelgeschäft

la boutique
die Boutique

vocabolario • Vokabular

il vivaio
das Gartencenter

il lavasecco
die Reinigung

la lavanderia
der Waschsalon

l'agenzia immobiliare
der Immobilienmakler

il negozio di articoli fotografici
das Fotogeschäft

il negozio dell'usato
der Gebrauchtwaren-händler

il negozio di alimenti biologici
das Reformhaus

il negozio di articoli per l'arte
die Kunsthandlung

la sartoria
die Schneiderei

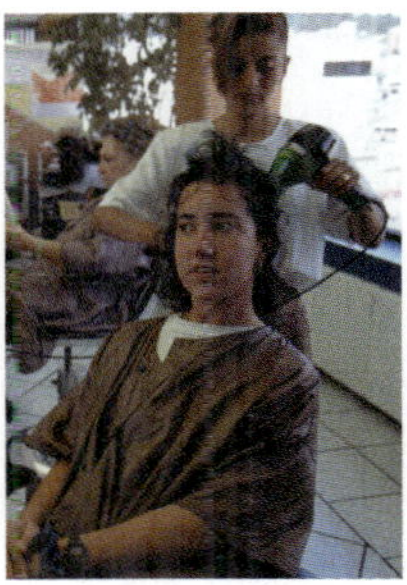

il parrucchiere
der Frisiersalon

il mercato | der Markt

il cibo
die Nahrungsmittel

la carne • das Fleisch

vocabolario • Vokabular

il maiale
das Schweinefleisch

il manzo
das Rindfleisch

il vitello
das Kalbfleisch

il cervo
das Wild

il coniglio
das Kaninchen

la lingua
die Zunge

le frattaglie
die Innereien

salmistrato
gepökelt

affumicato
geräuchert

ruspante
aus Freilandhaltung

biologico
biologisch kontrolliert

la carne bianca
das weiße Fleisch

la carne rossa
das rote Fleisch

la carne magra
das magere Fleisch

la carne cotta
das gekochte Fleisch

i tagli • die Fleischsorten

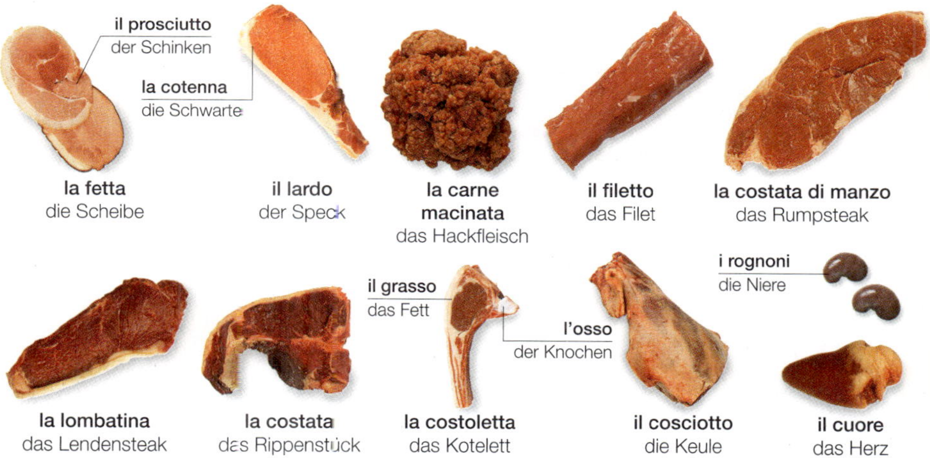

il pollame • das Geflügel

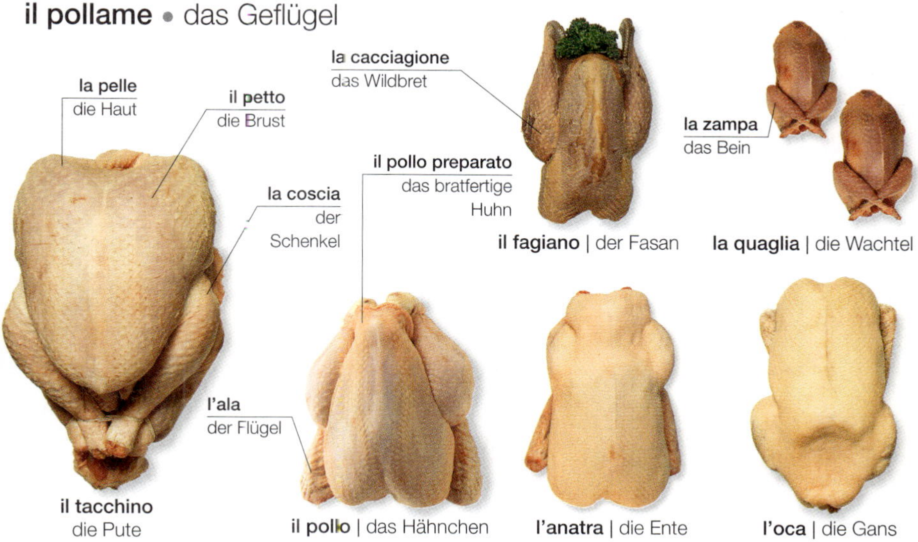

il pesce • der Fisch

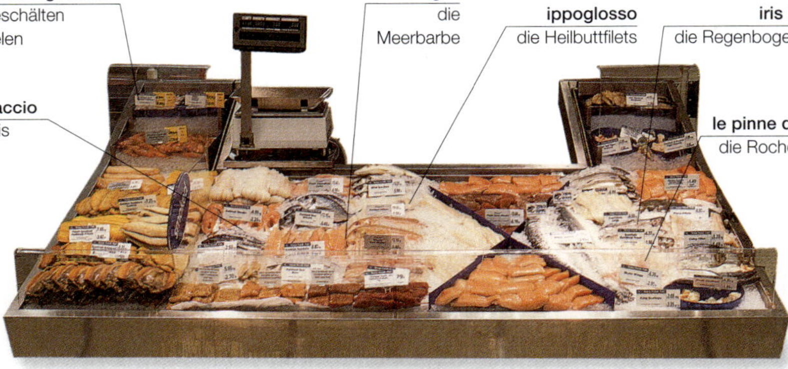

la pescheria
das Fischgeschäft

la rana pescatrice
der Seeteufel

lo sgombro
die Makrele

la trota
die Forelle

il pesce spada
der Schwertfisch

la sogliola
die Seezunge

la sogliola limanda
die Rotzunge

l'eglefino
der Schellfisch

la sardina
die Sardine

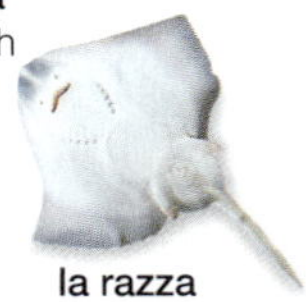

la razza
der Rochen

il merlango
der Weißfisch

la spigola
der Seebarsch

il salmone | der Lachs

il merluzzo
der Kabeljau

l'abramide
der Seebrassen

il tonno
der Tunfisch

i frutti di mare • die Meeresfrüchte

il gambero d'acqua dolce
der Krebs

il cannolicchio
die Scheidenmuschel

il cardio
die Herzmuschel

il polpo
der Seepolyp

la seppia
die Sepie

il calamaro
der Tintenfisch

la vongola
die Venusmuschel

vocabolario • Vokabular

spellato enthäutet	**pulito** zubereitet	**affumicato** geräuchert	**desquamato** entschuppt	**a filetti** filetiert	**spinato** entgrätet	**salato** gesalzen	**il filetto** das Filet	**fresco** frisch
il lombo die Lende	**la coda** der Schwanz	**congelato** tiefgefroren	**la trancia** die Scheibe	**la spina** die Gräte	**la squama** die Schuppe	**Me lo pulisce?** Können Sie ihn mir fertig zubereiten?		

la verdura 1 • das Gemüse 1

la fava
die dicke Bohne

il fagiolino
die Stangenbohne

il seme
der Samen

il fagiolino
die grüne Bohne

il pisello
die grüne Erbse

il granturco
der Mais

il germoglio di soia
die Sojabohnensprosse

il bambù
der Bambus

il baccello
die Schote

l'okra
die Okra

la cicoria
der Chicorée

il finocchio
der Fenchel

i cuori di palma
die Palmherzen

il sedano
der Stangensellerie

vocabolario • Vokabular

la foglia
das Blatt

lo stelo
der Strunk

il germoglio
das Röschen

il nocciolo
der Kern

la punta
die Spitze

il cuore
das Herz

biologico
biologisch

la busta di plastica
die Plastiktüte

Vendete verdure biologiche?
Verkaufen Sie Biogemüse?

Queste sono della zona?
Werden sie in dieser Gegend angebaut?

la rucola
die Rauke

il crescione
die Brunnenkresse

il radicchio
der Radicchio

il cavolino di Bruxelles
der Rosenkohl

la bietola
der Mangold

il cavolo verde
der Grünkohl

l'acetosa
der Gartensauerampfer

l'indivia
die Endivie

il dente di leone
der Löwenzahn

gli spinaci
der Spinat

il cavolo rapa
der Kohlrabi

il cavolo verza
der Chinakohl

la lattuga
der Salat

il broccolo
der Brokkoli

la verza
der Wirsing

il cavolo
der Kohl

le verdure 2 • das Gemüse 2

vocabolario • Vokabular

il pomodorino
die Kirschtomate

la carota
die Karotte

il frutto dell'albero del pane
die Brotfrucht

la patata novella
die neue Kartoffel

il sedano rapa
der Sellerie

la radice di taro
die Tarowurzel

la castagna d'acqua
die Wasserkastanie

la cassava
der Maniok

congelato
tiefgefroren

crudo
roh

piccante
scharf

dolce
süß

amaro
bitter

sodo
fest

la polpa
das Fleisch

la radice
die Wurzel

Mi dà un chilo di patate per favore?
Könnte ich bitte ein Kilo Kartoffeln haben?

Quanto costa al chilo?
Was kostet ein Kilo?

Quelli come si chiamano?
Wie heißen diese?

la patata dolce
die Süßkartoffel

l'igname
die Jamswurzel

la barbabietola
die Rote Bete

la rapa svedese
die Kohlrübe

il topinambur
der Topinambur

il rafano
der Meerrettich

la pastinaca
die Pastinake

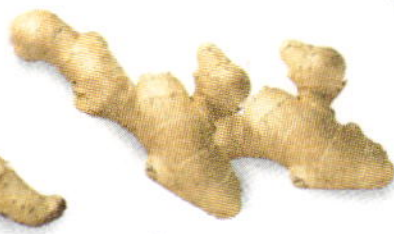
lo zenzero
der Ingwer

la melanzana
die Aubergine

il pomodoro
die Tomate

la cipollina
die Frühlingszwiebel

il porro
der Lauch

lo scalogno
die Schalotte

lo spicchio
die Zehe

l'aglio
der Knoblauch

il tartufo
die Trüffel

il fungo
der Pilz

il cetriolo
die Gurke

la zucchina
die Zucchini

la zucca
der Butternusskürbis

la zucca a ghianda
der Eichelkürbis

la zucca
der Kürbis

la frutta 1 • das Obst 1

gli agrumi • die Zitrusfrüchte

l'arancio
die Orange

la clementina
die Klementine

il mapo
die Tangelo

la scorza interna
die weiße Haut

il pompelmo
die Grapefruit

il mandarino
die Mandarine

lo spicchio
die Rippe

il satsuma
die Satsuma

la buccia
die Schale

la limetta
die Limone

il limone
die Zitrone

l'arancino cinese
die Kumquat

la frutta col nocciolo • das Steinobst

la pesca
der Pfirsich

la pesca noce
die Nektarine

l'albicocca
die Aprikose

la prugna
die Pflaume

la ciliegia
die Kirsche

la pera
die Birne

la mela
der Apfel

il cestino di frutta | der Obstkorb

i frutti di bosco e i meloni • das Beerenobst und die Melonen

la fragola
die Erdbeere

la mora
die Brombeere

il mirtillo rosso
die Preiselbeere

il mirtillo
die Heidelbeere

la mora-lampone
die Loganbeere

l'uva spina
die Stachelbeere

il lampone
die Himbeere

il ribes rosso
die Johannisbeere

il ribes nero
die schwarze Johannisbeere

il ribes bianco
die weiße Johannisbeere

il melone
die Melone

l'uva
die Weintrauben

la buccia
die Schale

il seme
der Kern

la polpa
das Fruchtfleisch

l'anguria
die Wassermelone

vocabolario • Vokabular

sugoso saftig	**amaro** sauer	**croccante** knackig	**senza semi** kernlos	**Sono maturi?** Sind sie reif?
dolce süß	**fresco** frisch	**marcio** faul	**il rabarbaro** der Rhabarber	**Posso assaggiarne uno?** Könnte ich eine probieren?
il succo der Saft	**la fibra** die Faser	**la polpa** das Fruchtmark	**il torsolo** das Kerngehäuse	**Per quanto tempo si mantengono?** Wie lange halten sie sich?

la frutta 2 • das Obst 2

la mela cotogna
die Quitte

il frutto della passione
die Passionsfrucht

la banana
die Banane

la guaiava
die Guave

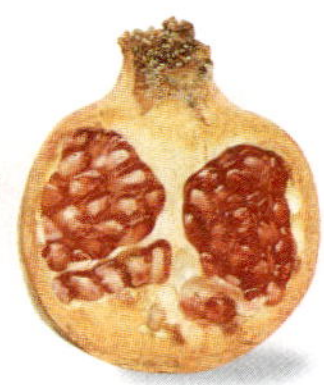

il melograno
der Granatapfel

il cachi
die Persimone

il feijoa
die Feijoa

il fico d'india
die Kaktusfeige

la carambola
die Sternfrucht

la mangostina
die Mangostane

le noci e la frutta secca • die Nüsse und das Dörrobst

il pinolo
die Piniennuss

il pistacchio
die Pistazie

l'anacardio
die Cashewnuss

l'arachide
die Erdnuss

la nocciola
die Haselnuss

la mandorla brasiliana
die Paranuss

l pecan
die Pecannuss

la mandorla
die Mandel

la noce
die Walnuss

la castagna
die Esskastanie

la macadamia
die Macadamianuss

il fico
die Feige

il dattero
die Dattel

la prugna secca
die Backpflaume

l'uva sultanina
die Sultanine

l'uvetta
die Rosine

l'uva passa
die Korinthe

il guscio
die Schale

la polpa
das Fruchtfleisch

la noce di cocco
die Kokosnuss

vocabolario • Vokabular

verde grün	**duro** hart	**il nocciolo** der Kern	**salato** gesalzen	**arrostito** geröstet	**la frutta tropicale** die Südfrüchte	**sgusciato** geschält
maturo reif	**morbido** weich	**essiccato** getrocknet	**crudo** roh	**stagionale** Saison-	**la frutta candita** die kandierten Früchte	**intero** ganz

le granaglie e i legumi secchi • die Getreidearten und die Hülsenfrüchte

le granaglie • das Getreide

il grano
der Weizen

l'avena
der Hafer

l'orzo
die Gerste

il miglio
die Hirse

il mais
der Mais

la quinoa
die Reismelde

vocabolario • Vokabular

- **la pula** die Hülse
- **il seme** der Kern
- **secco** trocken
- **il seme** der Samen
- **fresco** frisch
- **profumato** aromatisch
- **il cereale** die Getreideflocken
- **mettere a bagno** einweichen
- **cottura facile** leicht zu kochen
- **integrale** Vollkorn
- **a chiccho lungo** Langkorn
- **a chiccho corto** Rundkorn

il riso • der Reis

il riso bianco
der weiße Reis

il riso integrale
der Naturreis

il riso selvatico
der Wildreis

il riso da budino
der Milchreis

i cereali trattati • die verarbeiteten Getreidearten

il cuscus
der Kuskus

il grano spezzato
der Weizenschrot

la semola
der Grieß

la crusca
die Kleie

i fagioli e i piselli • die Bohnen und die Erbsen

i fagioli cannellini
die Mondbohnen

i fagioli bianchi
die weißen Bohnen

i fagioli di Spagna
die roten Bohnen

i fagioli aduki
die Adzukibohnen

le fave
die Saubohnen

i semi di soia
die Sojabohnen

i fagioli dall'occhio nero
die schwarzäugigen Bohnen

i fagioli borlotti
die Pintobohnen

i fagioli mung
die Mungbohnen

i fagioli nani
die französischen Bohnen

le lenticchie marroni
die braunen Linsen

le lenticchie rosse
die roten Linsen

i piselli
die grünen Erbsen

i ceci
die Kichererbsen

i piselli spaccati
die getrockneten Erbsen

i semi • die Körner

il seme di zucca
der Kürbiskern

il seme di mostarda
das Senfkorn

il cumino
der Kümmel

il seme di sesamo
das Sesamkorn

il seme di girasole
der Sonnenblumenkern

le erbe aromatiche e le spezie • die Kräuter und Gewürze

le spezie • die Gewürze

la vaniglia
die Vanille

la noce moscata
die Muskatnuss

il macis
die Muskatblüte

la curcuma
die Kurkuma

il cumino
der Kreuzkümmel

il mazzetto odoroso
die Kräutermischung

il pepe della Giamaica
der Piment

il grano di pepe
das Pfefferkorn

il fieno greco
der Bockshornklee

il peperoncino rosso
der Chili

lo zafferano
der Safran

il cardamomo
der Kardamom

la polvere di curry
das Currypulver

la paprica
der Paprika

l'aglio
der Knoblauch

i bastoncini
die Stangen

la cannella
der Zimt

la citronella
das Zitronengras

i chiodi di garofano
die Gewürznelke

l'anice stellato
der Sternanis

lo zenzero
der Ingwer

le erbe aromatiche • die Kräuter

il finocchio
der Fenchel

i semi di finocchio
die Fenchelsamen

l'alloro
der Lorbeer

il prezzemolo
die Petersilie

l'erba cipollina
der Schnittlauch

la menta
die Minze

il timo
der Thymian

la salvia
der Salbei

il dragoncello
der Estragon

la maggiorana
der Majoran

il basilico
das Basilikum

l'origano
der Oregano

il coriandolo
der Koriander

l'aneto
der Dill

il rosmarino
der Rosmarin

gli oli • die Öle

il tappo
der Korken

l'olio di semi di girasole
das Sonnenblumenöl

l'olio di noce
das Walnussöl

l'olio di semi d'uva
das Traubenkernöl

l'olio di mandorla
das Mandelöl

l'olio di sesamo
das Sesamöl

l'olio di noccioline
das Haselnussöl

l'olio d'oliva
das Olivenöl

le erbe aromatiche
die Kräuter

l'olio aromatizzato
das aromatische Öl

gli oli
die Öle

le confetture • der süße Aufstrich

il barattolo
das Glas

il favo
der Wabenhonig

il miele condensato
der feste Honig

la crema al limone
der Zitronenaufstrich

la marmellata di lamponi
die Himbeerkonfitüre

la marmellata di agrumi
die Orangenmarmelade

il miele sciolto
der flüssige Honig

lo sciroppo d'acero
der Ahornsirup

condimenti e cibi da spalmare • die Würzen

la maionese
die Majonäse

l'aceto di sidro
der Apfelwein-essig

l'aceto balsamico
der Gewürzessig

l'aceto di malto
der Malzessig

l'aceto di vino
der Weinessig

l'aceto
der Essig

la bottiglia
die Flasche

il ketchup
der Ketschup

la senape
der englische Senf

la mostarda
der französische Senf

il chutney
das Chutney

la salsa
die Soße

la mostarda con semi
der grobe Senf

il burro di arachidi
die Erdnussbutter

la cioccolata spalmabile
der Schokoladenaufstrich

il barattolo a chiusura ermetica
das Einmachglas

la conserva di frutta
das eingemachte Obst

vocabolario • Vokabular

l'olio vegetale
das Pflanzenöl

l'olio di mais
das Maiskeimöl

l'olio spremuto a freddo
das kaltgepresste Öl

l'olio di colza
das Rapsöl

l'olio di arachide
das Erdnussöl

i latticini • die Milchprodukte

il formaggio • der Käse

la crosta
die Rinde

il formaggio semiduro
der mittelharte Käse

il formaggio grattugiato
der geriebene Käse

il formaggio duro
der Hartkäse

il formaggio semimorbido
der halbfeste Käse

il formaggio molle fresco
der Hüttenkäse

il formaggio cremoso
der Rahmkäse

il formaggio tipo gorgonzola
der Blauschimmelkäse

il formaggio morbido
der Weichkäse

il formaggio fresco | der Frischkäse

il latte • die Milch

il latte intero
die Vollmilch

il latte parzialmente scremato
die Halbfettmilch

il latte scremato
die Magermilch

il cartone di latte
die Milchtüte

il latte di mucca | die Kuhmilch

il latte di capra
die Ziegenmilch

il latte condensato
die Kondensmilch

il burro
die Butter

la margarina
die Margarine

la panna
die Sahne

la panna liquida
die flüssige Sahne

la panna dolcetta
die süße Sahne

la panna montata
die Schlagsahne

la panna acida
die saure Sahne

lo yogurt
der Jogurt

il gelato
das Eis

le uova • die Eier

l'uovo alla coque
das gekochte Ei

l'uovo di gallina
das Hühnerei

l'uovo di anatra
das Entenei

l'uovo d'oca
das Gänseei

l'uovo di quaglia
das Wachtelei

vocabolario • Vokabular

pastorizzato pasteurisiert	**senza grassi** fettfrei	**salato** gesalzen	**il latte fermentato** die Buttermilch	**il lattosio** die Laktose	**il frullato** der Milchshake
non pastorizzato unpasteurisiert	**il latte in polvere** das Milchpulver	**senza sale** ungesalzen	**il latte di pecora** die Schafmilch	**omogeneizzato** homogenisiert	**lo yogurt gelato** der gefrorene Jogurt

la farina di segale • das Brot und das Mehl

il panificio | die Bäckerei

fare il pane • Brot backen

la farina bianca
das Weizenmehl

la farina di segale
das Roggenmehl

la farina integrale
das Vollkornmehl

il lievito
die Hefe

setacciare | sieben

mescolare | verrühren

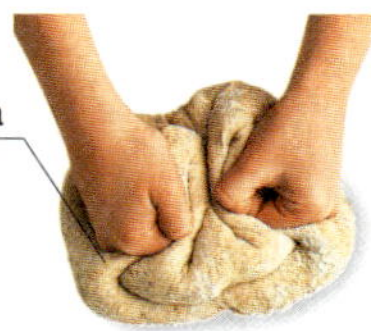

impastare | kneten

cuocere al forno | backen

la crosta
die Kruste

il pane bianco
das Weißbrot

il filone
der Laib

il pane nero
das Schwarzbrot

il pane integrale
das Vollkornbrot

la fetta
die Scheibe

il pane di granaio
das Mehrkornbrot

il pane di mais
das Maisbrot

il pane lievitato con bicarbonato di sodio
das Sodabrot

il pane aspro
das Sauerteigbrot

la schiacciata
das Fladenbrot

la ciambella
das Hefebrötchen

il panino
das weiche Brötchen

il filoncino
das Brötchen

il pane alla frutta
das Rosinenbrot

il pane con semi
das Körnerbrot

il naan
das Naanbrot

la pita
das Pitabrot

i crackers
das Knäckebrot

vocabolario • Vokabular

la farina autolievitante das Mehl mit Backpulver	**crescere** aufgehen	**lievitare** gehen lassen	**il pangrattato** das Paniermehl	**l'affettatrice** der Brotschneider
la farina per il pane das angereicherte Mehl	**la farina semplice** das Mehl ohne Backpulver	**glassare** glasieren	**il filoncino** die Flöte	**il panettiere** der Bäcker

i dolci e i dessert • Kuchen und Nachspeisen

i dolci | das Gebäck

vocabolario • Vokabular

la crema pasticcera
die Konditorcreme

la torta al cioccolato
die Schokoladentorte

la pastina
das Teilchen

il budino alla vaniglia
der Vanillepudding

la pasta
der Teig

la fetta
das Stück

il budino di riso
der Milchreis

la festa
die Feier

Posso avere una fetta?
Könnte ich bitte ein Stück haben?

il biscotto con scaglie di cioccolato
das Schokoladenstückchen

i savoiardi
die Löffelbiskuits

il biscotto alle noci
der Florentiner

la zuppa inglese
das Trifle

i biscotti | die Kekse

la mousse
die Mousse

il sorbetto
das Sorbet

la torta alla crema
die Sahnetorte

il crème caramel
der Karamellpudding

le torte per celebrazioni • die festlichen Kuchen

il piano superiore
der obere Kuchenteil

il piano inferiore
der untere Kuchenteil

il marzapane
das Marzipan

il nastro
das Band

la glassa
der Zuckerguss

la torta nuziale | die Hochzeitstorte

la decorazione
die Dekoration

le candeline
die Geburtstagskerzen

soffiare
ausblasen

la torta di compleanno | der Geburtstagskuchen

le specialità gastronomiche • die Feinkost

la salsiccia piccante
die pikante Wurst

l'aceto
der Essig

l'olio
das Öl

il salame
die Salami

il salame piccante
die Peperoniwurst

los formato
die Quiche

la carne cruda
das frische Fleisch

il banco
die Theke

il pâté
die Pastete

la mozzarella
der Mozzarella

il brie
der Brie

il formaggio di capra
der Ziegenkäse

il cheddar
der Cheddar

il parmigiano
der Parmesan

il camembert
der Camembert

la scorza
die Rinde

l'edam
der Edamer

il manchego
der Manchego

la paninoteca
die Sandwichtheke

il pesce affumicato
der Räucherfisch

i capperi
die Kapern

il prosciutto crudo
der Prosciutto

le olive ripiene
die gefüllte Olive

vocabolario • Vokabular

sott'olio in Öl	**marinato** mariniert	**affumicato** geräuchert
in salamoia in Lake	**salmistrato** gepökelt	**trattato** getrocknet

Prenda un numero, per favore.
Ziehen Sie bitte eine Nummer.

Posso assaggiare un po' di quello, per favore?
Kann ich bitte etwas davon probieren?

Mi dà sei fette di quello, per favore?
Ich hätte gerne sechs Scheiben davon, bitte.

le bevande • die Getränke

l'acqua • das Wasser

l'acqua dal rubinetto
das Leitungswasser

l'acqua in bottiglia
das Flaschenwasser

frizzante
mit Kohlensäure

liscia
ohne Kohlensäure

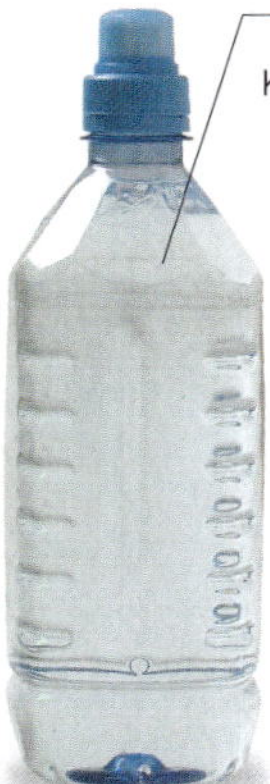

l'acqua minerale
das Mineralwasser

l'acqua tonica
das Tonicwater

la soda
das Sodawasser

le bevande calde • die heißen Getränke

la bustina di tè
der Teebeutel

il tè sciolto
die Teeblätter

il tè
der Tee

i chicchi
die Bohnen

il caffè macinato
der gemahlene Kaffee

il caffè
der Kaffee

la cioccolata calda
die heiße Schokolade

la bevanda al malto
das Malzgetränk

le bibite • die alkoholfreien Getränke

il succo di pomodoro
der Tomatensaft

la cannuccia
der Strohhalm

il succo d'uva
der Traubensaft

la limonata
die Limonade

l'aranciata
die Orangen-limonade

la coca
die Cola

le bevande alcoliche • die alkoholischen Getränke

il gin
der Gin

la lattina
die Dose

la birra
das Bier

le cidre
der Apfelwein

la birra amara
das halbdunkle Bier

la birra scura
das Altbier

la vodka
der Wodka

il whisky
der Whisky

il rum
der Rum

il brandy
der Weinbrand

il porto
der Portwein

secco
trocken

lo sherry
der Sherry

il campari
der Campari

il liquore
der Likör

la tequila
der Tequila

lo champagne
der Champagner

rosé
rosé

bianco
weiß

rosso
rot

il vino
der Wein

mangiare fuori
auswärts essen

il caffè • das Café

la tenda
die Markise

il menù
die Speisekarte

il bar all'aperto | das Straßencafé

l'ombrellone
der Sonnenschirm

il bar con terrazza
das Terrassencafé

il cameriere
der Kellner

la macchina del caffè
die Kaffeemaschine

il tavolo
der Tisch

lo snack bar | die Snackbar

il caffè • der Kaffee

il caffè macchiato
der Milchkaffee

il caffè nero
der schwarze Kaffee

il caffè filtrato
der Filterkaffee

l'espresso
der Espresso

la polvere di cacao
das Kakaopulver

la schiuma
der Schaum

il cappuccino
der Cappuccino

il caffè freddo
der Eiskaffee

il tè • der Tee

il tè alle erbe
der Kräutertee

il tè con latte
der Tee mit Milch

il tè nero
der schwarze Tee

la camomilla
der Kamillentee

il tè verde
der grüne Tee

il tè al limone
der Tee mit Zitrone

il tè alla menta
der Pfefferminztee

il tè freddo
der Eistee

le spremute e i frappé • die Säfte und Milchshakes

il succo d'arancia
der Orangensaft

il succo di mela
der Apfelsaft

il succo d'ananas
der Ananassaft

il succo di pomodoro
der Tomatensaft

il frappé al cioccolato
der Schokoladenmilchshake

il frappé alle fragole
der Erdbeer-milchshake

il frappé al caffè
der Kaffeemilchshake

il cibo • das Essen

il pane integrale
das Vollkornbrot

il tramezzino tostato
das getoastete Sandwich

l'insalata
der Salat

la pallina
die Kugel

il gelato
das Eis

il dolce
das Gebäck

il bar • die Bar

i bicchieri
die Gläser

il misurino
das Maß

la cassa
die Kasse

il barista
der Barkeeper

la spina
der Zapfhahn

la macchina da caffè
die Kaffeemaschine

il portaghiaccio
der Eiskübel

lo sgabello
der Barhocker

il posacenere
der Aschenbecher

il sottobicchiere
der Untersetzer

il banco
die Theke

l'apribottiglie
der Flaschenöffner

la leva
der Hebel

il cavatappi | der Korkenzieher

le pinze
die Eiszange

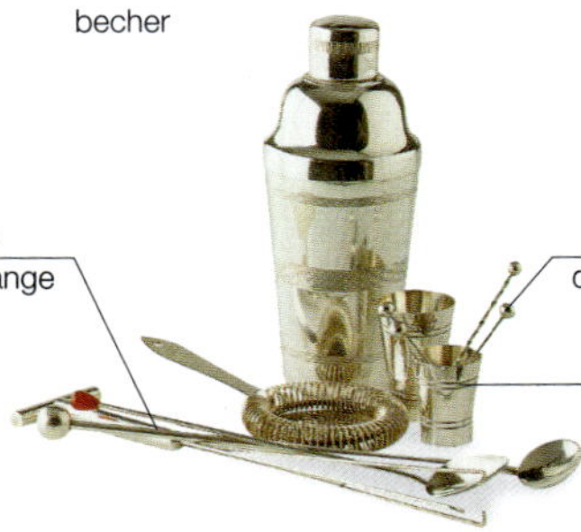

il miscelatore
der Cocktailrührer

il misurino
der Messbecher

lo shaker | der Cocktailshaker

il gin tonic
der Gin Tonic

il whisky con acqua
der Scotch mit Wasser

il rum con coca cola
der Rum mit Cola

la vodka all'arancia
der Wodka mit Orangensaft

il martini
der Martini

il cocktail
der Cocktail

il vino
der Wein

la birra | das Bier

un bicchiere
ein Glas

la misura
das Maß

liscio
ohne Eis

con ghiaccio
mit Eis

gli stuzzichini • die Knabbereien

le patatine | die Kartoffelchips

le noccioline | die Nüsse

le olive | die Oliven

il ristorante • das Restaurant

la cucina
die Küche

il cameriere
der Kellner

vocabolario • Vokabular

il menù della cena das Abendmenü	**a la carte** à la carte	**il prezzo** der Preis	**la mancia** das Trinkgeld	**il buffet** das Buffet	**il sale** das Salz
la lista dei vini die Weinkarte	**i piatti del giorno** die Tageskarte	**la ricevuta** die Quittung	**il cliente** der Kunde	**il bar** die Bar	**il pepe** der Pfeffer
il menù del pranzo das Mittagsmenü	**il carrello dei dolci** der Dessertwagen	**il conto** die Rechnung	**servizio compreso** Bedienung inbegriffen	**la zona fumatori** der Raucherbereich	**servizio non compreso** ohne Bedienung

il menù
die Speisekarte

il menù per bambini
die Kinderportion

ordinare
bestellen

pagare
bezahlen

le portate • die Gänge

l'aperitivo
der Aperitif

l'antipasto
die Vorspeise

la minestra
die Suppe

il piatto principale
das Hauptgericht

il contorno
die Beilage

la forchetta
die Gabel

il dessert | der Nachtisch

il cucchiaino da caffè
der Kaffeelöffel

il caffè | der Kaffee

Un tavolo per due, per favore.
Ein Tisch für zwei Personen bitte.

Posso vedere il menù/la lista dei vini, per favore?
Könnte ich bitte die Speisekarte/Weinliste sehen?

C'è un menù a prezzo fisso?
Gibt es ein Festpreismenü?

Avete dei piatti vegetariani?
Haben Sie vegetarische Gerichte?

Posso avere il conto/una ricevuta per favore?
Könnte ich die Rechnung/Quittung haben?

Possiamo pagare separatamente?
Könnten wir getrennt zahlen?

Dove sono i bagni per favore?
Wo sind die Toiletten bitte?

il fast food • der Schnellimbiss

l'hamburger
der Hamburger

la cannuccia
der Strohhalm

la bibita
das alkoholfreie Getränk

le patate fritte
die Pommes frites

il tovagliolo di carta
die Papierserviette

il vassoio
das Tablett

l'hamburger con patatine fritte
der Hamburger mit Pommes frites

la pizza
die Pizza

la consegna a domicilio
die Lieferung ins Haus

il listino
die Preisliste

la bibita in lattina
das Dosengetränk

il venditore ambulante
der Imbissstand

vocabolario • Vokabular

la pizzeria
die Pizzeria

il fastfood
die Imbissstube

il menù
die Speisekarte

mangiare sul posto
hier essen

da portar via
zum Mitnehmen

riscaldare
aufwärmen

il ketchup
das Ketschup

la salsa di pomodoro
die Tomatensauce

Me lo dà da portar via?
Ich möchte das mitnehmen.

Consegnate a domicilio?
Liefern Sie ins Haus?

l'hamburger
der Hamburger

l'hamburger di pollo
der Chickenburger

l'hamburger vegetariano
der vegetarische Hamburger

l'hot dog
das Hot Dog

il tramezzino
das Sandwich

il tramezzino a strati
das Klubsandwich

il tramezzino aperto
das belegte Brot

la piadina
das gefüllte Fladenbrot

il kebab
der Kebab

i bocconcini di pollo
die Hähnchenstückchen

le crêpes | die Crêpes

il pesce con patatine
der Bratfisch mit Pommes frites

le costolette
die Rippchen

il pollo fritto
das gebratene Hähnchen

la pizza
die Pizza

la colazione • das Frühstück

il buffet della colazione
das Frühstücksbuffet

il tavolo della colazione | der Frühstückstisch

le bevande | die Getränke

la brioche
die Brioche

il pane
das Brot

la colazione all'inglese
das englische Frühstück

le aringhe affumicate
die Räucherheringe

il pane fritto all'uovo
das in Ei gebratene Brot

l'uovo alla coque
das gekochte Ei

le uova strapazzate
das Rührei

le crêpes
die Pfannkuchen

waffle
die Waffeln

il pastone d'avena
der Haferbrei

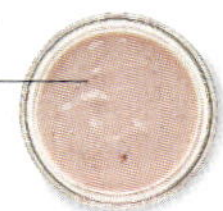

la frutta fresca
das Obst

il pasto • die Mahlzeit

la minestra | die Suppe

il brodo | die Brühe

il minestrone | der Eintopf

il curry | das Curry

l'arrosto
der Braten

il pasticcio
die Pastete

il soufflé
das Soufflé

lo spiedino
der Schaschlik

le polpette
die Fleischklöße

la frittata
das Omelett

i taglierini
die Nudeln

la frittura
das Pfannengericht

la pasta | die Nudeln

il riso
der Reis

l'insalata mista
der gemischte Salat

l'insalata verde
der grüne Salat

il condimento
die Salatsoße

i metodi • die Zubereitung

ripieno | gefüllt

al sugo | in Soße

alla griglia | gegrillt

marinato | mariniert

affogato | pochiert

passato | püriert

cotto al forno | gebacken

fritto in padella
kurzgebraten

fritto
frittiert

sottaceto
eingelegt

affumicato
geräuchert

fritto in olio abbondante
frittiert

allo sciroppo
in Saft

condito
angemacht

al vapore
gedämpft

seccato
getrocknet

lo studio
das Lernen

la scuola • die Schule

l'insegnante
die Lehrerin

la lavagna
die Tafel

l'alunno
der Schüler

il banco
das Pult

il gesso
die Kreide

l'aula | das Klassenzimmer

lo scolaro
der Schuljunge

la divisa scolastica
die Schuluniform

la cartella
die Schultasche

la scolara
das Schulmädchen

vocabolario • Vokabular

la geografia die Erdkunde	**l'arte** die Kunst	**la fisica** die Physik
la letteratura die Literatur	**la musica** die Musik	**la chimica** die Chemie
le lingue die Sprachen	**la matematica** die Mathematik	**la biologia** die Biologie
la storia die Geschichte	**le scienze naturali** die Naturwissenschaft	**l'educazione fisica** der Sport

le attività • die Aktivitäten

leggere | lesen

scrivere | schreiben

scandire
buchstabieren

disegnare
zeichnen

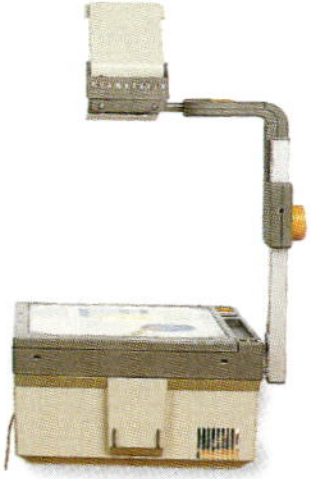

la lavagna luminosa
der Overheadprojektor

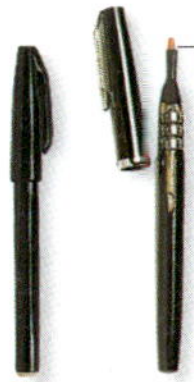

la punta
die Feder

la penna
der Füller

la matita colorata
der Buntstift

la matita
der Bleistift

il temperamatite
der Spitzer

la gomma
der Radiergummi

il quaderno
das Heft

il libro di testo | das Schulbuch

l'astuccio
das Federmäppchen

il righello
das Lineal

domandare
fragen

rispondere
antworten

discutere
diskutieren

imparare
lernen

vocabolario • Vokabular

il preside der Schulleiter	**la risposta** die Antwort	**il voto** die Note
la lezione die Stunde	**il tema** der Aufsatz	**la classe** die Klasse
la domanda die Frage	**l'esame** die Prüfung	**il dizionario** das Wörterbuch
prendere appunti Notizen machen	**i compiti** die Hausaufgaben	**l'enciclopedia** das Lexikon

la matematica • die Mathematik

le forme • die Formen

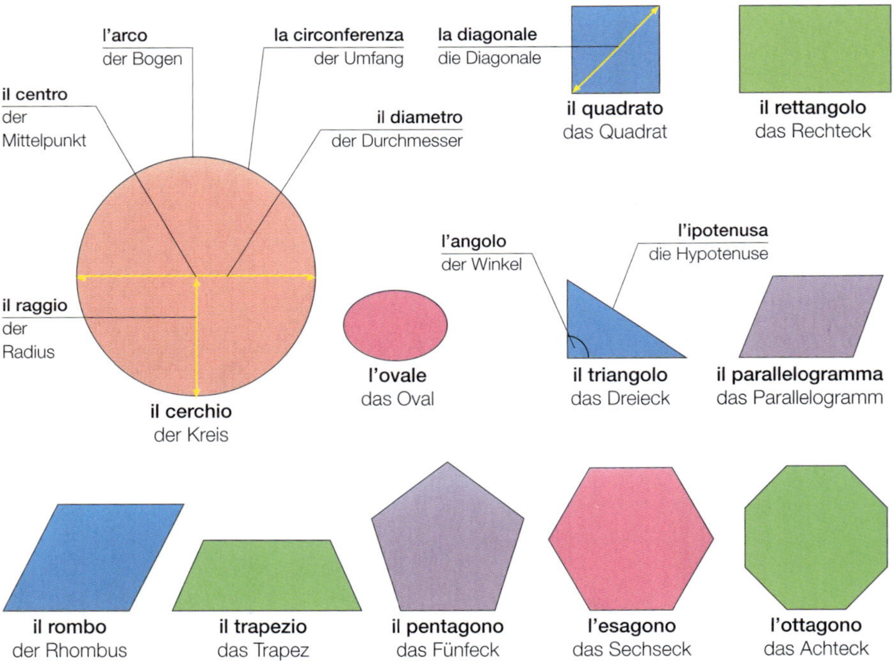

i solidi • die Körper

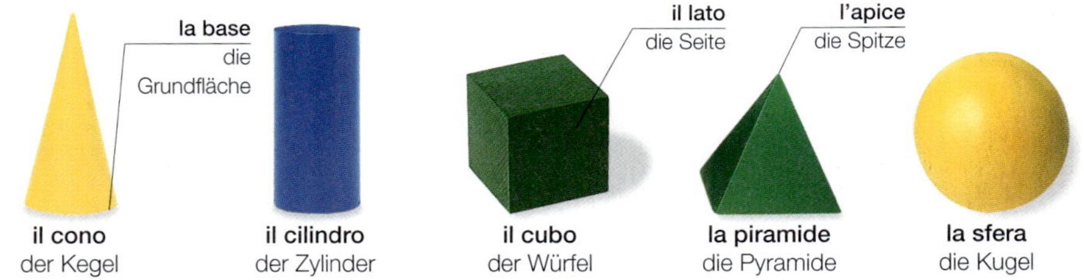

le linee • die Linien

dritto
gerade

parallelo
parallel

perpendicolare
senkrecht

curvo
gekrümmt

le misure • die Maße

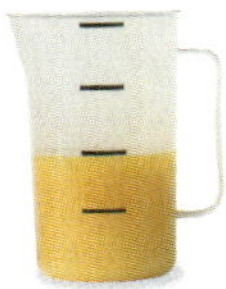

il volume
das Volumen

il numeratore
der Zähler

il denominatore
der Nenner

la frazione
der Bruch

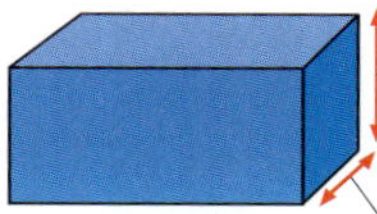

l'altezza
die Höhe

la profondità
die Tiefe

le dimensioni
die Abmessungen

la larghezza
die Breite

la lunghezza
die Länge

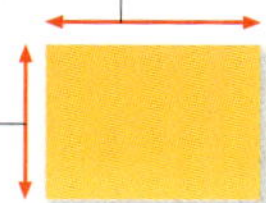

la superficie
die Fläche

l'attrezzatura • die Ausrüstung

la squadra
das Zeichendreieck

il goniometro
der Winkelmesser

il righello
das Lineal

il compasso
der Zirkel

la calcolatrice
der Taschenrechner

vocabolario • Vokabular

la geometria die Geometrie	**più** plus	**moltiplicato per** mal	**uguale** gleich	**sommare** addieren	**moltiplicare** multiplizieren	**l'equazione** die Gleichung
l'aritmetica die Arithmetik	**meno** minus	**diviso per** geteilt durch	**contare** zählen	**sottrarre** subtrahieren	**dividere** dividieren	**la percentuale** der Prozentsatz

la scienza • die Wissenschaft

il laboratorio
das Labor

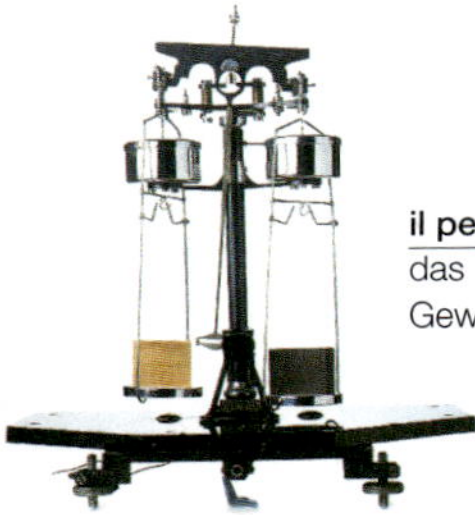

la bilancia
die Laborwaage

il peso
das Gewicht

la bilancia a molla
die Federwaage

il crogiolo
der Tiegel

il becco Bunsen
der Bunsenbrenner

il treppiede
der Dreifuß

la bottiglia di vetro
die Glasflasche

lo stativo
das Stativ

l'imbuto
der Trichter

il morsetto
die Klammer

il tappo
der Stöpsel

l'alambicco
der Kolben

l'esperimento | der Versuch

la provetta
das Reagenzglas

la rastrelliera
das Gestell

il cronometro
der Zeitmesser

la capsula di Petri
die Petrischale

il termometro
das Thermometer

la siringa
die Spritze

le pinzette
die Pinzette

il bisturi
das Skalpell

il contagocce
der Tropfer

il forcipe | die Zange

le tenaglie
die Greifzange

la spatola
der Spatel

il mortaio
der Mörser

il filtro di carta
das Filterpapier

gli occhiali protettivi
die Schutzbrille

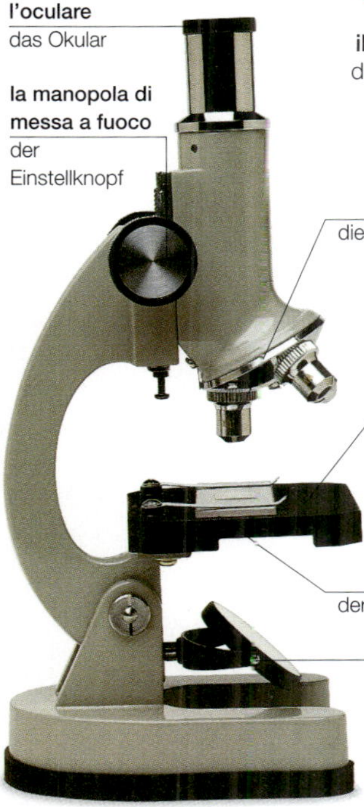

il microscopio | das Mikroskop

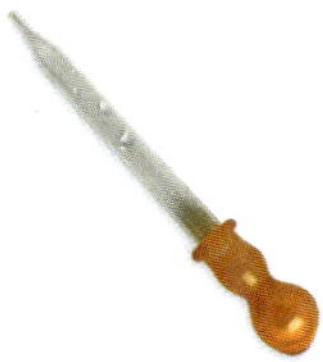

la pipetta
die Pipette

il becher
das Becherglas

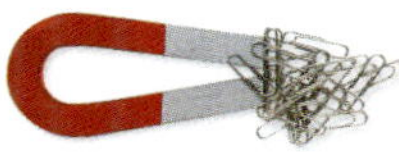

la calamita
der Magnet

il morsetto
die Krokodilklemme

la batteria | die Batterie

l'università • die Hochschule

il campus | der Campus

la biblioteca | die Bibliothek

vocabolario • Vokabular

il tesserino der Leserausweis	**prenotare** vorbestellen	**rinnovare** verlängern
la sala di lettura der Lesesaal	**il prestito** die Ausleihe	**il libro** das Buch
la lista dei libri die Literaturliste	**il banco informazioni** die Auskunft	**il titolo** der Titel
la data di restituzione das Rückgabe-datum	**prendere in prestito** ausleihen	**la corsia** der Gang

lo studente universitario
der Student

il docente
der Dozent

l'aula
der Hörsaal

la laureata
die Graduierte

la toga
die Robe

la consegna delle lauree
die Graduierungsfeier

le scuole • die Fachhochschulen

la modella
das Modell

la scuola d'arte
die Kunsthochschule

il conservatorio
die Musikhochschule

l'accademia di danza
die Tanzakademie

vocabolario • Vokabular

la borsa di studio das Stipendium	**la ricerca** die Forschung	**la dissertazione** die Dissertation	**la medicina** die Medizin	**la politologia** die Politologie
il diploma das Diplom	**il master** der Magister	**il dipartimento** der Fachbereich	**la zoologia** die Zoologie	**la letteratura** die Literatur
di perfezionamento postgradual	**il dottorato** die Promotion	**il diritto** die Rechtswissenschaft	**la fisica** die Physik	**la storia dell'arte** die Kunstgeschichte
la laurea der akademische Grad	**la tesi** die Magisterarbeit	**l'ingegneria** der Maschinenbau	**la filosofía** die Philosophie	**l'economia** die Wirtschaftswissenschaft

il lavoro
die Arbeit

l'ufficio 1 • das Büro 1

l'ufficio • das Büro

il monitor
der Bildschirm

il computer
der Computer

la tastiera
die Tastatur

il telefono
das Telefon

la scrivania
der Schreibtisch

il cestino
der Papierkorb

il portapenne
der Stifthalter

il raccoglitore
der Ordner

il vassoio per gli arrivi
die Ablage für Eingänge

il vassoio per le partenze
die Ablage für die Ausgänge

il blocco
das Notizbuch

l'etichetta
das Schild

il cassetto
die Schublade

lo schedario
der Aktenschrank

la sedia girevole
der Drehstuhl

la cassettiera
das Schreibtischschränkchen

l'apparecchiature da ufficio • die Büroausstattung

la contenitore per la carta
il contenitore della carta

la stampante | der Drucker

la guida
die Papierführung

il fax
das Fax

il fax | das Faxgerät

vocabolario • Vokabular

stampare
drucken

copiare
kopieren

ingrandire
vergrößern

ridurre
verkleinern

Vorrei fare delle fotocopie.
Ich möchte fotokopieren.

gli articoli di cancelleria • der Bürobedarf

il foglietto di omaggio
der Empfehlungszettel

la carta intestata
der Geschäftsbogen

la busta
der Briefumschlag

la scatola d'archivio
der Aktenordner

il raccoglitore a leva
der Ringordner

il portablocco con fermaglio
das Klemmbrett

il blocco per appunti
der Notizblock

l'etichetta
der Kartenreiter

la cartella sospesa
der Hängeordner

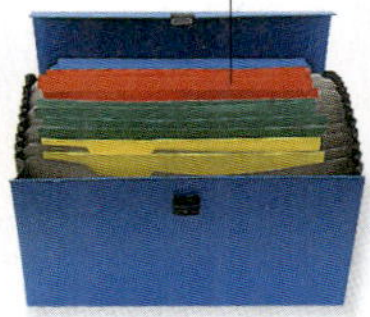

il divisore
der Teiler

il portacarte a fisarmonica
der Fächerordner

l'agenda
der Terminkalender

i punti
die Klammern

la cucitrice
der Hefter

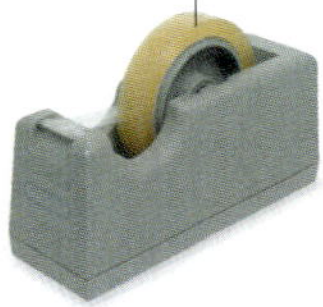

il nastro adesivo
der Tesafilm

il dispenser
der Tesafilmhalter

il perforatore
der Locher

il tampone di inchiostro
das Stempelkissen

il timbro umido
der Stempel

l'elastico
das Gummiband

la molletta
die Papierklammer

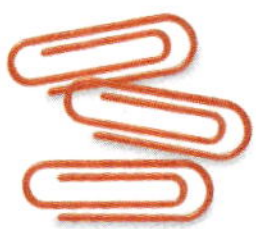

la grappetta
die Büroklammer

la puntina
die Reißzwecke

il tabellone | die Pinnwand

l'ufficio 2 • das Büro 2

la riunione | die Sitzung

vocabolario • Vokabular

la sala da riunione
der Sitzungsraum

l'ordine del giorno
die Tagesordnung

partecipare
teilnehmen

Avere la presidenza
den Vorsitz führen

A che ora è la riunione?
Um wieviel Uhr ist die Sitzung?

Qual è il vostro orario di lavoro?
Welche sind Ihre Geschäftszeiten?

la presentazione | die Präsentation

gli affari • das Geschäft

il laptop
der Laptop

gli appunti
die Notizen

il pranzo di affari
das Arbeitsessen

l'uomo di affari
der Geschäftsmann

la donna di affari
die Geschäftsfrau

il viaggio di affari
die Geschäftsreise

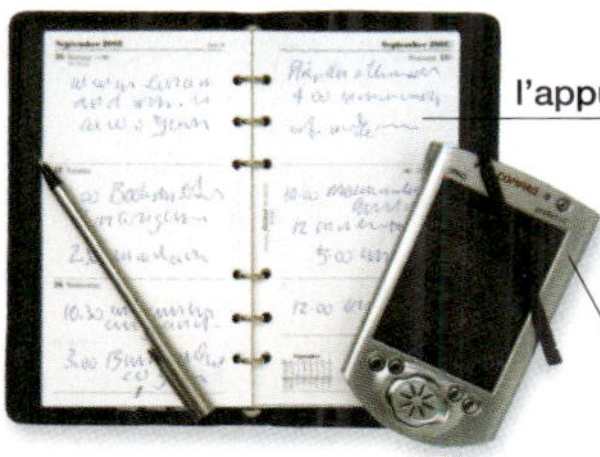

l'appuntamento
der Termin

il palmtop
der Palmtop

l'agenda | der Terminkalender

il cliente
der Kunde

l'amministratore delegato
der Geschäftsführer

l'accordo di affari
das Geschäftsabkommen

vocabolario • Vokabular

la ditta
die Firma

la sede
die Zentrale

la succursale
die Zweigstelle

il personale
das Personal

il libro paga
die Lohnliste

lo stipendio
das Gehalt

l'ufficio contabilità
die Buchhaltung

l'ufficio marketing
die Marketingabteilung

l'ufficio vendite
die Verkaufsabteilung

l'ufficio legale
die Rechtsabteilung

l'ufficio di assistenza al cliente
die Kundendienstabteilung

l'ufficio del personale
die Personalabteilung

il computer • der Computer

la stampante
der Drucker

il monitor
der Monitor

lo schermo
der Bildschirm

il CPU
die Zentraleinheit

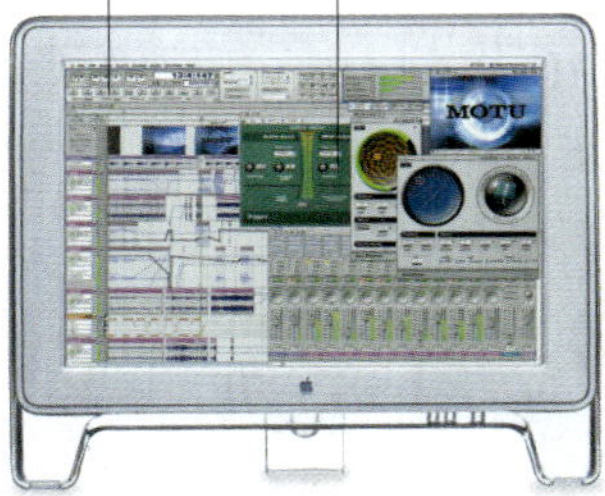

lo scanner
der Scanner

l'altoparlante
der Lautsprecher

il tasto
die Taste

la tastiera
die Tastatur

il mouse
die Maus

l'hardware
die Hardware

il dischetto
die Diskette

il computer portatile
der Laptop

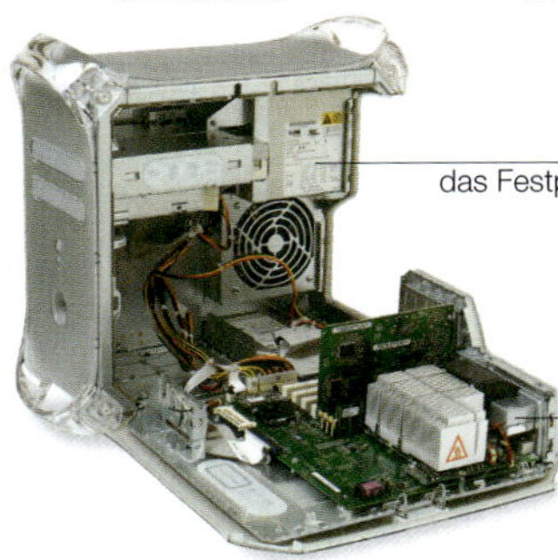

l'hard drive
das Festplattenlaufwerk

il modem
das Modem

vocabolario • Vokabular

la memoria der Speicher	**il software** die Software	**il server** der Server
la RAM das RAM	**l'applicazione** die Anwendung	**la porta** der Port
i byte die Bytes	**il programma** das Programm	**il processore** der Prozessor
il sistema das System	**la rete** das Netzwerk	**il cavo di alimentazione** das Stromkabel

il desktop • das Desktop

la barra del menu
die Menüleiste

il carattere
die Schriftart

l'icona
das Symbol

la barra degli strumenti
die Werkzeugleiste

la barra di scorrimento
der Scrollbalken

la finestra
das Fenster

lo sfondo
der Bildschirmhintergrund

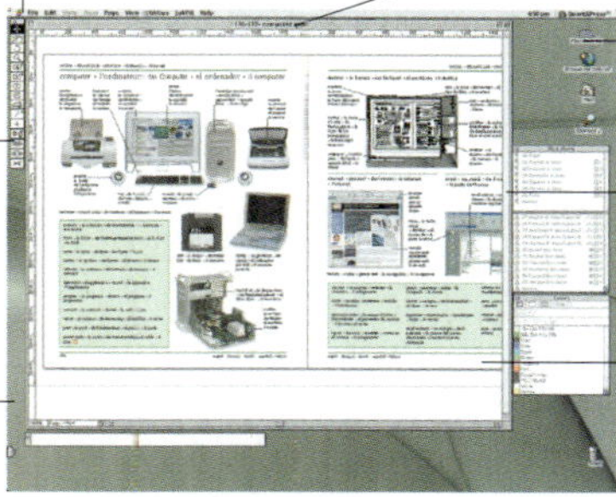

il file
die Datei

la cartella
der Ordner

il cestino
der Papierkorb

Internet • das Internet

il browser
der Browser

la posta in arrivo
der Posteingang

il sito web
die Website

navigare
surfen

la posta elettronica • die E-Mail

l'indirizzo di posta elettronica
die E-Mail-Adresse

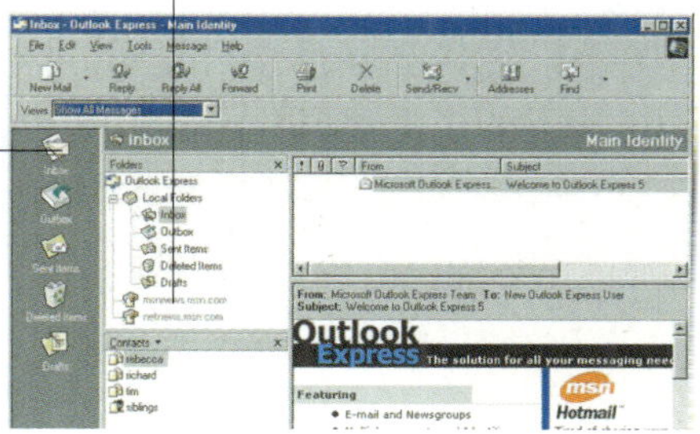

vocabolario • Vokabular

collegare
verbinden

il fornitore di servizi
der Serviceprovider

collegarsi
einloggen

scaricare
herunterladen

spedire
senden

salvare
sichern

installare
installieren

l'account di posta elettronica
das E-Mail-Konto

in rete
online

l'allegato
der Anhang

ricevere
erhalten

cercare
suchen

i mass media • die Medien

lo studio televisivo • das Fernsehstudio

vocabolario • Vokabular

il canale der Kanal	**il telegiornale** die Nachrichten	**la stampa** die Presse	**la telenovela** die Seifenoper	**trasmettere** senden	**in diretta** live
la programmazione die Programmgestaltung	**il documentario** der Dokumentarfilm	**le serie televisiva** die Fernsehserie	**il gioco a premi** die Spielshow	**in differita** vorher aufgezeichnet	**il cartone animato** der Zeichentrickfilm

l'intervistatore
der Interviewer

la cronista
die Reporterin

il gobbo
der Teleprompter

l'annunciatrice
die Nachrichten-sprecherin

gli attori
die Schauspieler

la giraffa
der Mikrofongalgen

il ciac
die Klappe

il set
das Set

la radio • das Radio

il piano di mixaggio
das Mischpult

il microfono
das Mikrofon

il tecnico del suono
der Tonmeister

lo studio di registrazione | das Tonstudio

vocabolario • Vokabular

il canale radiofonico
die Rundfunkstation

il DJ
der DJ

la trasmissione
die Sendung

la lunghezza d'onda
die Wellenlänge

l'onda lunga
die Langwelle

l'onda corta
die Kurzwelle

l'onda media
die Mittelwelle

la frequenza
die Frequenz

il volume
die Lautstärke

sintonizzare
einstellen

la legge • das Recht

vocabolario • Vokabular

lo studio dell'avvocato das Anwaltsbüro	**la citazione** die Vorladung	**l'ordine** die Verfügung	**il procedimento** der Rechtsfall
la consulenza legale die Rechtsberatung	**la dichiarazione** die Aussage	**l'arringa** das Plädoyer	**l'imputazione** die Anklage
il cliente der Klient	**il mandato** der Haftbefehl	**la data di comparizione** der Gerichtstermin	**l'accusato** der Angeklagte

lo stenografo
der Gerichtsstenograf

la persona sospetta
der Verdächtige

l'imputato
der Angeklagte

la difesa
die Verteidigung

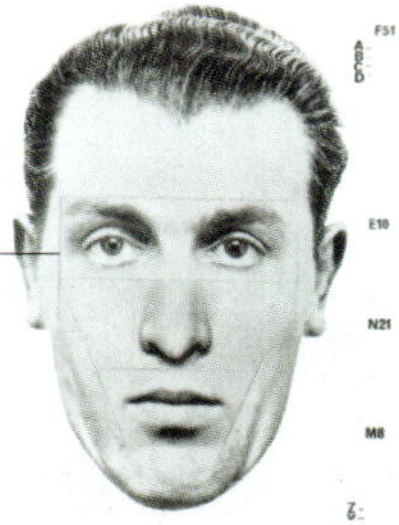

il fotofit
das Phantombild

il criminale
der Straftäter

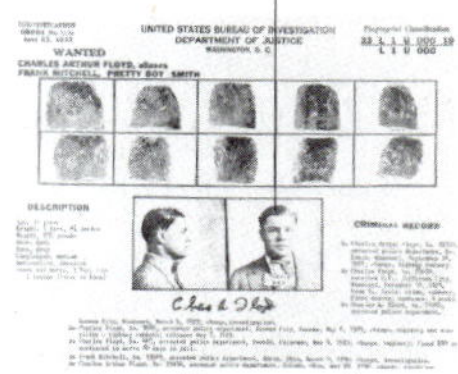

la fedina penale
das Strafregister

la guardia carceraria
der Gefängniswärter

la cella
die Gefängniszelle

il carcere
das Gefängnis

vocabolario • Vokabular

la prova
das Beweismittel

il verdetto
das Urteil

innocente
unschuldig

colpevole
schuldig

assolto
freigesprochen

la sentenza
das Strafmaß

la cauzione
die Kaution

il ricorso
die Berufung

la libertà per buona condotta
die Haftentlassung auf Bewährung

Voglio vedere un avvocato.
Ich möchte mit einem Anwalt sprechen.

Dov'è il tribunale
Wo ist das Gericht?

Posso versare una cauzione?
Kann ich die Kaution leisten?

la fattoria 1 • der Bauernhof 1

l'agricoltore
der Landwirt

il trattore | der Traktor

la mietitrebbiatrice | der Mähdrescher

i tipi di fattoria • die landwirtschaftlichen Betriebe

il prodotto dei campi
die Feldfrucht

l'azienda agricola
der Ackerbaubetrieb

il caseificio
der Betrieb für Milchproduktion

il gregge
die Herde

l'allevamento di pecore
die Schaffarm

l'allevamento di polli
die Hühnerfarm

l'allevamento di maiali
die Schweinefarm

la pescicoltura
die Fischzucht

la frutticoltura
der Obstanbau

la vigna
der Weinstock

il vigneto
der Weinberg

le attività • die Tätigkeiten

il solco
die Furche

arare
pflügen

seminare
säen

mungere
melken

dar da mangiare
füttern

irrigare | bewässern

raccogliere | ernten

vocabolario • Vokabular

l'erbicida das Herbizid	**la mandria** die Herde	**la mangiatoia** der Trog
il pesticida das Pestizid	**il silos** der Silo	**piantare** pflanzen

la fattoria 2 • der Bauernhof 2

la coltura • der Anbau

il grano
der Weizen

il granturco
der Mais

l'orzo
die Gerste

la colza
der Raps

il girasole
die Sonnenblume

il fieno
das Heu

l'alfalfa
die Luzerne

il tabacco
der Tabak

il riso
der Reis

il tè
der Tee

il caffè
der Kaffee

lo spaventapasseri
die Vogelscheuche

il lino
der Flachs

la canna da zucchero
das Zuckerrohr

il cotone
die Baumwolle

il bestiame • das Vieh

il maiale
das Schwein

la mucca
die Kuh

il toro
der Stier

la pecora
das Schaf

l'agnello
das Lamm

la capra
die Ziege

il cavallo
das Pferd

l'asino
der Esel

la gallina
das Huhn

il gallo
der Hahn

il tacchino
der Truthahn

l'anatra
die Ente

la stalla
der Stall

il recinto
der Pferch

il pollaio
der Hühnerstall

il porcile
der Schweinestall

l'edilizia • der Bau

l'impalcatura
das Gerüst

il pallet
die Palette

la scala
die Leiter

la finestra
das Fenster

la trave
der Dachbalken

il carrello elevatore
der Gabelstapler

il cantiere
die Baustelle

l'architrave
der Sturz

il muro
die Mauer

la trave
der Träger

il casco
der Schutzhelm

costruire
bauen

la cintura per gli attrezzi
der Werkzeuggürtel

la trave
der Balken

il muratore
der Bauarbeiter

il cemento
der Zement

la betoniera
die Betonmischmaschine

i materiali • das Material

il mattone
der Ziegelstein

il legno
das Bauholz

la tegola
der Dachziegel

il blocco di calcestruzzo
der Betonblock

gli attrezzi • die Werkzeuge

la malta
der Mörtel

la cazzuola
die Kelle

la livella
die Wasserwaage

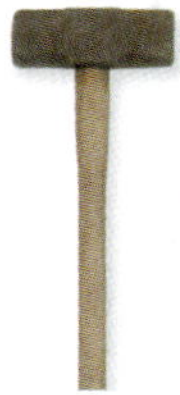

la mazza
der Vorschlaghammer

il manico
der Stiel

il piccone
die Spitzhacke

la pala
die Schaufel

i macchinari • die Maschinen

il rullo compressore
die Walze

il camion con cassone ribaltabile
der Kipper

il supporto
die Stütze

il gancio
der Haken

la gru | der Kran

i lavori stradali • die Straßenarbeiten

l'asfalto
der Asphalt

il birillo
der Leitkegel

il martello pneumatico
der Pressluftbohrer

la riasfaltatura
der Neubelag

l'escavatrice meccanica
der Bagger

i mestieri 1 • die Berufe 1

il falegname
der Schreiner

l'elettricista
der Elektriker

l'idraulico
der Klempner

il muratore
der Bauhandwerker

il giardiniere
der Gärtner

l'addetto alle pulizie
der Gebäudereiniger

il meccanico
der Mechaniker

il macellaio
der Metzger

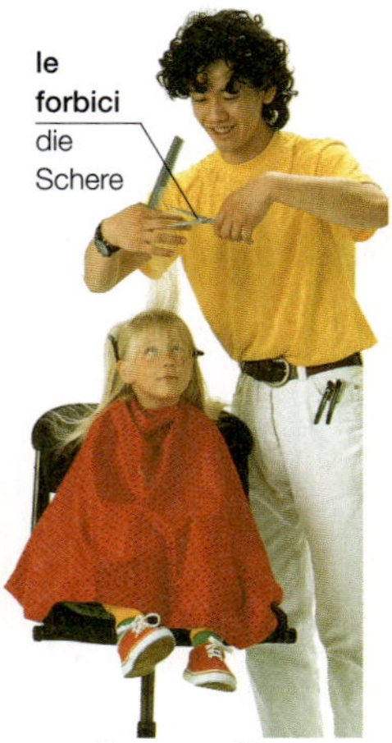

il parrucchiere
der Friseur

la pescivendola
die Fischhändlerin

il fruttivendolo
der Gemüsehändler

la fioraia
die Floristin

il barbiere
der Herrenfriseur

il gioielliere
der Juwelier

la commessa
die Verkäuferin

l'agente immobiliare
die Immobilienmaklerin

l'ottico
der Optiker

la dentista
die Zahnärztin

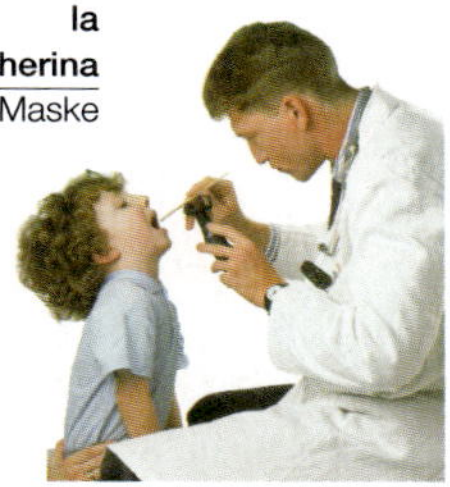

il medico
der Arzt

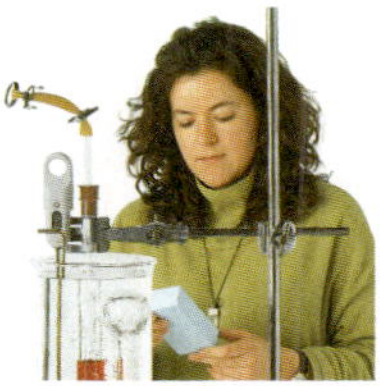

la farmacista
die Apothekerin

l'infermiera
die Krankenschwester

la veterinaria
die Tierärztin

l'agricoltore
der Landwirt

il pescatore
der Fischer

il soldato
der Soldat

il poliziotto
der Polizist

la guardia di sicurezza
der Wächter

il marinaio
der Seemann

il vigile del fuoco
der Feuerwehrmann

i mestieri 2 • die Berufe 2

l'avvocato
der Rechtsanwalt

il commercialista
der Steuerberater

il modello
das Modell

l'architetto
der Architekt

lo scienziato
der Wissenschaftler

l'insegnante
die Lehrerin

il bibliotecario
der Bibliothekar

l'addetta alla ricezione
die Empfangsdame

la borsa
die Posttasche

il postino
der Briefträger

l'autista
der Busfahrer

il camionista
der Lastwagenfahrer

il tassista
der Taxifahrer

il pilota
der Pilot

l'assistente di volo
die Flugbegleiterin

l'agente di viaggio
die Reisebürokauffrau

il cappello
die Kochmütze

il cuoco
der Koch

il musicista
der Musiker

la ballerina
die Tänzerin

l'attore
der Schauspieler

la cantante
die Sängerin

la cameriera
die Kellnerin

il barista
der Barkeeper

l'atleta
der Sportler

lo scultore
der Bildhauer

la pittrice
die Malerin

il fotografo
der Fotograf

l'annunciatore
der Nachrichtensprecher

il giornalista
der Journalist

la redattrice
die Redakteurin

la disegnatrice
die Designerin

la costumista
die Kostümbildnerin

il sarto
der Schneider

i trasporti
der Verkehr

le strade • die Straßen

l'autostrada
die Autobahn

il casello
die Mautstelle

la segnaletica orizzontale
die Straßenmarkierungen

la rampa di accesso
die Zufahrtsstraße

a senso unico
Einbahn-

la linea divisoria
die Verkehrslinie

lo svincolo
der Autobahnzubringer

la corsia interna
die rechte Spur

la corsia centrale
die mittlere Spur

la corsia di sorpasso
die Überholspur

la rampa di uscita
die Ausfahrt

il traffico
der Verkehr

il cavalcavia
die Überführung

la corsia d'emergenza
der Seitenstreifen

il sottopassaggio
die Unterführung

il semaforo
die Verkehrsampel

il camion
der Lastwagen

lo spartitraffico
der Mittelstreifen

il passaggio pedonale
der Fußgängerüberweg

il telefono per emergenze
die Notrufsäule

il parcheggio per disabili
der Behinderten-parkplatz

l'ingorgo
der Verkehrsstau

la mappa
die Landkarte

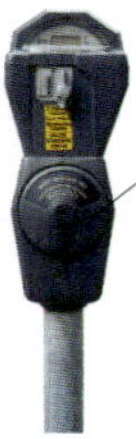

il parchimetro
die Parkuhr

il vigile urbano
der Verkehrspolizist

vocabolario • Vokabular

la deviazione
die Umleitung

parcheggiare
parken

sorpassare
überholen

la rotatoria
der Kreisverkehr

il guardrail
die Leitplanke

guidare
fahren

fare marcia indietro
rückwärts fahren

i lavori stradali
die Straßenbaustelle

rimorchiare
abschleppen

la carreggiata doppia
die Schnellstraße

È questa la strada per ...?
Ist dies die Straße nach...?

Dove posso parcheggiare?
Wo kann ich parken?

i cartelli stradali • die Verkehrsschilder

ingresso vietato
keine Einfahrt

il limite di velocità
die Geschwindigkeitsbegrenzung

pericolo
Gefahr

sosta vietata
Halten verboten

svolta a destra vietata
rechts abbiegen verboten

l'autobus • der Bus

il sedile dell'autista
der Fahrersitz

la maniglia
der Haltegriff

la porta a soffietto
die Automatiktür

la ruota anteriore
das Vorderrad

il bagagliaio
das Gepäckfach

la porta | die Tür

il pullman | der Reisebus

i tipi di autobus • die Bustypen

il numero del percorso
die Liniennummer

l'autista
der Fahrer

l'autobus a due piani
der Doppeldecker

il tram
die Straßenbahn

il filobus
der Omnibus

lo scuolabus | der Schulbus

la ruota posteriore
das Hinterrad

il finestrino
das Fenster

il biglietto
der Fahrschein

il pulsante di chiamata
der Halteknopf

il campanello
die Klingel

l'autostazione
der Busbahnhof

la fermata dell'autobus
die Bushaltestelle

vocabolario • Vokabular

la tariffa der Fahrpreis	**la pensilina** das Wartehäuschen
l'orario der Fahrplan	**l'accesso per sedie a rotelle** der Rollstuhlzugang

Ferma a...?
Halten Sie am...?

Qual è l'autobus per...?
Welcher Bus fährt nach...?

il pulmino
der Kleinbus

il pullman turistico | der Touristenbus

la navetta | der Zubringer

l'automobile 1 • das Auto 1

l'esterno • das Äußere

il portabagagli
der Dachgepäckträger

il portellone
die Hecktür

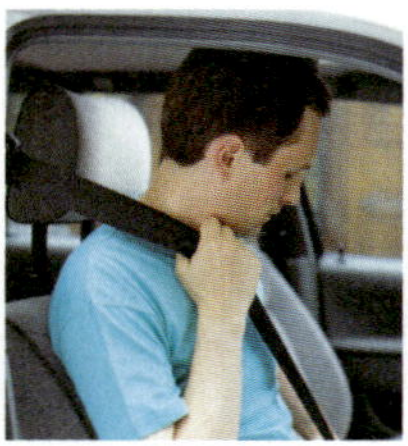

la cintura di sicurezza
der Sicherheitsgurt

il seggiolino per bambino
der Kindersitz

i tipi • die Wagentypen

l'auto piccola
der Kleinwagen

l'auto a cinque porte
die Fließhecklimousine

la berlina
die Limousine

l'auto familiare
der Kombiwagen

l'auto decappottabile
das Kabriolett

l'auto sportiva
das Sportkabriolett

la monovolume
der Minivan

il fuoristrada
der Geländewagen

l'auto d'epoca
der Oldtimer

la limousine
die verlängerte Limousine

la stazione di servizio • die Tankstelle

il distributore di benzina
die Zapfsäule

il prezzo
der Benzinpreis

l'area di stazionamento
der Tankstellenplatz

il distributore di aria compressa
das Druckluftgerät

vocabolario • Vokabular

l'olio das Öl	**piombata** verbleit	**senza piombo** bleifrei
la benzina das Benzin	**il diesel** der Diesel	**il garage** die Werkstatt

l'autolavaggio
die Autowaschanlage

l'antigelo
das Frostschutzmittel

il detegente per vetri
die Scheibenwaschanlage

Il pieno per favore.
Voll tanken, bitte.

l'automobile 2 • das Auto 2

l'interno • die Innenausstattung

vocabolario • Vokabular

a due porte zweitürig	**a quattro porte** viertürig	**automatico** mit Automatik	**il freno** die Bremse	**l'acceleratore** das Gaspedal
a tre porte dreitürig	**manuale** mit Handschaltung	**l'accensione** die Zündung	**la frizione** die Kupplung	**l'aria condizionata** die Klimaanlage

Può indicarmi la strada per…?
Wie komme ich nach…?

Dov'è il parcheggio?
Wo ist hier ein Parkplatz?

Posso parcheggiare qui?
Kann ich hier parken?

i comandi • die Armaturen

il volante
das Lenkrad

il clacson
die Hupe

il cruscotto
das Armaturenbrett

le luci intermittenti
die Warnlichter

la navigazione via satellite
das GPS-System

la guida a sinistra | die Linkssteuerung

la spia della temperatura
die Temperaturanzeige

il contagiri
der Drehzahlmesser

il contachilometri
der Kilometerzähler

la spia del carburante
die Kraftstoffanzeige

l'autoradio
die Autostereoanlage

l'interruttore per le luci
der Lichtschalter

i comandi per il riscaldamento
der Heizungsregler

il tachimetro
der Tachometer

l'airbag
der Airbag

la leva del cambio
der Schalthebel

la guida a destra | die Rechtssteuerung

l'automobile 3 • das Auto 3

la meccanica • die Mechanik

il serbatoio del liquido lavavetri
der Scheibenputzmittelbehälter

l'indicatore di livello dell'olio
der Ölmessstab

il filtro dell'aria
der Luftfilter

il serbatoio del liquido per i freni
der Bremsflüssigkeitsbehälter

la batteria
die Batterie

la carrozzeria
die Karosserie

il serbatoio per il liquido refrigerante
der Kühlmittelbehälter

la testa del cilindro
der Zylinderkopf

il tubo
das Rohr

il tettuccio
das Schiebedach

il radiatore
der Kühler

il motore
der Motor

il ventilatore
der Ventilator

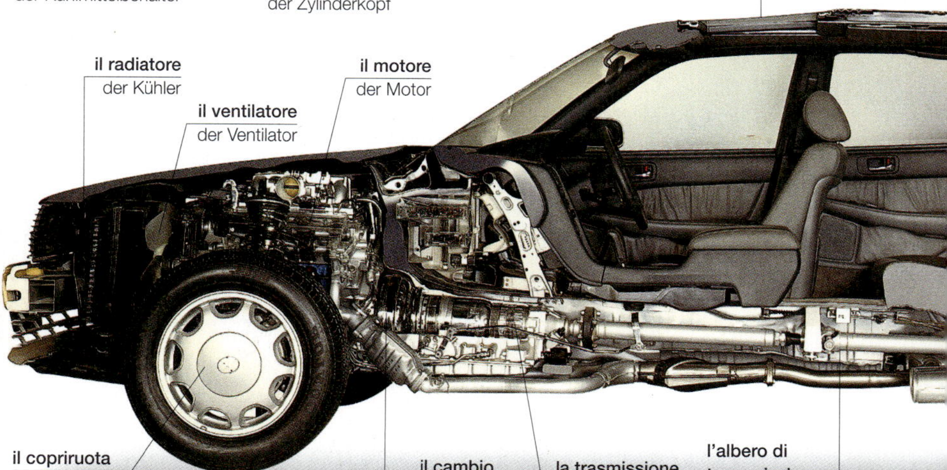

il copriruota
die Radkappe

il cambio
das Getriebe

la trasmissione
die Transmission

l'albero di transmissione
die Kardanwelle

la foratura • die Reifenpanne

cambiare una ruota
ein Rad wechseln

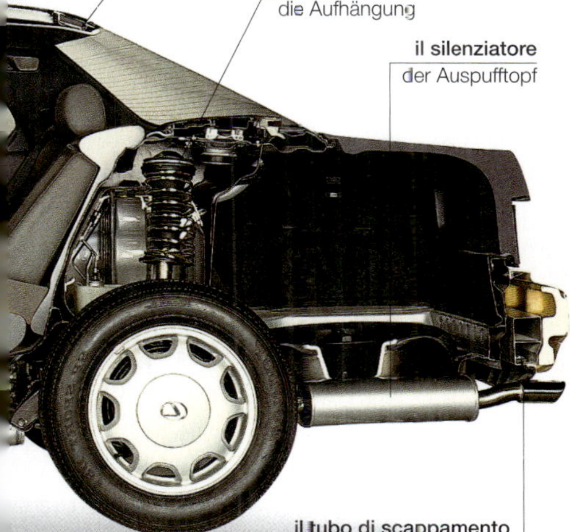

vocabolario • Vokabular

l'incidente stradale
der Autounfall

la panne
die Panne

l'assicurazione
die Versicherung

il carro attrezzi
der Abschleppwagen

il meccanico
der Mechaniker

la pressione dei pneumatici
der Reifendruck

la scatola dei fusibili
der Sicherungskasten

la candela
die Zündkerze

la cinghia della ventola
der Keilriemen

il serbatoio della benzina
der Benzintank

la cinghia della camma
der Nockenriemen

il turbocompressore
der Turbolader

il distributore
der Verteiler

la messa in fase
die Einstellung

il telaio
das Chassis

il freno a mano
die Handbremse

l'alternatore
die Lichtmaschine

Sono in panne.
Ich habe eine Panne.

La mia macchina non parte.
Mein Auto springt nicht an.

la motocicletta • das Motorrad

la freccia
der Blinker

il tachimetro
der Tachometer

la frizione
die Kupplung

il freno
die Bremse

il clacson
die Hupe

l'acceleratore
der Gashebel

i comandi
die Steuerung

il casco
der Motorradhelm

il portapacchi
der Gepäckträger

il riflettore
das Katzenauge

il sellino posteriore
der Soziussitz

il sedile
der Sitz

il motore
der Motor

il serbatoio
der Kraftstofftank

il fanale posteriore
das Bremslicht

il tubo di scappamento
das Auspuffrohr

il silenziatore
der Auspufftopf

il serbatoio dell'olio
der Ölsumpf

la scatola del cambio
das Getriebe

il filtro dell'aria
der Luftfilter

l'abbigliamento | die Kleidung

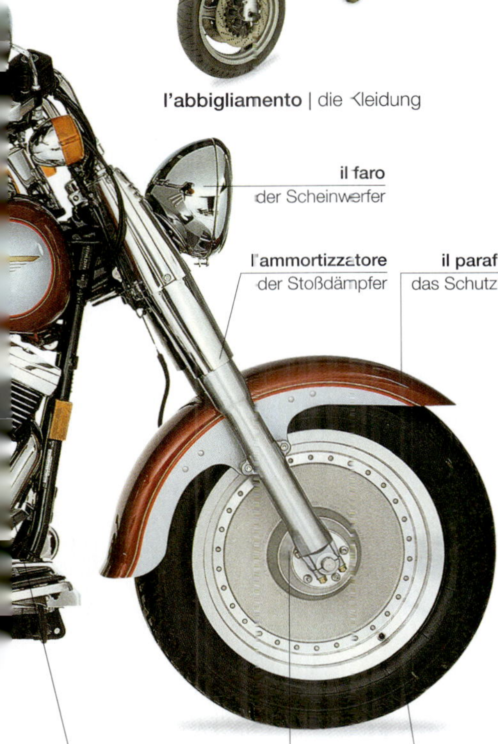

i tipi • die Typen

la moto da corsa | die Rennmaschine

la moto da turismo | der Tourer

la moto da cross | das Geländemotorrad

la vespa | der Roller

la bicicletta • das Fahrrad

il tandem
das Tandem

la bicicletta da corsa
das Rennrad

la mountain bike
das Mountainbike

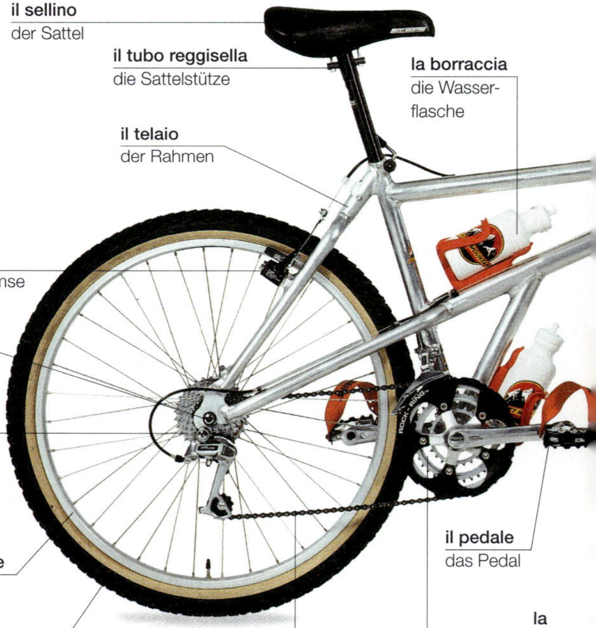

la bicicletta da turismo
das Tourenfahrrad

la bicicletta da strada
das Straßenrad

la pista ciclabile | der Fahrradweg

la canna
die Stange

il manubrio
die Lenkstange

la leva del cambio
der Schalthebel

la leva del freno
der Bremsgriff

la forcella
die Gabel

il raggio
die Speiche

la ruota
das Rad

la valvola
das Ventil

il battistrada
das Reifenprofil

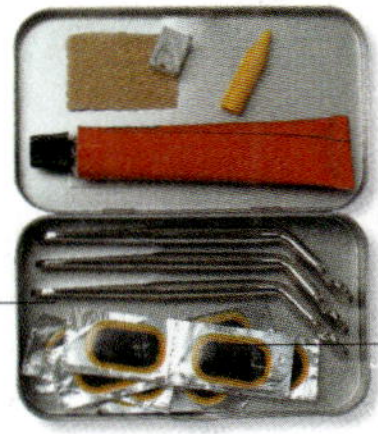

la leva per il pneumatico
der Reifenschlüssel

la toppa
der Flicken

il kit per riparazioni | der Reparaturkasten

la pompa
die Luftpumpe

la chiave
der Schlüssel

il lucchetto
das Fahrradschloss

la camera d'aria
der Schlauch

il seggiolino per bambino
der Kindersitz

vocabolario • Vokabular

il fanale die Fahrradlampe	**le rotelle** die Stützräder	**il cavo** das Kabel	**il cestello** der Korb	**il cinghietto** der Riemen	**frenare** bremsen
il fanale posteriore das Rücklicht	**il cavalletto** der Fahrradständer	**il blocca freni** die Bremsbacke	**la dinamo** der Dynamo	**pedalare** treten	**cambiare marcia** schalten
il catari-frangente der Rückstrahler	**il posteggio per bici** der Fahrradständer	**il dente** das Kettenzahnrad	**la foratura** die Reifenpanne	**il fermapiedi** der Rennbügel	**andare in bici** Rad fahren

il treno • der Zug

il vagone
der Wagen

il binario
der Bahnsteig

il carrello
der Kofferkuli

il numero del binario
die Gleisnummer

il pendolare
der Pendler

la stazione ferroviaria | der Bahnhof

i tipi di treno • die Zugtypen

il treno a vapore
die Dampflokomotive

la locomotiva
die Lokomotive

la cabina del conducente
der Führerstand

la rotaia
die Schiene

il treno diesel | die Diesellokomotive

il treno elettrico
die Elektrolokomotive

il treno ad alta velocità
der Hochgeschwindigkeitszug

la monorotaia
die Einschienenbahn

la metropolitana
die U-Bahn

il tram
die Straßenbahn

il treno merci
der Güterzug

il portabagagli
die Gepäckablage

il finestrino
das Zugfenster

il binario
das Gleis

la porta
die Tür

il sedile
der Sitz

lo scompartimento
das Abteil

la barriera
die Eingangssperre

il vagone ristorante | der Speisewagen

il sistema di altoparlanti
der Lautsprecher

l'orario
der Fahrplan

il biglietto
die Fahrkarte

l'atrio | die Bahnhofshalle

lo scompartimento cuccette
das Schlafabteil

vocabolario • Vokabular

la rete ferroviaria
das Bahnnetz

il treno intercity
der Intercity

l'ora di punta
die Stoßzeit

il ritardo
die Verspätung

la tariffa
der Fahrpreis

la mappa della metropolitana
der U-Bahnplan

la biglietteria
der Fahrkartenschalter

il controllore
der Schaffner

cambiare
umsteigen

il binario elettrificato
die Strom führende Schiene

il segnale
das Signal

la leva di emergenza
der Nothebel

l'aeroplano • das Flugzeug

l'aereo di linea • das Verkehrsflugzeug

la cabina • die Kabine

la mongolfiera
der Heißluftballon

l'aereo biposto
das Ultraleichtflugzeug

l'aliante
das Segelflugzeug

il biplano
der Doppeldecker

l'aereo da diporto
das Leichtflugzeug

l'idrovolante
das Wasserflugzeug

l'aereo privato
der Privatjet

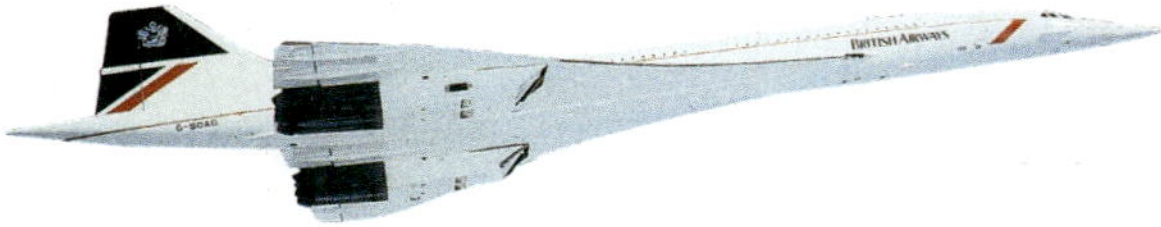

l'aereo supersonico
das Überschallflugzeug

l'elicottero
der Hubschrauber

il bombardiere
das Bombenflugzeug

l'aereo da caccia
das Jagdflugzeug

vocabolario • Vokabular

il pilota der Pilot	**decollare** starten	**atterrare** landen	**la classe economica** die Economyclass	**il bagaglio a mano** das Handgepäck
il copilota der Kopilot	**volare** fliegen	**la quota** die Höhe	**la business class** die Businessclass	**la cintura di sicurezza** der Sicherheitsgurt

l'aeroporto • der Flughafen

l'area di stazionamento
das Vorfeld

il carrello portabagagli
der Gepäckanhänger

il terminale
der Terminal

il veicolo di servizio
das Versorgungsfahrzeug

il passaggio pedonale
die Fluggastbrücke

l'aereo di linea | das Verkehrsflugzeug

vocabolario • Vokabular

il volo internazionale
der Auslandsflug

il volo nazionale
der Inlandsflug

la coincidenza
der Anschluß

la pista
die Start- und Landebahn

il numero del volo
die Flugnummer

il controllo passaporti
die Passkontrolle

la dogana
der Zoll

il bagaglio in eccedenza
das Übergepäck

il nastro trasportatore
das Gepäckband

la sicurezza
die Sicherheitsvorkehrungen

l'apparecchio a raggi x
die Gepäckröntgenmaschine

l'opuscolo vacanze
der Urlaubsprospekt

la vacanza
der Urlaub

prenotare un volo
einen Flug buchen

fare il check-in
einchecken

la torre di controllo
der Kontrollturm

il bagaglio a mano
das Handgepäck

il bagaglio
das Gepäck

il carrello
der Kofferkuli

il banco accettazione
der Abfertigungsschalter

il visto
das Visum

il passaporto | der Pass

il controllo passaporti
die Passkontrolle

la carta d'imbarco
die Bordkarte

il biglietto
das Flugticket

il numero dell'uscita
die Gatenummer

la sala delle partenze
die Abflughalle

la destinazione
das Reiseziel

gli arrivi
die Ankunft

le partenze
der Abflug

il pannello degli orari
die Fluginformationsanzeige

il negozio duty free
der Duty-free-Shop

il ricupero bagagli
die Gepäckausgabe

il posteggio dei taxi
der Taxistand

l'autonoleggio
der Autoverleih

la nave • das Schiff

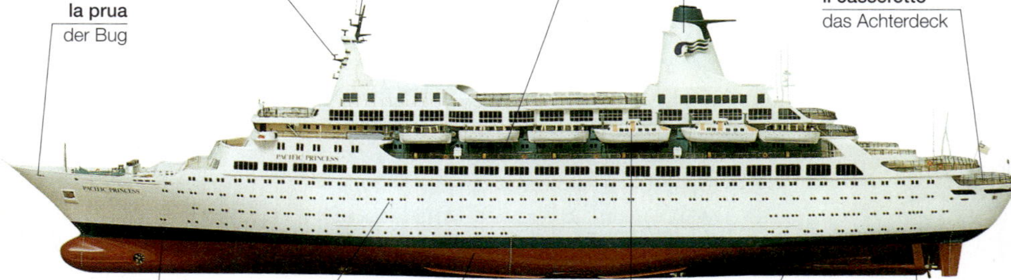

la nave da crociera
der Ozeandampfer

il ponte di comando
die Kommandobrücke

la sala macchine
der Maschinenraum

la cabina
die Kabine

la cucina di bordo
die Kombüse

vocabolario • Vokabular

il bacino
das Dock

il porto
der Hafen

la passerella
der Bootssteg

l'ancora
der Anker

l'ormeggio
der Ankerplatz

il mulinello
die Ankerwinde

il capitano
der Kapitän

il motoscafo
das Motorboot

la barca a remi
das Ruderboot

la canoa
das Kanu

altre imbarcazioni • andere Schiffe

il traghetto
die Fähre

il motore fuoribordo
der Außenbordmotor

il gommone
das Schlauchboot

l'aliscafo
das Tragflügelboot

lo yacht
die Jacht

il catamarano
der Katamaran

il rimorchiatore
der Schleppdampfer

l'hovercraft
das Luftkissenboot

la nave porta container
das Containerschiff

il sartiame
das Tauwerk

la barca a vela
das Segelboot

la stiva
der Frachtraum

la nave da trasporto
das Frachtschiff

la petroliera
der Öltanker

la portaerei
der Flugzeugträger

la nave da guerra
das Kriegsschiff

la torretta di comando
der Kommando-turm

il sottomarino
das U-Boot

il porto • der Hafen

il magazzino das Warenlager

la gru der Kran

il carrello elevatore der Gabelstapler

la strada di accesso die Zufahrtsstraße

l'ufficio della dogana das Zollamt

il bacino das Dock

il container der Container

la banchina der Kai

il carico die Fracht

il terminale dei traghetti der Fährterminal

il traghetto die Fähre

la biglietteria der Fahrkarten-schalter

il passeggero der Passagier

il porto per container | der Containerhafen

il porto per passeggeri | der Passagierhafen

la rete
das Netz

la barca da pesca
das Fischerboot

il porto da pesca
der Fischereihafen

l'ormeggio
die Verankerung

il porto turistico
der Jachthafen

il porto
der Hafen

il pontile
der Pier

il molo
der Landungssteg

il cantiere navale
die Werft

la luce
die Laterne

il faro
der Leuchtturm

la boa
die Boje

vocabolario • Vokabular

il guardacoste
die Küstenwache

il capitano di porto
der Hafenmeister

mollare l'ancora
den Anker werfen

ormeggiare
festmachen

il bacino di carenaggio
das Trockendock

approdare
anlegen

imbarcare
an Bord gehen

sbarcare
von Bord gehen

salpare
auslaufen

ULTRA
3
DUNLOP
DDH III
4
DUNLOP
MOLITOR
TOUR EDITION
1
ProStaff
4
BANFF SPRINGS
GOLF CLUB
TOP-FLITE
HOT XL
4
ProStaff
4
RAM TOUR
1
MAXFLI
TOP-FLITE
STRATA
3
DISTANCE

lo sport
der Sport

il football americano • der Football

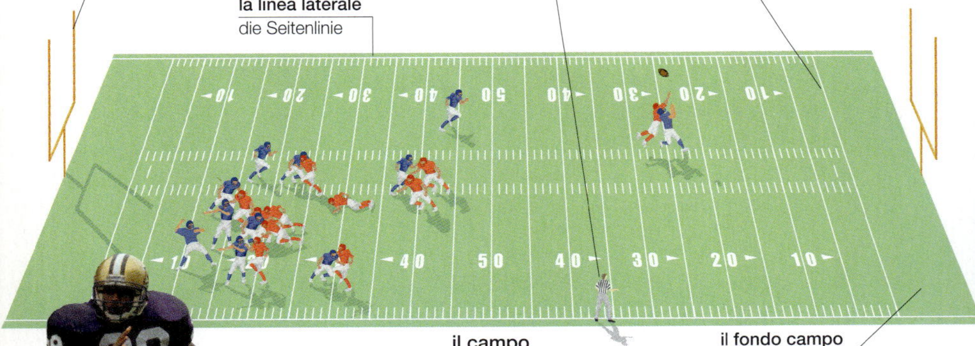

il giocatore
der Footballspieler

placcare
angreifen

passare
den Ball abgeben

prendere
fangen

vocabolario • Vokabular

il time-out die Auszeit	**la squadra** die Mannschaft	**la difesa** die Verteidigung	**la cheerleader** der Cheerleader	**A quanto stanno?** Wie ist der Stand?
il fumble das unsichere Fangen des Balls	**l'attacco** der Angriff	**il punteggio** der Spielstand	**il touch-down** der Touchdown	**Chi vince?** Wer gewinnt?

il rugby • das Rugby

la porta
das Tor

l'area della porta
der Torraum

la linea di touch
die Seitenlinie

la bandierina
die Fahne

la linea di palla morta
die Feldauslinie

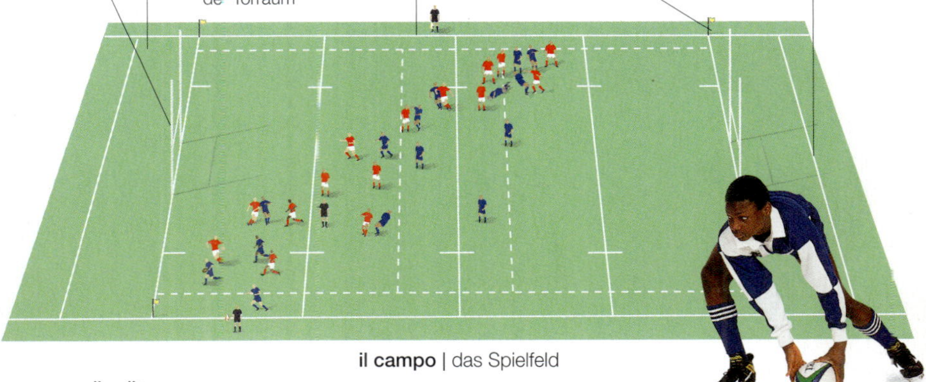

il campo | das Spielfeld

tirare
werfen

il pallone
der Rugbyball

la divisa da rugby
das Rugbytrikot

calciare
kicken

passare
den Ball abgeben

placcare
angreifen

la meta
der Versuch

il giocatore
der Rugbyspieler

il ruck | das offene Gedränge

la mischia | das Gedränge

il calcio • der Fußball

il pallone
der Fußball

la divisa
der Dress

il calciatore
der Fußballspieler

l'attaccante
der Mittelstürmer

l'arbitro
der Schiedsrichter

il centro campo
der Mittelkreis

il portiere
der Torwart

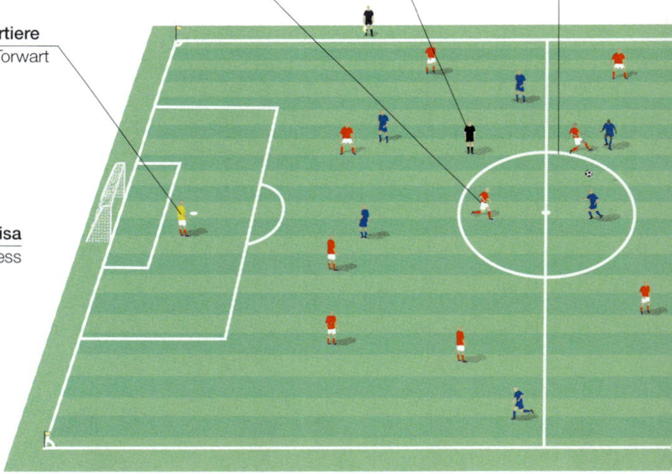

il campo di calcio
das Fußballfeld

il palo
der Torpfosten

la traversa
die Querlatte

la rete
das Tornetz

il gol | das Tor

dribblare | dribbeln

colpire di testa
köpfen

il muro
die Mauer

il calcio di punizione | der Freistoß

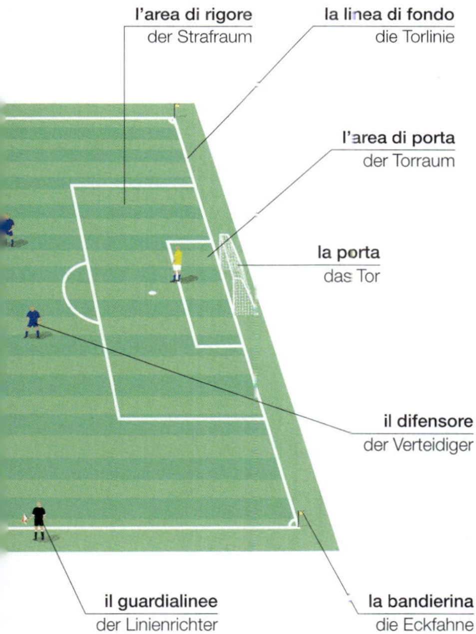

la rimessa in gioco
der Einwurf

calciare
kicken

passare
den Ball abgeben

tirare
schießen

parare
halten

contrastare
angreifen

vocabolario • Vokabular

lo stadio das Stadion	**il fallo** das Foul	**il cartellino giallo** die gelbe Karte	**il campionato** die Liga	**il sostituto** der Ersatzspieler
segnare ein Tor schießen	**il calcio d'angolo** der Eckball	**il fuorigioco** das Abseits	**il pareggio** das Unentschieden	**la sostituzione** die Auswechslung
il rigore der Elfmeter	**il cartellino rosso** die rote Karte	**l'espulsione** der Platzverweis	**l'intervallo** die Halbzeit	**il tempo supplementare** die Verlängerung

l'hockey • das Hockey

l'hockey su ghiaccio • das Eishockey

la linea della porta
die Torlinie

l'area di attacco
die Angriffszone

l'area neutrale
die neutrale Zone

l'area di difesa
die Verteidigungszone

il portiere
der Torwart

la porta
das Tor

il circolo di confronto
der Anspielkreis

il cerchio centrale
der Mittelkreis

la pista da hockey su ghiaccio
die Eisfläche

il parastinchi
das Polster

il guanto
der Handschuh

il pattino
der Schlittschuh

la mazza
der Schläger

il dischetto
der Puck

il giocatore di hockey su ghiaccio
der Eishockeyspieler

pattinare
Schlittschuh laufen

colpire
schlagen

l'hockey sull'erba • das Hockey

la mazza da hockey
der Hockeyschläger

la pallina
der Hockeyball

il cricket • das Kricket

vocabolario • Vokabular

il tabellone dei risultati die Anzeigetafel	**l'arbitro** der Schiedsrichter

la pallacanestro • der Basketball

il campo
das Spielfeld

il giocatore di pallacenestro | der Basketballspieler

il canestro
der Korb

vocabolario • Vokabular

il passaggio der Pass	**la rimessa** der Einwurf
il fallo das Foul	**fuori campo** aus
il rimbalzo der Rebound	**il tiro in sospensione** der Sprungball

le azioni • die Aktionen

tirare
werfen

acchiappare
fangen

tirare
zielen

saltare
springen

marcare
decken

bloccare
blocken

rimbalzare
springen lassen

fare canestro
einen Korb erzielen

la pallavolo • der Volleyball

contrastare
blocken

la rete
das Netz

difendere
baggern

l'arbitro
der Schiedsrichter

la ginocchiera
der Knieschützer

il campo | das Spielfeld

il baseball • der Baseball

il campo • das Spielfeld

il battitore | der Schlagmann

vocabolario • Vokabular

il giro der Lauf	**salvo** in Sicherheit	**fuori** aus
il turno di battuta das Inning	**lo strike** der Schlagfehler	**il fallo** der ungültige Schlag

il guantone
der Handschuh

la maschera
die Schutzmaske

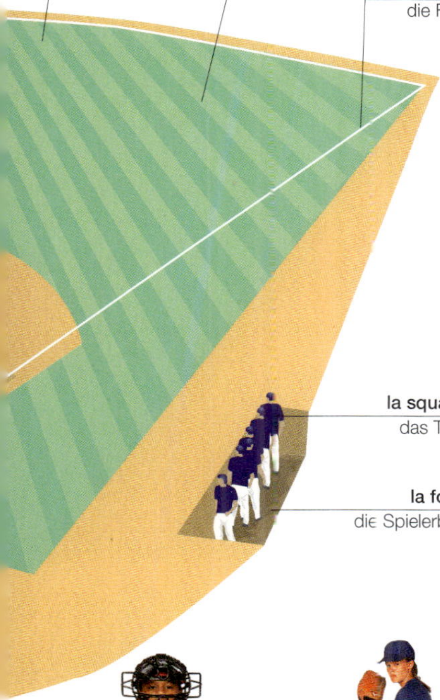

il ricevitore
der Fänger

il pitcher
der Werfer

le azioni • die Aktionen

lanciare | werfen

acchiappare | fangen

correre
rennen

difendere
als Fänger spielen

inseguire
hinterherlaufen

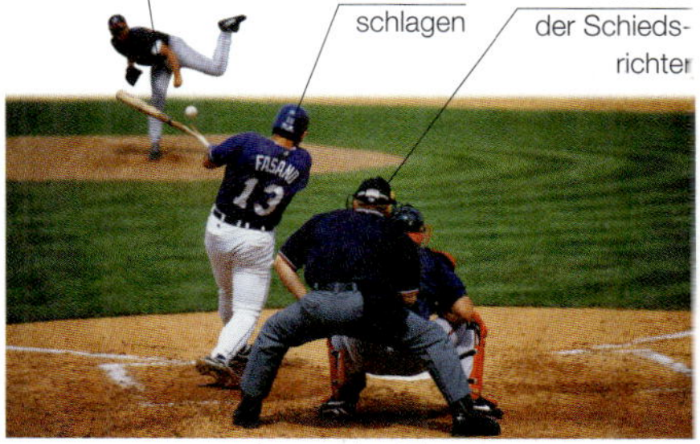

giocare | spielen

il tennis • das Tennis

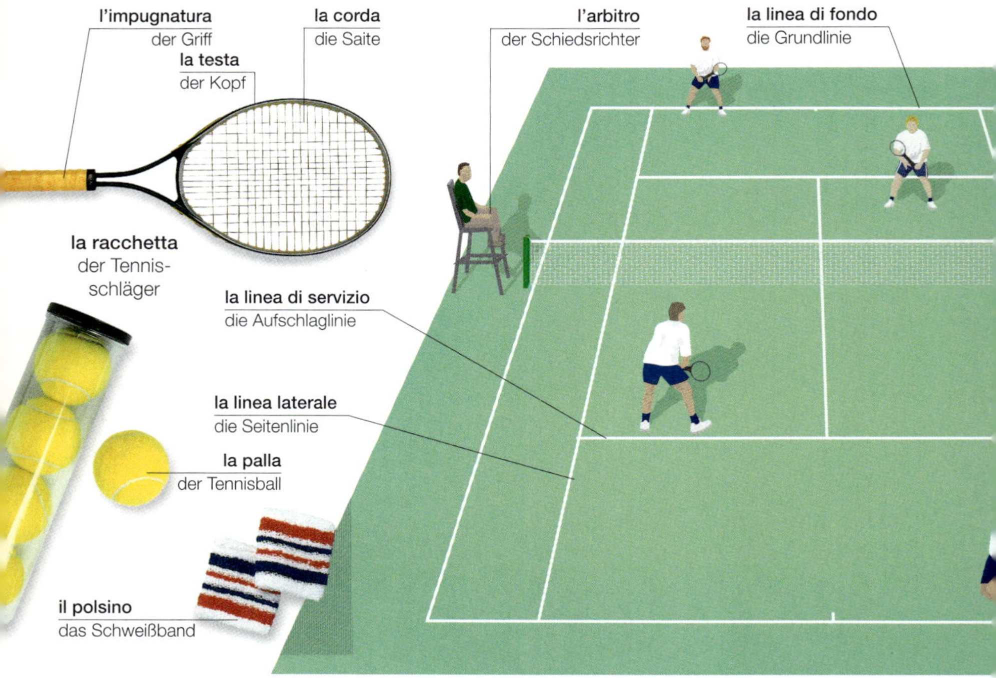

il campo | der Tennisplatz

vocabolario • Vokabular

il singolare das Einzel	**il set** der Satz	**il deuce** der Einstand	**il fallo** der Fehler	**il taglio** der Slice	**l'avvitamento** der Spin
il doppio das Doppel	**la partita** das Match	**il vantaggio** der Vorteil	**l'asso** das Ass	**il palleggio** der Ballwechsel	**il campionato** die Meisterschaft
il gioco das Spiel	**il tiebreak** der Tiebreak	**a zero** null	**la smorzata** der Stoppball	**colpo nullo!** Netz!	**il giudice di linea** der Linienrichter

i colpi • die Schläge

il servizio
der Aufschlag

il palleggio
der Volley

il ritorno
der Return

il lob
der Lob

il dritto
die Vorhand

il rovescio
die Rückhand

i giochi con la racchetta • die Schlägerspiele

il badminton
das Badminton

il ping pong
das Tischtennis

lo squash
das Squash

il racquetball
der Racquetball

il golf • das Golf

il golfista | der Golfspieler

la sede del circolo | das Klubhaus

le attrezzature • die Ausrüstung

la pallina da golf
der Golfball

il tee
der Aufsatz

l'ombrello
der Schirm

la sacca da golf
die Golftasche

il carrellino
der Caddie

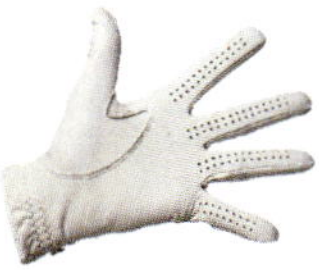

il guanto
der Handschuh

i chiodi
die Spikes

la scarpa da golf
der Golfschuh

le mazze da golf • die Golfschläger

la mazza di legno
das Holz

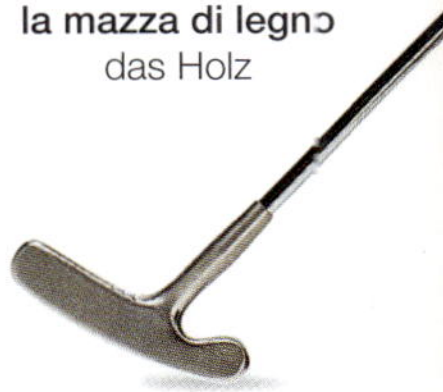

il putter
der Putter

la mazza di ferro
das Eisen

la mazza ricurva
das Wedge

le azioni • die Aktionen

cominciare la partita
vom Abschlag spielen

colpire a distanza
driven

colpire leggermente
einlochen

colpire da vicino
chippen

vocabolario • Vokabular

il par das Par	**l'overpar** das Überpar	**il torneo** das Golfturnier	**il caddy** der Caddie	**il colpo** der Schlag	**il back-swing** der Durchschwung
l'underpar das Unterpar	**la buca in uno** das Hole-in-One	**l'handicap** das Golfhandicap	**gli spettatori** die Zuschauer	**lo swing di pratica** der Übungsschwung	**la linea di gioco** die Spielbahn

l'atletica leggera • die Leichtathletik

la corsia
die Bahn

la pista
die Rennbahn

il traguardo
die Ziellinie

la linea di partenza
die Startlinie

il campo
das Feld

la pedana di partenza
der Startblock

il velocista
der Sprinter

il lancio del disco
das Diskuswerfen

l'atleta
die Leichtathletin

il lancio del peso
das Kugelstoßen

il lancio del giavellotto
das Speerwerfen

vocabolario • Vokabular

la gara das Rennen	**il primato** der Rekord	**il fotofinish** das Fotofinish	**il salto con l'asta** der Stabhochsprung
il tempo die Zeit	**battere un primato** einen Rekord brechen	**la maratona** der Marathon	**il primato personale** die persönliche Bestleistung

il cronometro
die Stoppuhr

la staffetta
der Staffellauf

il salto in alto
der Hochsprung

il salto in lungo
der Weitsprung

la corsa a ostacoli
der Hürdenlauf

la ginnastica • das Turnen

il salto
der Sprung

la capriola
der Salto

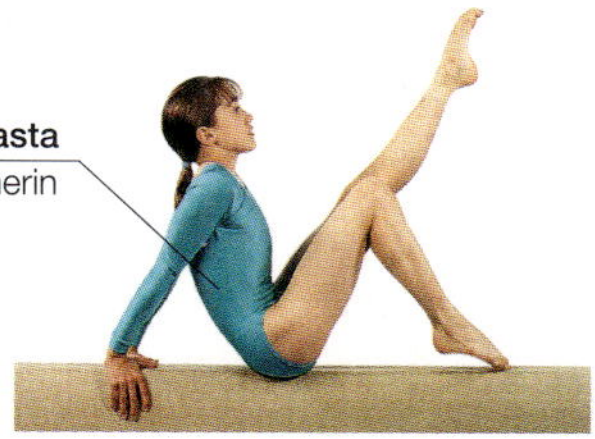

la trave
der Schwebebalken

la ginnastica a terra
das Bodenturnen

la ruota
die Bodenakrobatik

la ginnastica ritmica
die rhythmische Gymnastik

vocabolario • Vokabular

la sbarra das Reck	**le sbarre asimmetriche** der Stufenbarren	**gli anelli** die Ringe	**le medaglie** die Medaillen	**l'argento** das Silber
le parallele der Barren	**il cavallo** das Seitpferd	**il podio** das Siegerpodium	**l'oro** das Gold	**il bronzo** die Bronze

gli sport da combattimento • der Kampfsport

il tae kwondo
das Taekwondo

il karate
das Karate

il judo
das Judo

l'aikido
das Aikido

il kendo
das Kendo

il kung fu
das Kung-Fu

il kickboxing
das Kickboxen

la lotta greco-romana
das Ringen

il pugilato
das Boxen

le mosse • die Techniken

la scivolata
das Fallen

la presa
der Griff

la proiezione
der Wurf

la caduta
das Fesseln

il calcio
der Seitfußstoß

il pugno
der Stoß

il colpo
der Angriff

il colpo di taglio
der Hieb

il salto
der Sprung

la parata
der Block

vocabolario • Vokabular

il ring der Boxring	**il round** die Runde	**il pugno** die Faust	**la cintura nera** der schwarze Gürtel	**la capoeira** das Capoeira
i guanti die Boxhandschuhe	**l'incontro** der Kampf	**il k.o** der Knock-out	**l'autodifesa** die Selbstverteidigung	**il sumo** das Sumo
il paradenti der Mundschutz	**l'allenamento** das Sparring	**il sacco** der Sandsack	**le arti marziali** die Kampfsportarten	**il tai-chi** das Tai Chi

il nuoto • der Schwimmsport

l'attrezzatura • die Ausrüstung

il bracciolo
der Schwimmflügel

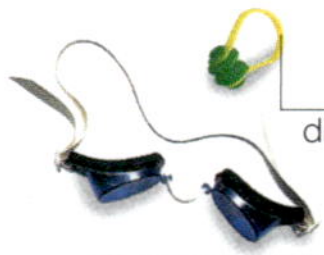

la molletta per il naso
die Nasenklemme

gli occhialetti
die Schwimmbrille

la tavoletta
das Schwimmbrett

il costume da bagno
der Badeanzug

la corsia
die Bahn

l'acqua
das Wasser

il podio di partenza
der Startblock

la piscina
das Schwimmbecken

la cuffia
die Badekappe

il costume da bagno
die Badehose

il nuotatore | der Schwimmer

il trampolino
das Sprungbrett

il tuffatore
der Springer

tuffarsi | springen

nuotare | schwimmen

la giravolta | die Kehre

gli stili • die Schwimmstile

lo stile libero
das Kraulen

la rana
das Brustschwimmen

il dorso | das Rückenschwimmen

la farfalla | der Schmetterling

il nuoto subacqueo • das Tauchen

vocabolario • Vokabular

il tuffo der Sprung	**tenersi a galla** Wasser treten	**gli armadietti** die Schließfächer	**la pallanuoto** der Wasserball	**la parte bassa** das flache Ende	**il crampo** der Krampf
il tuffo alto der Turmsprung	**il tuffo di rincorsa** der Startsprung	**il bagnino** der Bademeister	**la parte profonda** das tiefe Ende	**il nuoto sincronizzato** das Synchronschwimmen	**annegare** ertrinken

la vela • der Segelsport

la bussola
der Kompass

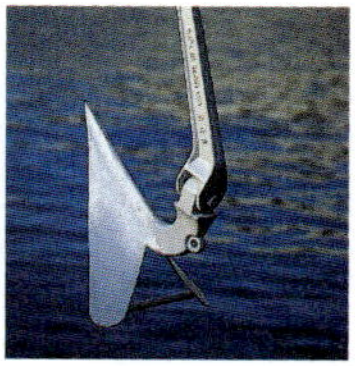

l'ancora
der Anker

la galloccia
die Klampe

il ponte laterale
das Seitendeck

la barra
die Pinne

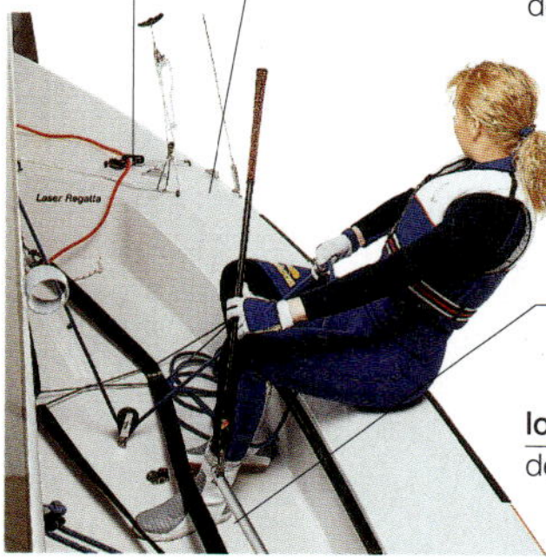

navigare | navigieren

l'albero
der Mast

il sartiame
die Takelung

la vela di prua
die Fock

la vela di maestra
das Großsegel

il boma
der Baum

la prua
der Bug

la poppa
das Heck

lo scafo
der Rumpf

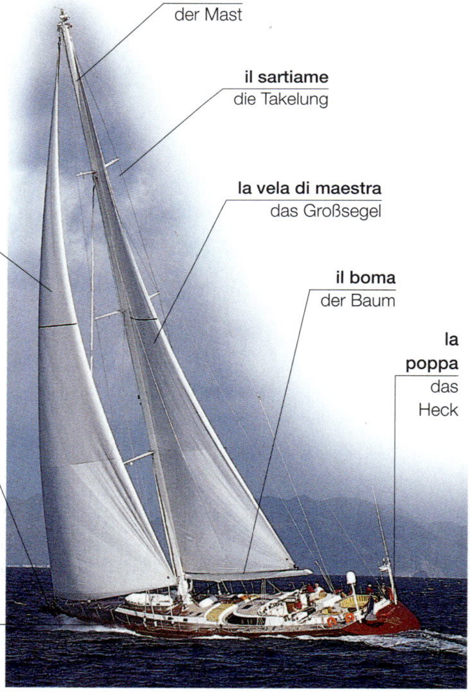

lo yacht | die Segeljacht

la sicurezza • die Sicherheit

il razzo illuminante
die Leuchtrakete

il salvagente
der Rettungsring

il giubbotto di salvataggio
die Schwimmweste

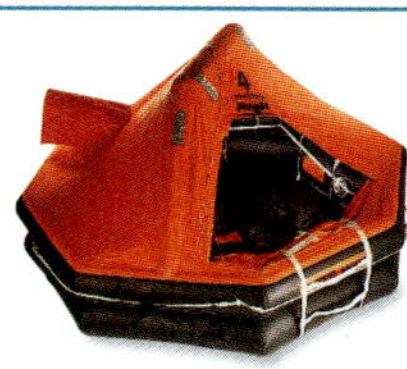

la zattera di salvataggio
das Rettungsboot

gli sport acquatici • der Wassersport

remare | rudern

il canottaggio
der Kanusport

il windsurfing | das Windsurfing

il surfing
das Wellenreiten

lo sci d'acqua
das Wasserski

la corsa in motoscafo
der Motorbootsport

rafting
das Rafting

l'acquascooter
der Jet-Ski

vocabolario • Vokabular

il surfista der Surfer	**l'equipaggio** die Crew	**il vento** der Wind	**il torrente** das Wildwasser	**la scotta** die Schot	**capovolgersi** kentern
lo sciatore d'acqua der Wasserskifahrer	**bordeggiare** aufkreuzen	**l'onda** die Welle	**la cresta dell'onda** die Brandung	**il timone** das Ruder	**il centro della tavola** das Schwert

l'equitazione • der Reitsport

il ferro da cavallo
das Hufeisen

la sella da signora
der Damensattel

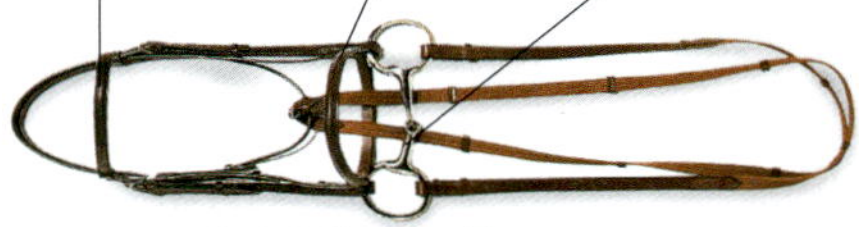

la briglia | das Zaumzeug

il frustino | die Reitgerte

le corse • die Rennen

la corsa di cavalli
das Pferderennen

la corsa a ostacoli
das Hindernisrennen

la corsa a trotto
das Trabrennen

il rodeo
das Rodeo

il concorso di salto a ostacoli
das Springreiten

la corsa di carrozze
das Zweispännerrennen

l'escursione a cavallo
der Wanderritt

il dressage
das Dressurreiten

il polo
das Polo

vocabolario • Vokabular

il passo der Schritt	**il galoppo** der Galopp	**il salto** der Sprung	**la cavezza** das Halfter	**il recinto** die Koppel	**l'ippodromo** die Rennbahn
il trotto der Trab	**il piccolo galoppo** der Kanter	**lo stalliere** der Stallbursche	**la stalla** der Pferdestall	**l'arena** der Turnierplatz	**la corsa in piano** das Flachrennen

la pesca • der Angelsport

il peso | das Gewicht

l'uncino
der Widerhaken

l'occhiello
das Öhr

l'amo
der Angelhaken

l'esca | der Köder

il galleggiante
die Pose

l'esca
der Köderhaken

la mosca
die Fliege

la retina
der Kescher

la scatola degli attrezzi
der Spinnerkasten

la rete da pesca
der Setzkescher

la lenza
die Schnur

la canna da pesca
die Angelrute

il mulinello
die Rolle

gli stivaloni di gomma
die Watstiefel

il pescatore | der Angler

i tipi di pesca • die Fischfangarten

la pescan acqua dolce
das Süßwasserangeln

la pesca con la mosca
das Fliegenangeln

la pesca dalla riva
das Brandungsangeln

la pesca sportiva
das Sportangeln

la pesca in alto mare
die Hochseefischerei

le attività • die Aktivitäten

lanciare
auswerfen

prendere
fangen

tirare con il mulinello
einholen

pescare con la rete
mit dem Netz fangen

rilasciare
loslassen

vocabolario • Vokabular

fornire di esca ködern	**l'attrezzatura** die Angelgeräte	**l'impermeabile** die Regenhaut	**la licenza di pesca** der Angelschein	**la nassa** der Fischkorb
abboccare anbeißen	**la bobina** die Rolle	**il palo** die Stake	**la pesca in mare** die Seefischerei	**la pesca con la fiocina** das Speerfischen

lo sci • der Skisport

le discipline • die Disziplinen

la discesa
der Abfahrtslauf

lo slalom
der Slalom

il salto
der Skisprung

lo sci di fondo
der Langlauf

gli sport invernali • der Wintersport

l'arrampicata su ghiaccio
das Eisklettern

il pattinaggio su ghiaccio
das Eislaufen

il pattinaggio artistico
der Eiskunstlauf

lo snowboard
das Snowboarding

il bob
der Bobsport

lo slittino
der Schlitten

la motoslitta
das Schneemobil

la corsa su slitta
das Schlittenfahren

vocabolario • Vokabular

lo slalom gigante der Riesenslalom	**il pattinaggio di velocità** der Eisschnelllauf
fuoripista abseits der Piste	**il biathlon** das Biathlon
il curling das Curling	**la valanga** die Lawine
lo sci alpino die alpine Kombination	**la corsa su slitta trainata da cani** das Hundeschlittenfahren

gli altri sport • die anderen Sportarten

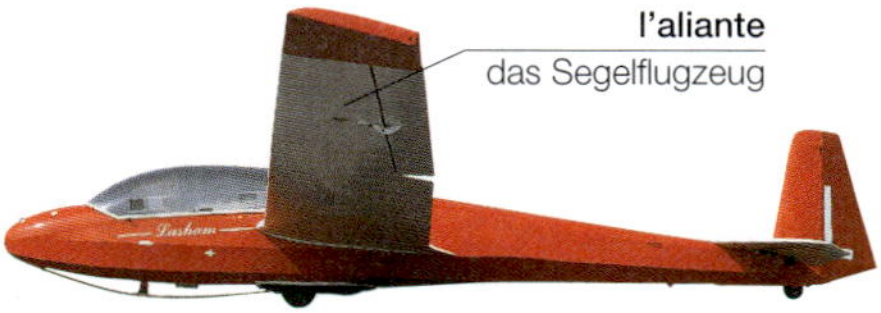

il volo senza motore
das Segelfliegen

il volo in deltaplano
das Drachenfliegen

l'alpinismo in parete
das Klettern

il paracadutismo
das Fallschirmspringen

il parapendio
das Gleitschirmfliegen

il paracadutismo libero
das Fallschirmspringen

la cordata
das Abseilen

il bungee jumping
das Bungeejumping

il rally
das Rallyefahren

il pilota da corsa
der Rennfahrer

l'automobilismo
der Rennsport

il motocross
das Motocross

il motociclismo
das Motorradrennen

la tavola da skateboard
das Skateboard

lo skate board
das Skateboard-fahren

il pattino a rotelle
der Rollschuh

il pattinaggio a rotelle
das Rollschuhfahren

la mazza
der Lacrosseschläger

il lacrosse
das Lacrosse

il fioretto
das Florett

la maschera
die Maske

la scherma
das Fechten

il birillo
der Kegel

la palla da bowling
die Bowlingkugel

il bowling
das Bowling

l'arco
der Bogen

la freccia
der Pfeil

la faretra
der Köcher

il tiro con l'arco
das Bogenschießen

il bersaglio
die Zielscheibe

il tiro al bersaglio
das Scheibenschießen

il biliardo
das Poolbillard

lo snooker
das Snooker

il fitness • die Fitness

la cyclette
das Trainingsrad

la macchina per esercizi
das Fitnessgerät

la panca
die Bank

i manubri
die Gewichte

la sbarra
die Stange

la palestra
das Fitnesscenter

il vogatore
die Rudermaschine

il tapis roulant
das Laufband

il cross trainer
die Langlaufmaschine

l'istruttore individuale
die private Fitness-
trainerin

la macchina per step
der Stepper

la piscina
das Schwimmbecken

la sauna
die Sauna

gli esercizi • die Übungen

lo stretching
das Strecken

lo stiramento
der Ausfall

il collant
die Gymnastikhose

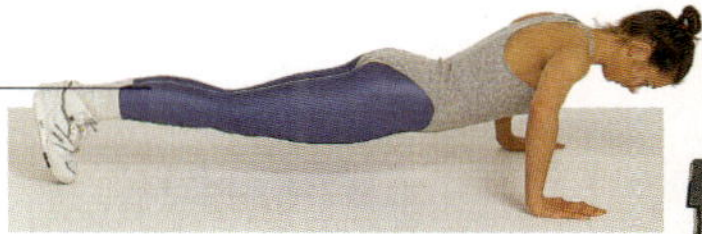

le flessioni
der Liegestütz

il piegamento delle ginocchia
die Kniebeuge

gli addominali
das Rumpfheben

il manubrio
die Hantel

le alzate con il manubrio
die Bizepsübung

la pressa per le gambe
der Beinstütz

la pressa per pettorali
die Brustübung

gli scarponcini
Trainingsschuhe

il bilanciere
die Gewichthantel

l'addestramento ai pesi
das Krafttraining

la maglietta
das Hemd

il footing
das Jogging

la ginnastica aerobica
das Aerobic

vocabolario • Vokabular

allenarsi
trainieren

riscaldarsi
sich aufwärmen

stendere
ausstrecken

il pilates
die Pilates-Übungen

saltare con la corda
das Seilspringen

flettere
beugen

correre sul posto
auf der Stelle joggen

sollevare
hochziehen

la ginnastica prepugilistica
die Boxgymnastik

l'allenamento a circuito
das Zirkeltraining

il tempo libero
die Freizeit

il teatro • das Theater

il palcoscenico | die Bühne

le poltrone | die Bestuhlung

vocabolario • Vokabular

l'opera teatrale
das Theaterstück

il cast
die Besetzung

l'attore
der Schauspieler

l'attrice
die Schauspielerin

il regista
der Regisseur

il produttore
der Produzent

il copione
das Drehbuch

il fondale
der Bühnenhintergrund

la prima
die Premiere

l'intervallo
die Pause

il programma
das Programm

il golfo mistico
der Orchestergraben

il concerto
das Konzert

il musical
das Musical

il costume
das Theaterkostüm

il balletto
das Ballett

vocabolario • Vokabular

la maschera
der Platzanweiser

la musica classica
die klassische Musik

la partitura musicale
die Noten

la colonna sonora
die Tonspur

applaudire
applaudieren

il bis
die Zugabe

Vorrei due biglietti per lo spettacolo di stasera.
Ich möchte zwei Karten für die Aufführung heute Abend.

A che ora inizia?
Um wie viel Uhr beginnt die Aufführung?

l'opera
die Oper

il cinema • das Kino

il popcorn
das Popcorn

il poster
das Plakat

la biglietteria
die Kasse

l'atrio
das Foyer

il cinema
der Kinosaal

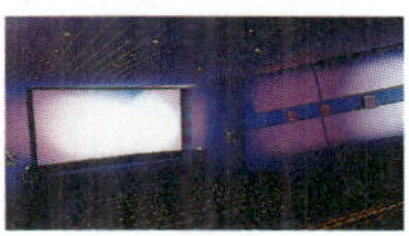

lo schermo
die Leinwand

vocabolario • Vokabular

la commedia
die Komödie

il thriller
der Thriller

il film di orrore
der Horrorfilm

il western
der Western

il film d'amore
der Liebesfilm

il film di fantascienza
der Science-Fiction-Film

il film di avventura
der Abenteuerfilm

il film di animazione
der Zeichentrickfilm

l'orchestra • das Orchester

gli strumenti a corda • die Saiteninstrumente

il pianoforte | das Klavier

l'annotazione | die Notation

vocabolario • Vokabular

l'ouverture die Ouvertüre	**la sonata** die Sonate	**il tono** die Tonhöhe	**il diesis** das Kreuz	**la battuta** der Taktstrich	**la scala** die Tonleiter
la sinfonia die Symphonie	**gli strumenti** die Musikinstrumente	**la pausa** das Pausenzeichen	**il bemolle** das B	**naturale** das Auflösungszeichen	**la bacchetta** der Taktstock

gli strumenti a fiato • die Holzblasinstrumente

il piffero
die Pikkoloflöte

il flauto
die Querflöte

l'oboe
die Oboe

il corno inglese
das Englischhorn

il clarinetto
die Klarinette

il clarinetto basso
die Bassklarinette

il fagotto
das Fagott

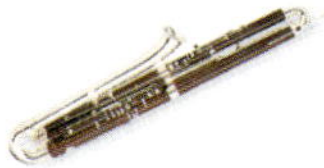

il controfagotto
das Kontrafagott

il sassofono
das Saxophon

la percussione • die Schlaginstrumente

il timpano
die Kesselpauke

il gong
der Gong

i bongo
die Bongos

il tamburo militare
die kleine Trommel

i cembali
das Becken

il tamburino
das Tamburin

il vibrafono
das Vibraphon

il triangolo
der Triangel

i maracas
die Maracas

gli ottoni • die Blechblasinstrumente

la tromba
die Trompete

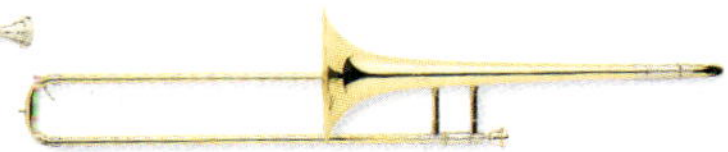

il trombone
die Posaune

il corno
das Horn

la tuba
die Tuba

il concerto • das Konzert

il concerto rock | das Rockkonzert

gli strumenti • die Instrumente

il basso
die Bassgitarre

la tastiera
das Keyboard

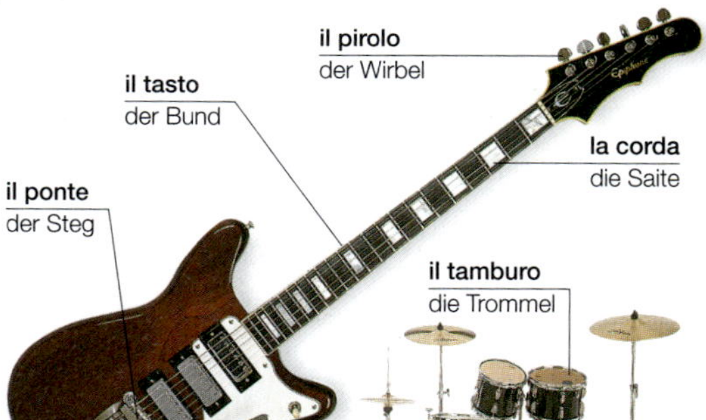

la chitarra elettrica
die elektrische Gitarre

la batteria
das Schlagzeug

gli stili musicali • die Musikstile

il jazz
der Jazz

il blues
der Blues

il punk
die Punkmusik

la musica folk
der Folk

il pop
die Popmusik

la musica da ballo
die Tanzmusik

il rap
der Rap

l'heavy metal
das Heavymetal

la musica classica
die klassische Musik

vocabolario • Vokabular

la canzone
das Lied

il testo
der Text

la melodia
die Melodie

il ritmo
der Beat

il reggae
der Reggae

il country
die Countrymusic

il proiettore
der Scheinwerfer

il turismo • der Tourismus

il turista
der Tourist

il luogo d'interesse turistico | die Touristenattraktion

l'itinerario
die Route

scoperto
mit offenem Oberdeck

il pullman turistico | der Stadtrundfahrtbus

la guida turistica
die Fremdenführerin

la visita guidata
die Führung

la statuina
die Figur

i ricordi
die Andenken

vocabolario • Vokabular

aperto
geöffnet

chiuso
geschlossen

la tariffa d'ingresso
das Eintrittsgeld

la guida
der Reiseführer

la pellicola
der Film

le batterie
die Batterien

la videocamera
die Videokamera

la macchina fotografica
der Fotoapparat

le indicazioni
die Richtungsangaben

a sinistra
links

a destra
rechts

dritto
geradeaus

Dov'è…?
Wo ist…?

Mi sono perso.
Ich habe mich verlaufen.

Mi può dire come si arriva a…?
Können Sie mir sagen, wie ich nach… komme?

i luoghi d'interesse • die Sehenswürdigkeiten

il quadro
das Gemälde

l'oggetto
das Ausstellungsstück

la galleria d'arte
die Kunstgalerie

il monumento
das Monument

l'esposizione
die Ausstellung

il museo
das Museum

la rovina famosa
die berühmte Ruine

l'edificio storico
das historische Gebäude

il casinò
das Kasino

i giardini
der Park

il parco nazionale
der Nationalpark

l'informazione • die Information

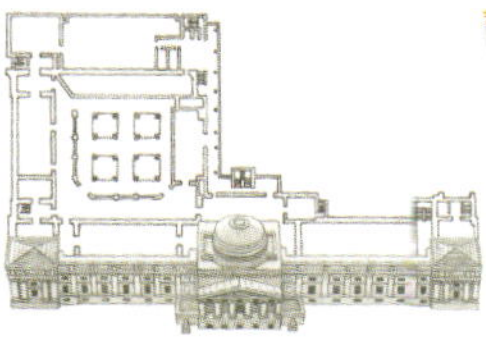

la pianta del piano
der Grundriss

la mappa
der Stadtplan

gli orari
die Zeiten

l'orario
der Fahrplan

l'ufficio informazioni turistiche
die Touristeninformation

le attività all'aria aperta • die Aktivitäten im Freien

il sentiero
der Fußweg

la meridiana
die Sonnenuhr

il caffè
das Café

il parco | der Park

il prato
das Gras

la panchina
die Bank

il giardino all'italiana
die Gartenanlagen

les montagnes russe
die Achterbahn

il luna park
der Jahrmarkt

il parco a tema
der Vergnügungspark

lo zoosafari
der Safaripark

lo zoo
der Zoo

le attività • die Aktivitäten

il ciclismo
das Radfahren

il footing
das Jogging

lo skateboard
das Skateboard

il pattinaggio
das Inlinerfahren

l'ornitologia
das Vogelbeobachten

il sentiero per cavalli
der Reitweg

l'equitazione
das Reiten

l'escursionismo
das Wandern

la cesta
der Pick-
nickkorb

il picnic
das Picknick

il parco giochi • der Spielplatz

la fossa di sabbia
der Sandkasten

la piscina gonfiabile
das Planschbecken

l'altalena
die Schaukel

la gondola | die Wippe

lo scivolo
die Rutsche

la struttura per arrampicarsi
das Klettergerüst

la spiaggia • der Strand

prendere il sole | sonnenbaden

la torre di sorveglianza
der Rettungsturm

il paravento
der Windschutz

il lungomare
die Promenade

la sedia a sdraio
der Liegestuhl

gli occhiali da sole
die Sonnenbrille

il cappello da spiaggia
der Sonnenhut

la crema abbronzante
die Sonnenmilch

la crema protettiva
der Sonnenblocker

il pallone da spiaggia
der Wasserball

la ciambella
der Schwimmreifen

l'asciugamano da spiaggia
das Strandtuch

il campeggio • das Camping

il campeggio
der Campingplatz

vocabolario • Vokabular

campeggiare
zelten

l'ufficio del direttore
die Campingplatzverwaltung

le piazzole disponibili
Zeltplätze frei

completo
voll

il campeggio
der Zeltplatz

piantare una tenda
ein Zelt aufschlagen

il palo
die Zeltstange

il lettino da campeggio
das Faltbett

la tavola da picnic
die Picknickbank

l'amaca
die Hängematte

il camper
das Wohnmobil

il rimorchio
der Anhänger

la carbonella
die Holzkohle

l'accendifuoco
der Feueranzünder

accendere un fuoco
ein Feuer machen

il fuoco
das Lagerfeuer

la struttura das Gestänge

il telo isolante der Zeltboden

lo zaino der Rucksack

il thermos die Thermosflasche

la borraccia die Wasserflasche

la tenda | das Zelt

il repellente per insetti
der Insektenspray

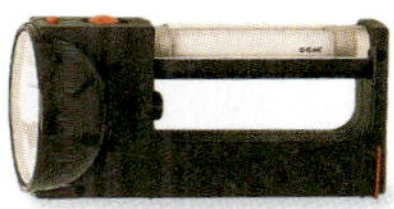

la torcia
die Taschenlampe

la zanzariera das Moskitonetz

gli indumenti termici die Thermowäsche

il sacco a pelo
der Schlafsack

le scarpe da escursionismo
die Wanderschuhe

gli indumenti impermeabili
die Regenhaut

il fornelletto da campeggio
der Gasbrenner

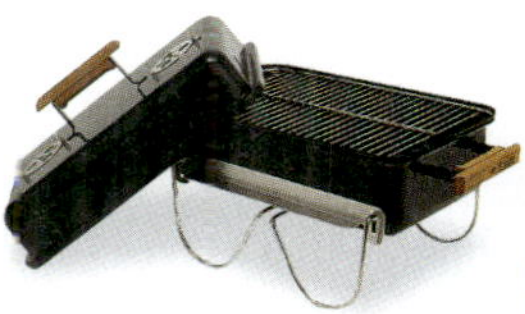

la griglia per barbecue
der Grill

il materassino die Schlafmatte

il materassino gonfiabile | die Luftmatratze

l'elettronica d'intrattenimento • die Unterhaltungselektronik

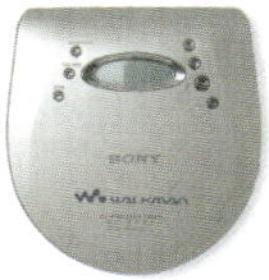

il lettore di CD portatile
der Discman

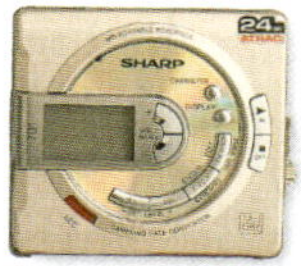

il lettore di mini disk
der Minidiskrekorder

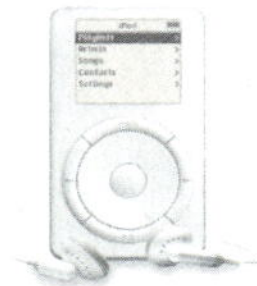

il lettore di MP3
der MP3-Spieler

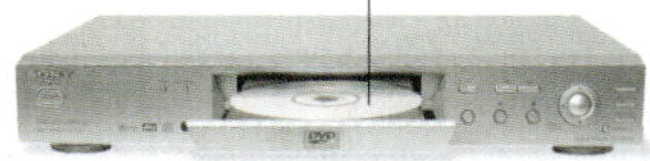

il lettore di DVD
der DVD-Spieler

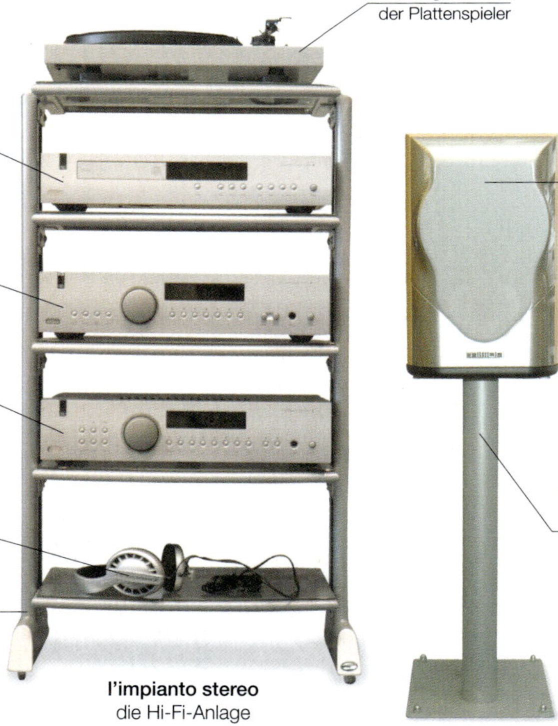

l'impianto stereo
die Hi-Fi-Anlage

la videocassetta
die Videokassette

il videoregistratore
der Videorekorder

lo schermo
der Bildschirm

l'oculare
das Okular

la videocamera
der Camcorder

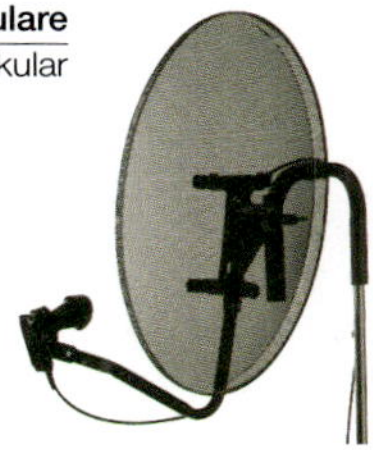

l'antenna parabolica
die Satellitenschüssel

il televisore a-schermo largo
der Breitbildfernseher

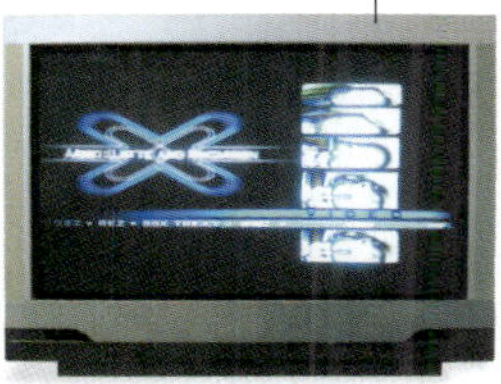

la console
das Pult

il comando
der Steuerhebel

il videogioco | das Videospiel

l'avanzamento veloce
der Vorlauf

la pausa
die Pause

la registrazione
die Aufnahme

il volume
die Lautstärke

il riavvolgimento
der Rücklauf

lo stop
der Stop

il play
das Abspielen

il telecomando
die Fernbedienung

vocabolario • Vokabular

il compact disc die CD	**il lungometraggio** der Spielfilm	**il programma** das Programm	**stereo** stereo	**digitale** digital
l'audiocassetta die Kassette	**la pubblicità** die Werbung	**cambiare canale** den Kanal wechseln	**guardare la televisione** fernsehen	**sintonizzare la radio** das Radio einstellen
il mangianastri der Kassetten-rekorder	**il canale a pagamento** der Pay-Kanal	**la televisione via cavo** das Kabelfernsehen	**accendere la televisione** den Fernseher einschalten	**spegnere la televisione** den Fernseher abschalten

la fotografia • die Fotografie

il flash
der Blitz

il regolatore di esponsizione
der Blendenregler

il contafotogrammi
der Zähler

il pulsante di scatto
der Auslöser

il regolatore del tempo di esposizione
die Zeiteinstellscheibe

l'obiettivo
die Linse

la macchina fotografica SLR | die Spiegelreflexkamera

il filtro
der Filter

il copriobiettivo
die Schutzkappe

il lampeggiatore
der Elektronenblitz

l'esposimetro
der Belichtungsmesser

lo zoom
das Zoom

il treppiede
das Stativ

i tipi di macchina fotografica • die Fotoapparattypen

la macchina fotografica digitale
die Digitalkamera

la macchina fotografica APS
die Kamera für APS-Film

la macchina fotografica istantanea
die Sofortbildkamera

la macchina fotografica usa e getta
die Einwegkamera

fotografare • fotografieren

il rullino
die Filmspule

la pellicola
der Film

mettere a fuoco
einstellen

sviluppare
entwickeln

il negativo
das Negativ

orizzontale
quer

verticale
hoch

la fotografia | das Foto

l'album fotografico
das Fotoalbum

la cornice
der Fotorahmen

i difetti • die Probleme

sottoesposto
unterbelichtet

sovraesposto
überbelichtet

sfocato
unscharf

l'occhio rosso
die Rotfärbung der Augen

vocabolario • Vokabular

il mirino
der Bildsucher

l'astuccio
die Kameratasche

l'esposizione
die Belichtung

la camera oscura
die Dunkelkammer

la fotografia (sviluppata)
der Abzug

opaco
matt

lucido
Hochglanz-

l'ingrandimento
die Vergrößerung

Vorrei far sviluppare questo rullino.
Ich möchte diesel Film entwickeln lassen.

i giochi • die Spiele

gli scacchi
das Schach

la dama
das Damespiel

lo scarabeo
das Scrabble

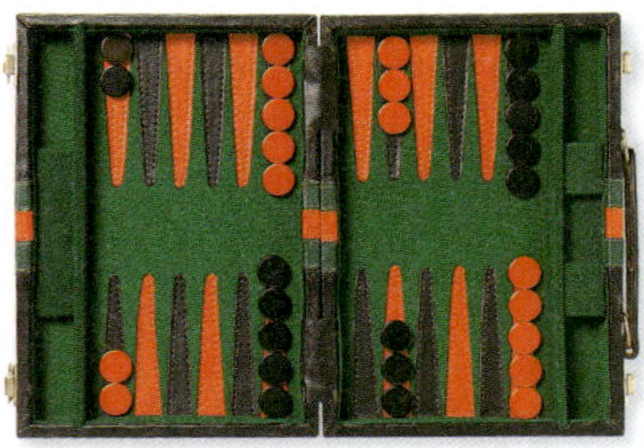

il backgammon | das Backgammon

i giochi da tavolo | die Brettspiele

la collezione di francobolli
die Briefmarkensammlung

il puzzle
das Puzzle

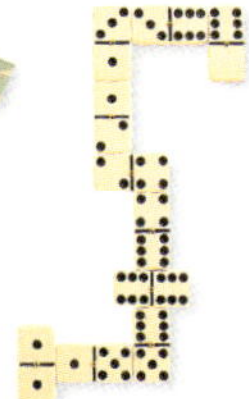

il domino
das Domino

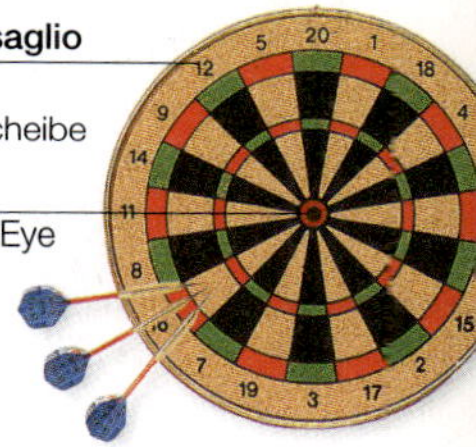

le freccette
das Darts

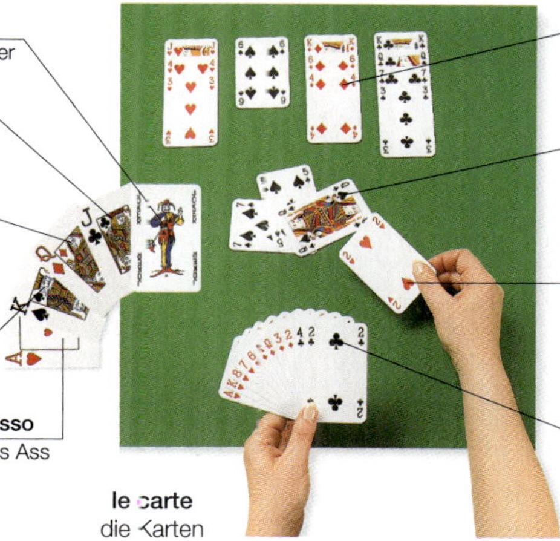

le carte
die Karten

mescolare | mischen

distribuire | geben

vocabolario • Vokabular

la mossa der Zug	**vincere** gewinnen	**il perdente** der Verlierer	**il punto** der Punkt	**il bridge** das Bridge	**A chi tocca?** Wer ist dran?
giocare spielen	**il vincitore** der Gewinner	**il gioco** das Spiel	**il punteggio** das Spielergebnis	**il colore** die Farbe	**Tocca a te.** Du bist dran.
il giocatore der Spieler	**perdere** verlieren	**la scommessa** die Wette	**il poker** das Poker	**il mazzo di carte** das Kartenspiel	**Tira i dadi.** Würfle.

arte e artigianato 1 • das Kunsthandwerk 1

la pittura | die Malerei

i colori • die Farben

rosso rot	**blu** blau	**giallo** gelb	**verde** grün
arancione orange	**viola** lila	**bianco** weiß	**nero** schwarz
grigio grau	**rosa** rosa	**marrone** braun	**indaco** indigoblau

la vernice • die Farben

i colori ad olio
die Ölfarben

gli acquarelli
die Aquarellfarbe

i pastelli
die Pastellstifte

i colori acrilici
die Acrylfarbe

la tempera
die Plakatfarbe

altri lavori artigianali • andere Kunstfertigkeiten

il disegno | das Zeichnen

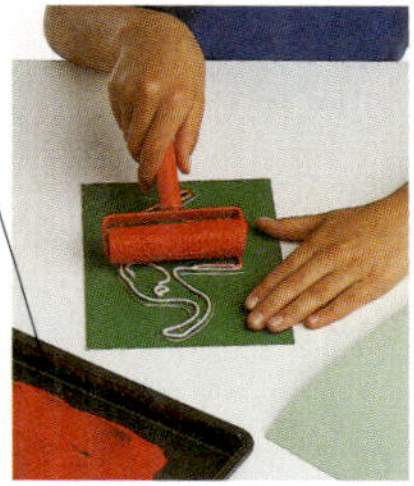

la stampa
das Drucken

l'incisione
das Gravieren

la scultura
die Bildhauerei

la falegnameria
die Holzarbeit

la ceramica
die Töpferei

il collage | die Collage

l'oreficeria
die Juwelierarbeit

la cartapesta
das Pappmaschee

l'origami
das Origami

il modellismo
der Modellbau

arte e artigianato 2 • das Kunsthandwerk 2

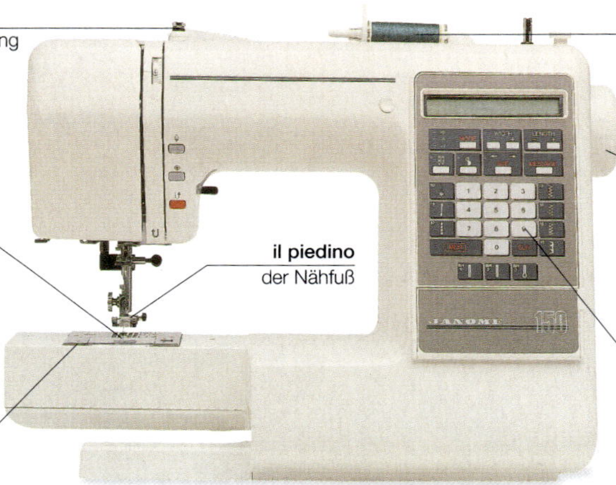

la macchina da cucire | die Nähmaschine

le forbici
die Schere

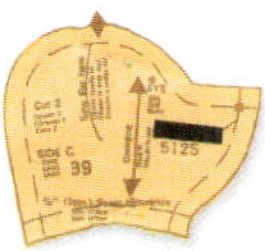

il modello
das Schnittmuster

il metro
das Zentimetermaß

la stoffa
der Stoff

la cesta del cucito | der Nähkorb

la bobina
die Spule

il gancio
der Haken

il ditale
der Fingerhut

il gesso
die Schneiderkreide

il manichino
die Schneiderpuppe

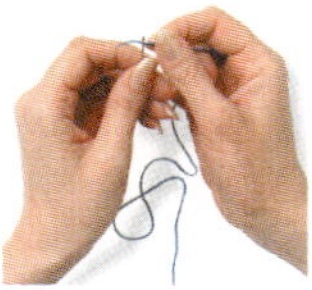

infilare
einfädeln

cucire
nähen

rammendare
stopfen

imbastire
heften

tagliare
schneiden

la tappezzeria
die Tapisserie

il ricamo
die Stickerei

l'uncinetto
das Häkeln

il macramè
das Makramee

il patchwork
das Patchwork

il trapunto
das Wattieren

la fabbricazione dei merletti
die Spitzen-klöppelei

la tessitura
die Weberei

il lavoro a maglia | das Stricken

la matassa | der Strang

vocabolario • Vokabular

scucire
auftrennen

la tela
der Stoff

il cotone
die Baumwolle

il lino
das Leinen

il poliestiere
das Polyester

il nailon
das Nylon

la seta
die Seide

lo stilista
der Modedesigner

la moda
die Mode

la chiusura lampo
der Reißverschluss

l'ambiente
die Umwelt

lo spazio • der Weltraum

il sistema solare | das Sonnensystem

la galassia
die Galaxie

la nebulosa
der Nebelfleck

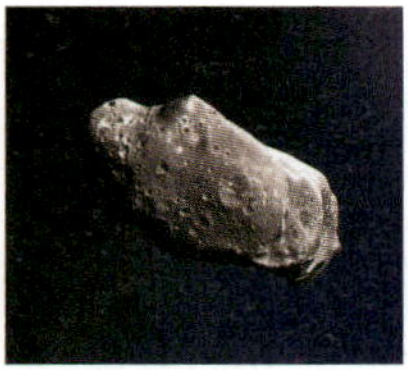

l'asteroide
der Asteroid

la cometa
der Komet

vocabolario • Vokabular

l'universo das Universum	**il pianeta** der Planet	**la luna piena** der Vollmond
l'orbita die Umlaufbahn	**la meteora** der Meteor	**la luna nuova** der Neumond
la gravità die Schwerkraft	**il buco nero** das schwarze Loch	**la mezzaluna** die Mondsichel

l'eclisse | die Finsternis

l'esplorazione dello spazio • die Raumforschung

lo shuttle
die Raumfähre

la tuta spaziale
der Raumanzug

il lanciarazzi
der Beschleuniger

il reattore
die Steuerrakete

il radar
der Radar

lo sportello dell'equipaggio
die Besatzungsluke

l'astronauta | der Astronaut

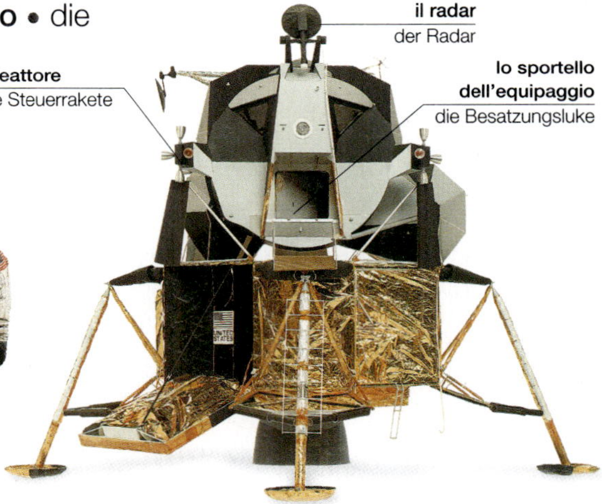

il modulo lunare | die Mondfähre

la rampa di lancio
die Abschussrampe

il lancio
der Abschuss

il satellite
der Satellit

la stazione spaziale
die Raumstation

l'astronomia • die Astronomie

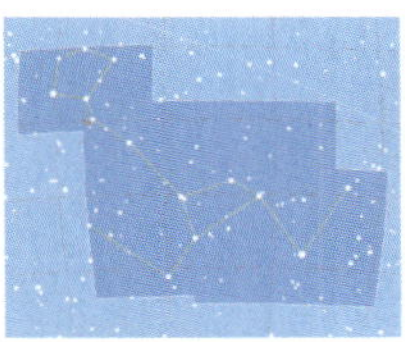

la costellazione
das Sternbild

il binocolo
das Fernglas

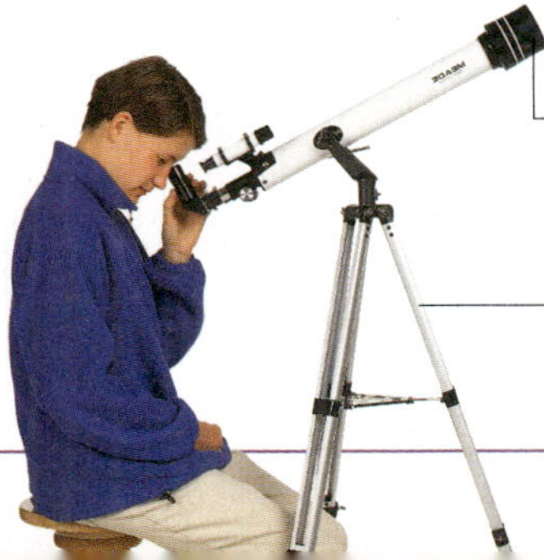

il telescopio
das Teleskop

il treppiede
das Stativ

la Terra • die Erde

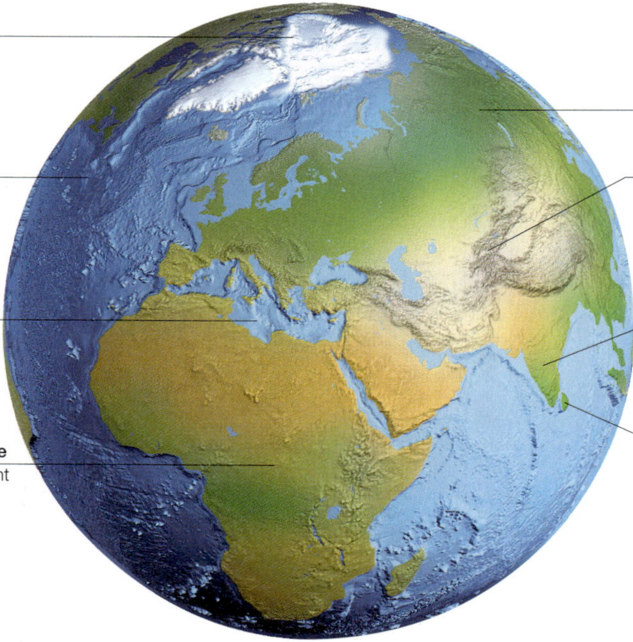

il pianeta | der Planet

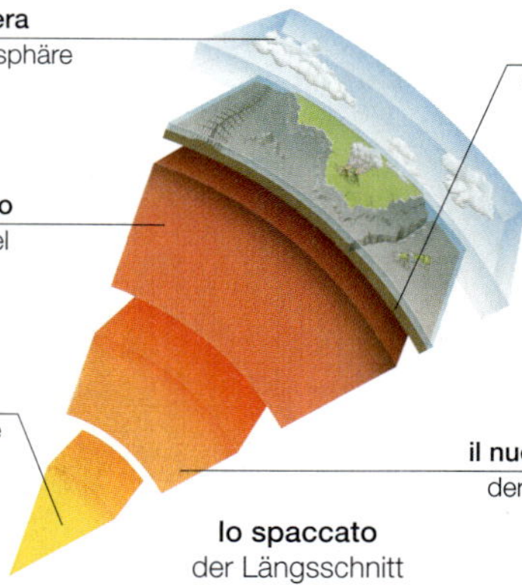

lo spaccato
der Längsschnitt

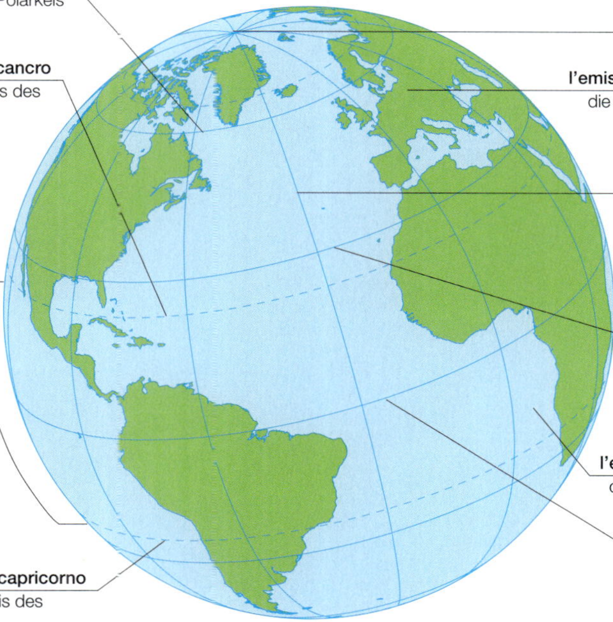

le zone | die Erdzonen

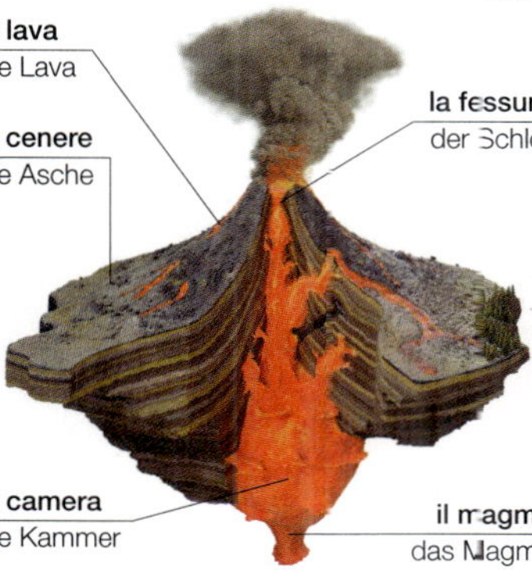

il vulcano | der Vulkan

il cratere | der Krater

vocabolario • Vokabular

il terremoto
das Erdbeben

la zolla
die Platte

eruttare
ausbrechen

il tremore
das Beben

il paesaggio • die Landschaft

la montagna
der Berg

la pendice
der Hang

la riva
das Ufer

il fiume
der Fluss

le rapide
die Strom-
schnellen

le rocce
die Felsen

il ghiacciaio
der Gletscher

la valle | das Tal

la collina
der Hügel

l'altipiano
das Plateau

la gola
die Schlucht

la caverna
die Höhle

la pianura | die Ebene

il deserto | die Wüste

la foresta | der Wald

il bosco | der Wald

la foresta pluviale
der Regenwald

la palude
der Sumpf

il pascolo
die Wiese

la prateria
das Grasland

la cascata
der Wasserfall

il torrente
der Bach

il lago
der See

il geyser
der Geysir

la costa
die Küste

la scogliera
die Klippe

la barriera corallina
das Korallenriff

l'estuario
die Flussmündung

il tempo • das Wetter

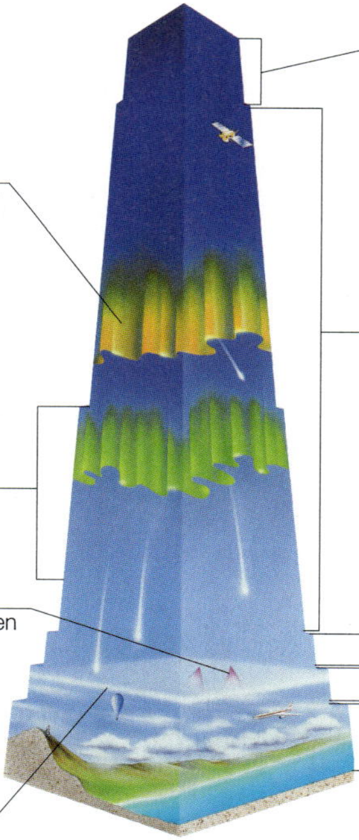

l'atmosfera | die Atmosphäre

la luce del sole
der Sonnenschein

il vento
der Wind

vocabolario • Vokabular

il nevischio der Schneeregen	**il rovescio** der Schauer	**caldo** heiß	**secco** trocken	**ventoso** windig
la grandine der Hagel	**soleggiato** sonnig	**freddo** kalt	**piovoso** nass	**la bufera** der Sturm
il tuono der Donner	**nuvoloso** bewölkt	**tiepido** warm	**umido** feucht	**la temperatura** die Temperatur

Ho caldo/ freddo.
Mir ist heiß/kalt.

Sta piovendo.
Es regnet.

Fa … gradi.
Es sind … Grad.

la nuvola
die Wolke

la pioggia
der Regen

la tempesta
das Gewitter

la foschia
der feine Nebel

la nebbia
der dichte Nebel

l'arcobaleno
der Regenbogen

la neve
der Schnee

il gelo
der Raureif

il ghiaccio
das Eis

la gelata
der Frost

l'uragano
der Hurrikan

il tornado
der Tornado

il monsone
der Monsun

l'inondazione
die Überschwemmung

le rocce • das Gestein

eruttivo • eruptiv

il granito
der Granit

l'ossidiana
der Obsidian

il basalto
der Basalt

la pomice
der Bimsstein

sedimentario • sedimentär

l'arenaria
der Sandstein

lil calcare
der Kalkstein

il gesso
die Kreide

la selce
der Feuerstein

il conglomerato
das Konglomerat

il carbone
die Kohle

metamorfico • metamorph

l'ardesia
der Schiefer

lo scisto
der Schiefer

lo gneiss
der Gneis

il marmo
der Marmor

le gemme • die Schmucksteine

i minerali • die Mineralien

il quarzo
der Quarz

la mica
der Glimmer

lo zolfo
der Schwefel

l'ematite
der Hämatit

la calcite
der Kalzit

la malachite
der Malachit

il turchese
der Türkis

l'onice
der Onyx

l'agate
der Achat

la grafite
der Graphit

i metalli • die Metalle

l'oro
das Gold

l'argento
das Silber

il platino
das Platin

il nichel
das Nickel

il ferro
das Eisen

il rame
das Kupfer

lo stagno
das Zinn

l'alluminio
das Aluminium

il mercurio
das Quecksilber

lo zinco
das Zink

gli animali 1 • die Tiere 1

i mammiferi • die Säugetiere

il coniglio
das Kaninchen

il criceto
der Hamster

il topo
die Maus

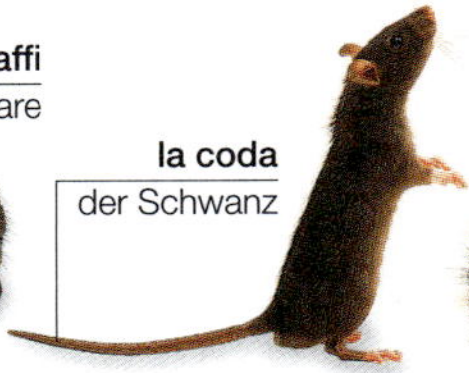

il ratto
die Ratte

il riccio
der Igel

lo scoiattolo
das Eichhörnchen

il pipistrello
die Fledermaus

il procione
der Waschbär

la volpe
der Fuchs

il lupo
der Wolf

il cane
der Hund

il gatto
die Katze

la lontra
der Otter

la foca
die Robbe

il leone marino
der Seelöwe

il tricheco
das Walross

la balena
der Wal

il delfino
der Delfin

il cervo
der Hirsch

la zebra
das Zebra

la giraffa
die Giraffe

il dromedario
das Dromedar

l'ippopotamo
das Nilpferd

l'elefante
der Elefant

il rinoceronte
das Nashorn

la tigre
der Tiger

il leone
der Löwe

la scimmia
der Affe

il gorilla
der Gorilla

il koala
der Koalabär

il canguro
das Känguru

l'orso
der Bär

l'orso polare
der Eisbär

il panda
der Pandabär

gli animali 2 • die Tiere 2

gli uccelli • die Vögel

il canarino
der Kanarienvogel

il passero
der Spatz

il colibrì
der Kolibri

la rondine
die Schwalbe

la cornacchia
die Krähe

il piccione
die Taube

il picchio
der Specht

il falco
der Falke

il gufo
die Eule

il gabbiano
die Möwe

l'aquila
der Adler

il pellicano
der Pelikan

il fenicottero
der Flamingo

la cicogna
der Storch

la gru
der Kranich

il pinguino
der Pinguin

lo struzzo
der Strauß

l'oca | die Gans

il cigno
der Schwan

il pavone
der Pfau

il fagiano
der Fasan

il tacchino
der Truthahn

la cacatoa
der Kakadu

il pappagallo
der Papagei

i rettili • die Reptilien

l'alligatore
der Alligator

la lucertola
die Eidechse

l'iguana
der Leguan

la testuggine
die Wasserschildkröte

la tartaruga
die Schildkröte

il serpente
die Schlange

il coccodrillo
das Krokodil

gli animali 3 • die Tiere 3

gli anfibi • die Amphibien

la rana
der Frosch

il rospo
die Kröte

il girino
die Kaulquappe

la salamandra
der Salamander

i pesci • die Fische

l'anguilla
der Aal

lo squalo
der Haifisch

il cavalluccio marino
das Seepferd

la razza
der Glattrochen

la razza
der Rochen

il pesce rosso
der Goldfisch

la pinna dorsale
die Rückenflosse

la branchia
die Kieme

il pesce spada
der Schwertfisch

la pinna pettorale
die Brustflosse

la coda
der Schwanz

la scaglia
die Schuppe

la carpa koi
der Koikarpfen

gli invertebrati • die Wirbellosen

la formica
die Ameise

la termite
die Termite

l'ape
die Biene

la vespa
die Wespe

il coleottero
der Käfer

lo scarafaggio
die Schabe

la falena
die Motte

la farfalla
der Schmetterling

il bozzolo | der Kokon

il bruco
die Raupe

il grillo
die Grille

la cavalletta
die Heuschrecke

la mantide religiosa
die Gottesanbeterin

lo scorpione
der Skorpion

il millepiedi
der Tausendfüßer

la libellula
die Libelle

la mosca
die Fliege

la zanzara
die Stechmücke

la coccinella
der Marienkäfer

il ragno
die Spinne

la lumaca
die Wegschnecke

la chiocciola
die Schnecke

il verme
der Wurm

la stella di mare
der Seestern

la cozza
die Muschel

il granchio
der Krebs

l'aragosta
die Languste

la piovra
der Seepolyp

il calamaro
der Tintenfisch

la medusa
die Qualle

le piante • die Pflanzen

l'albero • der Baum

la quercia
die Eiche

il salice
die Weide

il pioppo
die Pappel

l'eucalipto
der Eukalyptus

il larice
die Lärche

il faggio
die Buche

la betulla
die Birke

il pino
die Kiefer

il cedro
die Zeder

l'acero
der Ahorn

l'olmo
die Ulme

il tiglio
die Linde

l'agrifoglio
die Stechpalme

la palma
die Palme

la pianta da fiori • die blühende Pflanze

il ranuncolo
der Hahnenfuß

la pratolina
das Gänseblümchen

il cardo
die Distel

il dente di leone
der Löwenzahn

l'erica
das Heidekraut

il papavero
der Klatschmohn

la digitale
der Fingerhut

il caprifoglio
das Geißblatt

il girasole
die Sonnenblume

il trifoglio
der Klee

i giacinti di bosco
die Sternhyazinthen

la primula
die Schlüsselblume

i lupini
die Lupinen

l'ortica
die Nessel

la città • die Stadt

la strada
die Straße

il ciglio
die Bordkante

l'angolo della strada
die Straßenecke

il negozio
der Laden

l'incrocio
die Kreuzung

il senso unico
die Einbahnstraße

il marciapiede
der Bürgersteig

il complesso di uffici
das Bürogebäude

il caseggiato
der Wohnblock

il vicolo
die Gasse

il parcheggio
der Parkplatz

il segnale stradale
das Straßenschild

la colonnina
der Poller

il lampione
die Straßenlaterne

gli edifici • die Gebäude

il municipio
das Rathaus

la biblioteca
die Bibliothek

il cinema
das Kino

il teatro
das Theater

l'università
die Universität

la scuola
die Schule

il grattacielo
der Wolkenkratzer

le zone • die Wohngegend

la zona industriale
das Industriegebiet

la città
die Stadt

la periferia
der Vorort

il villaggio
das Dorf

vocabolario • Vokabular

la zona pedonale
die Fußgängerzone

il viale
die Allee

la via laterale
die Seitenstraße

la piazza
der Platz

il tombino
der Kanalschacht

la fermata dell'autobus
die Bushaltestelle

la cunetta
der Rinnstein

la fabbrica
die Fabrik

la chiesa
die Kirche

il canale di scolo
der Kanal

l'archittettura • die Architektur

edifici e strutture • die Gebäude und Strukturen

il grattacielo
der Wolkenkratzer

il castello
die Burg

la chiesa
die Kirche

la moschea
die Moschee

il tempio
der Tempel

la sinagoga
die Synagoge

la diga
der Staudamm

il ponte
die Brücke

la cattedrale | die Kathedrale

gli stili • die Baustile

gotico
gotisch

rinascimentale
Renaissance

barocco
barock

rococò
Rokoko

neoclassico
klassizistisch

l'art nouveau
der Jugendstil

art déco
Art-déco

i dati
die Information

l'ora • die Uhrzeit

la lancetta dei minuti
der Minutenzeiger

la lancetta delle ore
der Stundenzeiger

l'orologio
die Uhr

vocabolario • vokabular

il secondo die Sekunde	**adesso** jetzt	**un quarto d'ora** eine Viertelstunde
il minuto die Minute	**più tardi** später	**venti minuti** zwanzig Minuten
l'ora die Stunde	**una mezzora** eine halbe Stunde	**quaranta minuti** vierzig Minuten

Che ore sono?
Wie spät ist es?

Sono le tre.
Es ist drei Uhr.

l'una e cinque
fünf nach eins

l'una e dieci
zehn nach eins

l'una e un quarto
Viertel nach eins

l'una e venti
zwanzig nach eins

la lancetta dei secondi
der Sekundenzeiger

l'una e venticinque
fünf vor halb zwei

l'una e trenta
ein Uhr dreißig

le due meno venticinque
fünf nach halb zwei

le due meno venti
zwanzig vor zwei

le due meno un quarto
Viertel vor zwei

le due meno dieci
zehn vor zwei

le due meno cinque
fünf vor zwei

le due
zwei Uhr

la notte e il giorno • die Nacht und der Tag

la mezzanotte
die Mitternacht

il sorgere del sole
der Sonnenaufgang

l'alba
die Morgendämmerung

il mattino
der Morgen

il tramonto
der Sonnenuntergang

il mezzogiorno
der Mittag

crepuscolo
die Abenddämmerung

la sera
der Abend

il pomeriggio
der Nachmittag

vocabolario • Vokabular

presto
früh

in orario
pünktlich

tardi
spät

Sei in anticipo.
Du bist früh dran.

Sei in ritardo.
Du hast dich verspätet.

Arrivo subito.
Ich werde bald dort sein.

Per favore, vieni in orario.
Sei bitte pünklich.

A più tardi.
Bis später.

A che ora inizia?
Wann fängt es an?

A che ora finisce?
Wann ist es zu Ende?

Quanto durerà?
Wie lange dauert es?

Si sta facendo tardi.
Es ist schon spät.

il calendario • der Kalender

il mese
der Monat

l'anno
das Jahr

gennaio
Januar

2010

il giorno
der Tag

lunedì Montag	**martedì** Dienstag	**mercoledì** Mittwoch	**giovedì** Donnerstag	**venerdì** Freitag	**sabato** Samstag	**domenica** Sonntag
1	2	3	4	5	6	7
8	9	10	11	12	13	14
15	16	17	18	19	20	21

il giorno feriale
der Werktag

la settimana
die Woche

la data
das Datum

ieri
gestern

oggi
heute

domani
morgen

il fine settimana
das Wochenende

vocabolario • Vokabular

gennaio Januar	**marzo** März	**maggio** Mai	**luglio** Juli	**settembre** September	**novembre** November
febbraio Februar	**aprile** April	**giugno** Juni	**agosto** August	**ottobre** Oktober	**dicembre** Dezember

gli anni • die Jahre

1900 **millenovecento** • neunzehnhundert

1901 **millenovecentouno** • neunzehnhunderteins

1910 **millenovecentodieci** • neunzehnhundertzehn

2000 **duemila** • zweitausend

2001 **duemilauno** • zweitausendeins

le stagioni • die Jahreszeiten

la primavera
der Frühling

l'estate
der Sommer

l'autunno
der Herbst

l'inverno
der Winter

vocabolario • Vokabular

il secolo
das Jahrhundert

la decade
das Jahrzehnt

il millennio
das Jahrtausend

quindici giorni
vierzehn Tage

questa settimana
diese Woche

la settimana scorsa
letzte Woche

la settimana prossima
nächste Woche

l'altroieri
vorgestern

il dopodomani
übermorgen

settimanale
wöchentlich

mensile
monatlich

annuo
jährlich

Oggi che giorno è?
Welches Datum haben wir heute?

È il sette febbraio, duemiladue.
Heute ist der siebte Februar zweitausend-zwei.

i numeri • die Zahlen

0 **zero** • null

1 **uno** • eins

2 **due** • zwei

3 **tre** • drei

4 **quattro** • vier

5 **cinque** • fünf

6 **sei** • sechs

7 **sette** • sieben

8 **otto** • acht

9 **nove** • neun

10 **dieci** • zehn

11 **undici** • elf

12 **dodici** • zwölf

13 **tredici** • dreizehn

14 **quattordici** • vierzehn

15 **quindici** • fünfzehn

16 **sedici** • sechzehn

17 **diciassette** • siebzehn

18 **diciotto** • achtzehn

19 **diciannove** • neunzehn

20 **venti** • zwanzig

21 **ventuno** • einundzwanzig

22 **ventidue** • zweiundzwanzig

30 **trenta** • dreißig

40 **quaranta** • vierzig

50 **cinquanta** • fünfzig

60 **sessanta** • sechzig

70 **settanta** • siebzig

80 **ottanta** • achtzig

90 **novanta** • neunzig

100 **cento** • hundert

110 **centodieci** • hundertzehn

200 **duecento** • zweihundert

300 **trecento** • dreihundert

400 **quattrocento** • vierhundert

500 **cinquecento** • fünfhundert

600 **seicento** • sechshundert

700 **settecento** • siebenhundert

800 **ottocento** • achthundert

900 **novecento** • neunhundert

1000	**mille** • tausend
10,000	**diecimila** • zehntausend
20,000	**ventimila** • zwanzigtausend
50,000	**cinquantamila** • fünfzigtausend
55,500	**cinquantacinquemilacinquecento** • fünfundfünfzigtausendfünfhundert
100,000	**centomila** • hunderttausend
1,000,000	**un milione** • eine Million
1,000,000,000	**un miliardo** • eine Milliarde

quarto • vierter

quinto • fünfter

sesto • sechster

settimo • siebter

ottavo • achter

nono • neunter

decimo • zehnter

undicesimo • elfter

dodicesimo • zwölfter

tredicesimo • dreizehnter

quattordicesimo • vierzehnter

quindicesimo • fünfzehnter

sedicesimo • sechzehnter

diciassettesimo • siebzehnter

diciottesimo • achtzehnter

diciannovesimo • neunzehnter

ventesimo • zwanzigster

ventunesimo • einundzwanzigster

ventiduesimo • zweiundzwanzigster

ventitreesimo • dreiundzwanzigster

trentesimo • dreißigster

quarantesimo • vierzigster

cinquantesimo • fünfzigster

sessantesimo • sechzigster

settantesimo • siebzigster

ottantesimo • achtzigster

novantesimo • neunzigster

centesimo • hundertster

i pesi e le misure • die Gewichte und Maße

la superficie • die Fläche

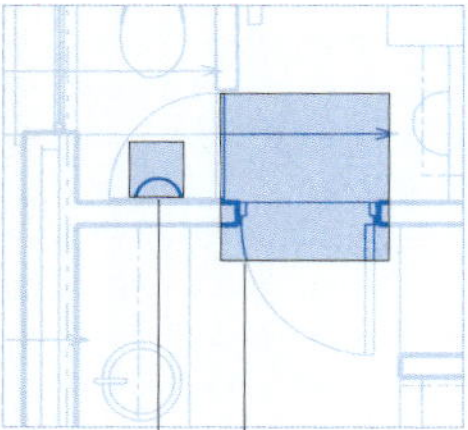

la distanza • die Entfernung

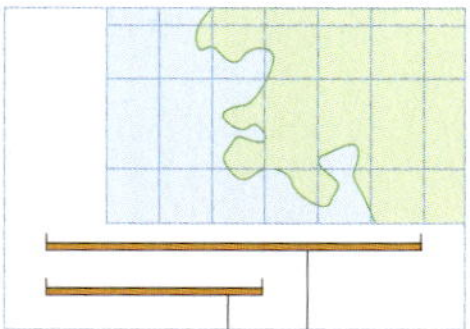

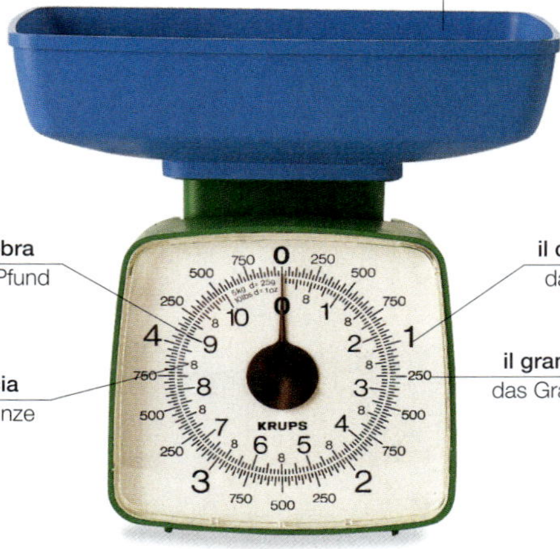

la bilancia | die Waage

vocabolario • Vokabular

la iarda
das Yard

il metro
der Meter

la tonnellata
die Tonne

il milligrammo
das Milligramm

misurare
messen

pesare
wiegen

la lunghezza • die Länge

la capacità • das Fassungsvermögen

il mezzo litro
der halbe Liter

la pinta
das Pint

il volume
das Volumen

il millilitro
der Milliliter

la brocca graduata
der Messbecher

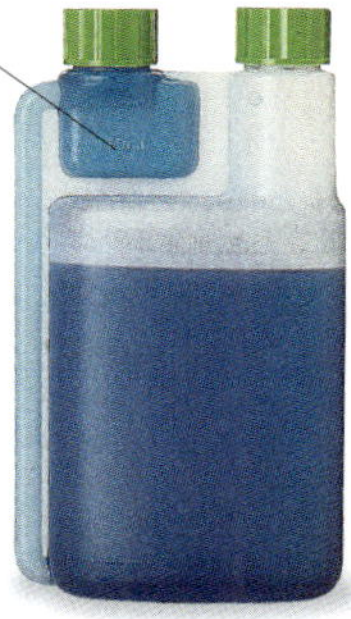

la misura di liquido
das Flüssigkeitsmaß

vocabolario • Vokabular

il gallone
die Gallone

il quarto di gallone
das Quart

il litro
der Liter

il contenitore • der Behälter

il cartone
die Tüte

il pacchetto
das Päckchen

il bottiglia
die Flasche

il sacchetto
der Beutel

la vaschetta | die Dose

il barattolo | das Glas

la scatoletta | die Dose

il nebulizzatore
der Sprühbehälter

la saponetta
das Stück

il tubetto
die Tube

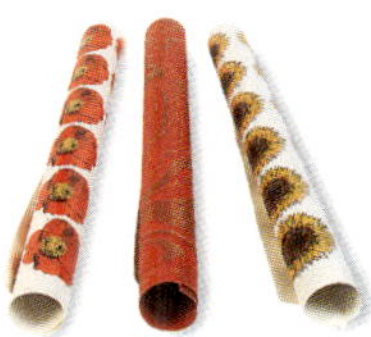

il rotolo
die Rolle

il pacchetto
das Päckchen

la bomboletta spray
die Sprühdose

il mappamondo • die Weltkarte

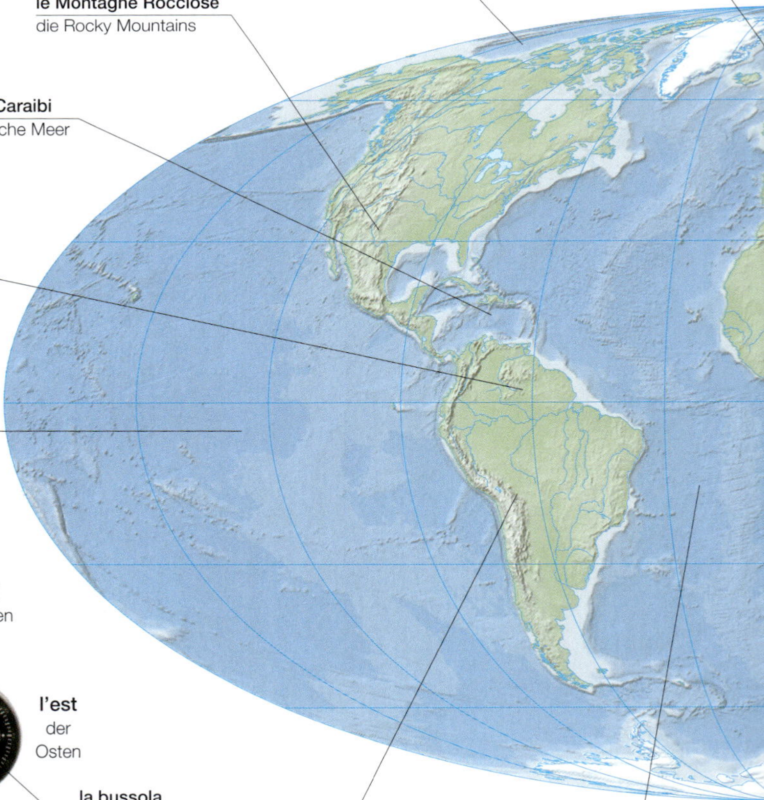

il Mare del Nord
die Nordsee

l'Oceano Artico
das Nordpolarmeer

le Montagne Rocciose
die Rocky Mountains

il Mar dei Caraibi
das Karibische Meer

l'Amazzonia
Amazonien

l'Oceano Pacifico
der Pazifische Ozean

le Ande
die Anden

l'Oceano Atlantico
der Atlantische Ozean

il nord
der Norden

l'ovest
der Westen

l'est
der Osten

la bussola
der Kompass

il sud
der Süden

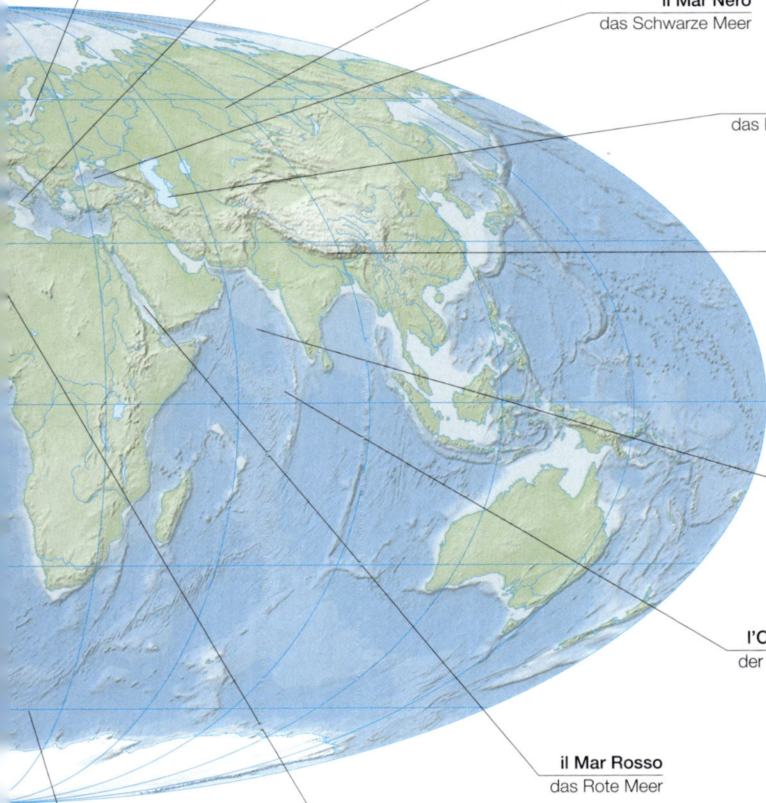
il Mar Baltico
die Ostsee
il Mar Mediterraneo
das Mittelmeer
la Siberia
Sibirien
il Mar Nero
das Schwarze Meer
il Mar Caspio
das Kaspische Meer
l'Himalaia
der Himalaja
il Mare Arabico
das Arabische Meer
l'Oceano Indiano
der Indische Ozean
il Mar Rosso
das Rote Meer
il Sahara
die Sahara
l'Oceano Antartico
das Südpolarmeer

l'America del Nord e Centrale • Nord- und Mittelamerika

le Hawaii
Hawaii

1 **l'Alaska** • Alaska

2 **il Canada** • Kanada

3 **la Groenlandia** • Grönland

4 **gli Stati Uniti d'America** • die Vereinigten Staten

5 **il Messico** • Mexiko

6 **il Guatemala** • Guatemala

7 **il Belize** • Belize

8 **l'El Salvador** • El Salvador

9 **l'Honduras** • Honduras

10 **il Nicaragua** • Nicaragua

11 **il Costa Rica** • Costa Rica

12 **il Panama** • Panama

13 **Cuba** • Kuba

14 **le Bahamas** • die Bahamas

15 **la Giamaica** • Jamaika

16 **Haiti** • Haiti

17 **la Repubblica Dominicana** • die Dominikanische Republik

18 **Puerto Rico** • Puerto Rico

19 **Barbados** • Barbados

20 **Trinidad e Tobago** • Trinidad und Tobago

21 **Saint Kitts-Nevis** • Saint Kitts und Nevis

22 **Antigua e Barbuda** • Antigua und Barbuda

23 **Dominica** • Dominica

24 **Saint Lucia** • Saint Lucia

25 **Saint Vincent e Grenadine** • Saint Vincent und die Grenadinen

26 **Grenada** • Grenada

l’America del Sud • Südamerika

1 **il Venezuela** • Venezuela
2 **la Colombia** • Kolumbien
3 **l’Ecuador** • Ecuador
4 **il Perù** • Peru
5 **le Isole Galapagos** • die Galapagos-Inseln
6 **la Guyana** • Guyana
7 **il Suriname** • Suriname
8 **la Guyana Francese** • Französisch-Guayana
9 **il Brasile** • Brasilien
10 **la Bolivia** • Bolivien
11 **il Cile** • Chile
12 **l’Argentina** • Argentinien
13 **il Paraguay** • Paraguay
14 **l’Uruguay** • Uruguay
15 **le isole Falkland** • die Falkland-Inseln

vocabolario • Vokabular

il continente der Kontinent	**la provincia** die Provinz	**il distretto** der Bezirk
il paese das Land	**la colonia** die Kolonie	**la zona** die Zone
la nazione die Nation	**il territorio** das Territorium	**la regione** die Region
lo stato der Staat	**il principato** das Fürstentum	**la capitale** die Hauptstadt

l'Europa • Europa

1 **l'Irlanda** • Irland
2 **il Regno Unito** • Großbritannien
3 **il Portogallo** • Portugal
4 **la Spagna** • Spanien
5 **le Isole Baleari** • die Balearen
6 **Andorra** • Andorra
7 **la Francia** • Frankreich
8 **il Belgio** • Belgien
9 **i Paesi Bassi** • die Niederlande
10 **il Lussemburgo** • Luxemburg
11 **la Germania** • Deutschland
12 **la Danimarca** • Dänemark
13 **la Norvegia** • Norwegen
14 **la Svezia** • Schweden
15 **la Finlandia** • Finnland
16 **l'Estonia** • Estland
17 **la Lettonia** • Lettland
18 **la Lituania** • Litauen
19 **Kaliningrad** • Kaliningrad
20 **la Polonia** • Polen
21 **la Repubblica Ceca** • die Tschechische Republik
22 **l'Austria** • Österreich
23 **il Liechtenstein** • Liechtenstein
24 **la Svizzera** • die Schweiz
25 **l'Italia** • Italien
26 **Monaco** • Monaco
27 **la Corsica** • Korsika
28 **la Sardegna** • Sardinien
29 **San Marino** • San Marino
30 **la Città del Vaticano** • die Vatikanstadt
31 **la Sicilia** • Sizilien
32 **Malta** • Malta
33 **la Slovenia** • Slowenien
34 **la Croazia** • Kroatien
35 **l'Ungheria** • Ungarn
36 **la Slovacchia** • die Slowakei
37 **l'Ucraina** • die Ukraine
38 **la Bielorussia** • Weißrussland
39 **la Moldavia** • Moldawien
40 **la Romania** • Rumänien
41 **la Serbia ed Montenegro** • Serbien und Montenegro
42 **la Bosnia ed Erzegovina** • Bosnien und Herzegowina
43 **l'Albania** • Albanien
44 **la Macedonia** • Mazedonien
45 **la Bulgaria** • Bulgarien
46 **la Grecia** • Griechenland
47 **la Turchia** • die Türkei
48 **Cipro** • Zypern

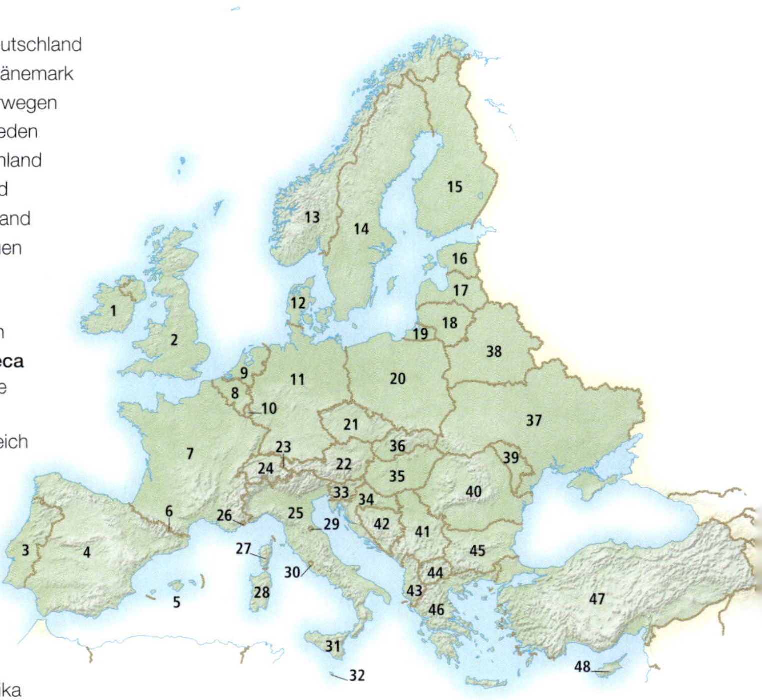

l'Africa • Afrika

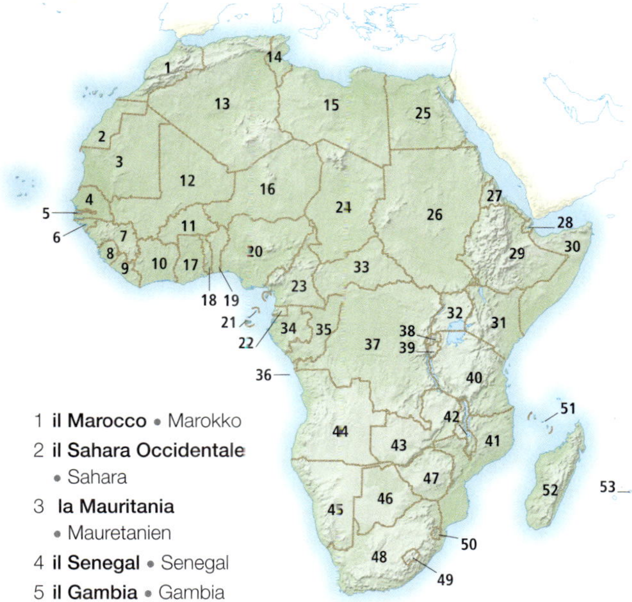

1 **il Marocco** • Marokko

2 **il Sahara Occidentale** • Sahara

3 **la Mauritania** • Mauretanien

4 **il Senegal** • Senegal

5 **il Gambia** • Gambia

6 **la Guinea-Bissau** • Guinea-Bissau

7 **la Guinea** • Guinea

8 **Sierra Leone** • Sierra Leone

9 **la Liberia** • Liberia

10 **la Costa d'Avorio** • Elfenbeinküste

11 **il Burkina Faso** • Burkina Faso

12 **il Mali** • Mali

13 **l'Algeria** • Algerien

14 **la Tunisia** • Tunesien

15 **la Libia** • Libyen

16 **il Niger** • Niger

17 **il Ghana** • Ghana

18 **il Togo** • Togo

19 **il Benin** • Benin

20 **la Nigeria** • Nigeria

21 **São Tomé e Príncipe** • São Tomé und Príncipe

22 **la Guinea Equatoriale** • Äquatorial-Guinea

23 **il Camerun** • Kamerun

24 **il Ciad** • Tschad

25 **l'Egitto** • Ägypten

26 **il Sudan** • der Sudan

27 **l'Eritrea** • Eritrea

28 **Gibuti** • Dschibuti

29 **l'Etiopia** • Äthiopien

30 **la Somalia** • Somalia

31 **il Kenya** • Kenia

32 **l'Uganda** • Uganda

33 **la Repubblica Centrafricana** • die Zentralafrikanische Republik

34 **il Gabon** • Gabun

35 **il Congo** • Kongo

36 **Cabinda** • Kabinda

37 **la Repubblica Democratica del Congo** • die Demokratische Republik Kongo

38 **il Ruanda** • Ruanda

39 **il Burundi** • Burundi

40 **la Tanzania** • Tansania

41 **il Mozambico** • Mosambik

42 **il Malawi** • Malawi

43 **lo Zambia** • Sambia

44 **l'Angola** • Angola

45 **la Namibia** • Namibia

46 **il Botswana** • Botsuana

47 **lo Zimbabwe** • Simbabwe

48 **il Sud Africa** • Südafrika

49 **il Lesotho** • Lesotho

50 **lo Swaziland** • Swasiland

51 **le Comore** • die Komoren

52 **il Madagascar** • Madagaskar

53 **la Mauritania** • Mauritius

l'Asia • Asien

1 **la Federazione Russa** • die Russische Föderation
2 **la Georgia** • Georgien
3 **l'Armenia** • Armenien
4 **l'Azerbaigian** • Aserbaidschan
5 **l'Iran** • der Iran
6 **l'Iraq** • der Irak
7 **la Siria** • Syrien
8 **il Libano** • der Libanon
9 **l'Israele** • Israel
10 **la Giordania** • Jordanien
11 **l'Arabia Saudita** • Saudi-Arabien
12 **il Kuwait** • Kuwait
13 **il Qatar** • Katar
14 **gli Emirati Arabi Uniti** • Vereinigte Arabische Emirate
15 **l'Oman** • Oman
16 **lo Yemen** • der Jemen
17 **il Kazakistan** • Kasachstan
18 **l'Uzbekistan** • Usbekistan
19 **il Turkmenistan** • Turkmenistan
20 **l'Afghanistan** • Afghanistan
21 **il Tagikistan** • Tadschikistan
22 **il Kirghizistan** • Kirgisistan
23 **il Pakistan** • Pakistan
24 **l'India** • Indien
25 **le Maldive** • die Malediven
26 **lo Sri Lanka** • Sri Lanka
27 **la Cina** • China
28 **la Mongolia** • die Mongolei
29 **la Corea del Nord** • Nordkorea
30 **la Corea del Sud** • Südkorea
31 **il Giappone** • Japan
32 **il Nepal** • Nepal
33 **il Bhutan** • Bhutan
34 **il Bangladesh** • Bangladesch
35 **la Birmania (il Myanmar)** • Birma (Myanmar)
36 **la Tailandia** • Thailand
37 **il Laos** • Laos
38 **il Vietnam** • Vietnam
39 **la Cambogia** • Kambodscha
40 **la Malaysia** • Malaysia
41 **Singapore** • Singapur

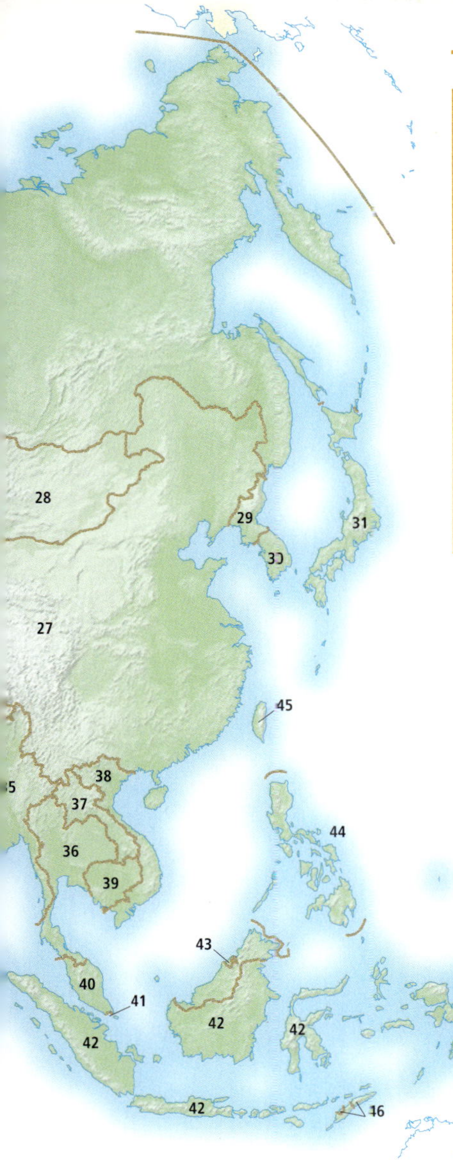

l'Oceania • Australien und Ozeanien

1 **l'Australia** • Australien
2 **la Tasmania** • Tasmanien
3 **la Nuova Zelanda** • Neuseeland

42 **l'Indonesia** • Indonesien
43 **Brunei** • Brunei
44 **le Filippine** • die Philippinen
45 **Taiwan** • Taiwan
46 **Timor Est** • Ost-Timor
47 **la Papua Nuova Guinea** • Papua-Neuguinea
48 **le Isole Salomone** • die Salomonen
49 **Vanuatu** • Vanuatu
50 **Figi** • Fidschi

particelle e antonimi • Partikeln und Antonyme

a zu, nach	**da** von, aus
sopra über	**sotto** unter
davanti vor	**dietro** hinter
sopra auf	**dentro** in
dentro in	**fuori** aus
all'interno innerhalb	**all'esterno** außerhalb
su hinauf	**giù** hinunter
a an, bei	**oltre** jenseits
attraverso durch	**attorno** um
in cima auf	**accanto** neben
tra zwischen	**di fronte** gegenüber
vicino nahe	**lontano** weit
qui hier	**là** dort
per für	**verso** zu

lungo entlang	**attraverso** über
con mit	**senza** ohne
prima vor	**dopo** nach
entro bis	**fino** bis
di buon'ora früh	**più tardi** spät
adesso jetzt	**in retardo** später
sempre immer	**mai** nie
sovente oft	**raramente** selten
ieri gestern	**domani** morgen
primo erste	**ultimo** letzte
tutti alle	**alcuni** einige
circa gegen	**esattamente** genau
leggermente etwas	**molto** sehr
un poco ein wenig	**molto** viel

grande
groß

piccolo
klein

largo
breit

stretto
schmal

lungo
lang

corto
kurz

alto
hoch

basso
niedrig

grosso
dick

sottile
dünn

leggero
leicht

pesante
schwer

duro
hart

morbido
weich

bagnato
nass

asciutto
trocken

buono
gut

cattivo
schlecht

veloce
schnell

lento
langsam

vero
richtig

sbagliato
falsch

pulito
sauber

sporco
schmutzig

bellissimo
schön

brutto
hässlich

caro
teuer

a buon prezzo
billig

silenzioso
leise

rumoroso
laut

caldo
heiß

freddo
kalt

aperto
offen

chiuso
geschlossen

pieno
voll

vuoto
leer

nuovo
neu

vecchio
alt

chiaro
hell

scuro
dunkel

facile
leicht

difficile
schwer

libero
frei

occupato
besetzt

forte
stark

debole
schwach

grasso
dick

magro
dünn

giovane
jung

vecchio
alt

migliore
besser

peggiore
schlechter

nero
schwarz

bianco
weiß

interessante
interessant

noioso
langweilig

malato
krank

bene
wohl

l'inizio
der Anfang

la fine
das Ende

frasi utili • praktische Redewendungen

frasi essenziali • wesentliche Redewendungen

Sì
Ja

No
Nein

Forse
Vielleicht

Per favore
Bitte

Grazie
Danke

Prego
Bitte sehr

Permesso
Entschuldigung

Mi dispiace
Es tut mir Leid

No
Nicht

D'accordo
Okay

Vabbene
In Ordnung

È giusto
Das ist richtig

È sbagliato
Das ist falsch

saluti • Begrüßungen

Buongiorno
Guten Tag

Arrivederci
Auf Wiedersehen

Buongiorno
Guten Morgen

Buon pomeriggio
Guten Tag

Buona sera
Guten Abend

Buona notte
Gute Nacht

Come sta?
Wie geht es Ihnen?

Mi chiamo…
Ich heiße…

Come si chiama?
Wie heißen Sie?

Come si chiama lui/lei?
Wie heißt er/sie?

Le presento…
Darf ich… vorstellen

Questo è…
Das ist…

Piacere di conoscerla
Angenehm

A più tardi
Bis später

insegne • Schilder

Ufficio informazioni turistiche
Touristen-Information

Entrata
Eingang

Uscita
Ausgang

Uscita di emergenza
Notausgang

Spingere
Drücken

Pericolo
Lebensgefahr

Vietato fumare
Rauchen verboten

Guasto
Außer Betrieb

Orario di apertura
Öffnungszeiten

Ingresso libero
Eintritt frei

Prezzo scontato
Sonderangebot

Ridotto
Reduziert

Saldi
Ausverkauf

Bussare prima di entrare
Bitte anklopfen

Non calpestare l'erba
Betreten des Rasens verboten

aiuto • Hilfe

Mi può aiutare?
Können Sie mir helfen?

Non capisco
Ich verstehe nicht

Non lo so
Ich weiß nicht

Parla italiano, tedesco…?
Sprechen Sie Italienisch, Deutsch…?

Parlo inglese, francese…
Ich spreche Englisch, Französisch…

Parli più lentamente
Sprechen Sie bitte langsamer

Me lo scriva, per favore
Schreiben Sie es bitte für mich auf

Ho perso…
Ich habe… verloren

Indicazioni • Richtungsangaben

Mi sono perso/a
Ich habe mich verlaufen

Dov'è il/la...?
Wo ist der/die/das...?

Dov'è il/la ... più vicino/a?
Wo ist der/die/das nächste...?

Dov'è il bagno?
Wo sind die Toiletten?

Come si arriva a...?
Wie komme ich nach...?

A destra
Nach rechts

A sinistra
Nach links

Sempre dritto
Geradeaus

Quant'è lontano...?
Wie weit ist...?

i cartelli stradali • die Verkehrsschilder

Rallentare
Langsam fahren

Attenzione
Achtung

Ingresso vietato
Keine Zufahrt

Deviazione
Umleitung

Giri a destra
Rechts fahren

Autostrada
Autobahn

Sosta vietata
Parkverbot

Divieto di transito
keine Durchfahrt

Senso unico
Einbahnstraße

Dare la precedenza
Vorfahrt gewähren

Escluso residenti
Anlieger frei

Lavori in corso
Baustelle

Incrocio pericoloso
Gefährliche Kurve

alloggio • Unterkunft

Ho prenotato una camera
Ich habe ein Zimmer reserviert

A che ora è la colazione?
Wann gibt es Frühstück?

Dov'è la sala da pranzo?
Wo ist der Speisesaal?

Il mio numero di stanza è ...
Meine Zimmernummer ist ...

Tornerò alle ...
Ich bin um ... Uhr wieder da

Parto domani
Ich reise morgen ab

cibo e bevande • Essen und Trinken

Salute!
Zum Wohl!

È buonissimo/ disgustoso
Es ist köstlich/ scheußlich

Non bevo/fumo
Ich trinke/rauche nicht

Non mangio la carne
Ich esse kein Fleisch

Per me basta, grazie
Nichts mehr, danke

Posso prenderne ancora?
Könnte ich noch etwas mehr haben?

Il conto, per favore
Wir möchten bitte zahlen

Mi dà una ricevuta?
Ich hätte gerne eine Quittung

Area riservata ai non fumatori
Nichtraucherbereich

la salute • die Gesundheit

Non mi sento bene
Ich fühle mich nicht wohl

Ho la nausea
Mir ist schlecht

Dove posso trovare un medico?
Wo finde ich einen Artz?

Starà bene?
Wird er/sie sich wieder erholen?

Mi fa male qui
Es tut hier weh

Ho la febbre
Ich habe Fieber

Sono incinta di ... mesi
Ich bin im ... Monat schwanger

Avrei bisogno di una ricetta per ...
Ich brauche ein Rezept für ...

Generalmente prendo ...
Ich nehme normalerweise ...

Sono allergico a ...
Ich bin allergisch gegen ...

indice italiano • italienisches Register

A

a 320
a chiccho corto 130
a chicchoo lungo 130
a due porte 200
a folglie caduche 86
a la carte 152
a quattro porte 200
a schiera 58
a tre porte 200
a zero 230
abbaino *m* 58
abbigliamento *m* 205
abbigliamento da donna *m* 105, 34
abbigliamento da uomo *m* 105, 32
abboccare 245
abbronzatura *f* 41
abiti da bambino *m* 30
abito *m* 32
abito da sera *m* 34
abito da sposa *m* 35
aborto spontaneo *m* 52
abramide *f* 120
acacia *f* 110
accademia di danza *f* 169
accanto 320
accappatoio *m* 31, 32, 73
acceleratore *m* 200, 204
accendere la televisione 269
accendifuoco *m* 266
accendino *m* 112
accensione *f* 200
accesso per sedie a rotelle *m* 197
accessori *m* 36, 38
accessori per la pulizia *m* 77
acchiappare 227, 229
acciaio inossidabile *m* 79
acconciatura corta *m* 39
acconciature *f* 39
accordo di affari *m* 175
account di posta elettronica *m* 177
accusa *m* 94
accusato *m* 180
acerbo 129
acero *m* 296
aceto *m* 135, 142
aceto balsamico *m* 135
aceto di malto *m* 135
aceto di sidro *m* 135
aceto di vino *m* 135
acetone *m* 41
acetosa *f* 123
acqua *f* 144, 238
acqua dal rubinetto *f* 144
acqua di colonia *f* 41
acqua in bottiglia *f* 144
acqua liscia *f* 144
acqua minerale *m* 144
acqua tonica *f* 144
acquaio *m* 61
acquamarina *f* 288
acquaragia *f* 83
acquarello *m* 274
acquascooter *m* 241
acquisti *m* 104
addebito diretto *m* 96
addetta alla ricezione *f* 100, 190
addetto alle pulizie *m* 188
addome *m* 12
addominali *m* 16
addormentarsi 71
adesso 304
adolescente *m* 23
adulto *m* 23
aerare 91
aereo biposto *m* 211
aereo da caccia *m* 211
aereo da diporto *m* 211
aereo di linea *m* 210, 212
aereo privato *m* 211
aereo supersonico *m* 211
aeroplano *m* 210
aeroporto *m* 212
affamato 64
affari *m* 175
affettare 67
affettatrice *f* 139
affilacoltelli *m* 68, 118
affilatore *m* 81
affittare 58
affitto *m* 58
affogare 67
affogato 159
affrancatura *f* 98
affumicato 118, 121, 143, 159
Afghanistan 318
Africa 317
agate *m* 289
agenda *f* 173, 175
agente di viaggio *m* 190
agente immobiliare *f* 189
agenzia di viaggi *f* 114
agenzia immobiliare *f* 115
aggressione *f* 94
aggrottare la fronte 25
aglio *m* 125, 132
agnello *m* 118, 185
ago *m* 109, 276
agopressione *f* 55
agopuntura *f* 55
agosto 306
agricoltore *m* 182, 189
agrifoglio *m* 296
agrumi *m* 126
aikido *m* 236
airbag *m* 201
aiuola *f* 85, 90
aiuto cuoco *m* 152
al ginocchio 34
al sugo 159
al vapore 159
ala *f* 119, 210, 293
alambicco *m* 166
Alaska 314
alba *f* 305
Albania 316
albergo *m* 100, 264
albero *m* 86, 240, 296
albero di trasmissione *m* 202
albicocca *f* 126
album fotografico *m* 271
alchechengi *m* 128
alesatore *m* 80
aletta *f* 210
alettone *m* 210
alfalfa *m* 184
alfiere *m* 272
Algeria 317
aliante *m* 211, 248
aliscafo *m* 215
all'esterno 320
all'interno 320
alla caviglia 34
alla griglia 159
allacciato dietro il collo 35
allarme antifumo *m* 95
allarme antifurto *m* 58
allarme antincendio *m* 95
allattamento *m* 53
allattamento al seno *m* 53
allegato *m* 177
allenamento *m* 237
allenamento a circuito *m* 251
allenamento con i pesi *m* 251
allenarsi 251
allenatore *m* 54
allergia *f* 44
allergia da fieno *f* 44
allevamento di maiali *m* 183
allevamento di pecore *m* 183
allevamento di polli *m* 183
alligatore *m* 293
allisciare 39
allo sciroppo 159
alloro *m* 133
alluce *m* 15
alluminio *m* 289
alpinismo in parete *m* 248
altalena *f* 263
alternatore *m* 203
altezza *f* 165
altipiano *m* 284
alto 98, 321
altoparlante *m* 176, 258, 268
altre imbarcazioni *f* 215
altri lavori artigianali 275
altri negozi *m* 114
altri sport *m* 248
altroieri *m* 307
alunno *m* 162
alzarsi 71
alzarsi a sedere 251
alzate con il manubrio *f* 251
amaca *f* 266
amaro 124, 127
Amazzonia *f* 312
ambiente *m* 280
ambulanza *f* 94
ambulatorio *m* 45, 168
America Centrale 314
America del Nord 314
America del Sud 315
ametista *f* 288
amico *m* 24
amico di penna *m* 24
amministratore delegato *m* 175
ammorbidente *m* 76
ammortizzatore *m* 205
amniocentesi *f* 52
amo *m* 244
ampere *m* 60
amplificatore *m* 268
anacardi *m* 151
anacardio *m* 129
analisi *f* 49
analisi del sangue *f* 48
ananas *m* 128
anatra *f* 119, 185
anatroccolo *m* 185
ancora *f* 214, 240
andare a letto 71
andare in bici 207
andare in pensione 26
Ande *f* 312
Andorra 316
anelli *m* 89, 235
anello *m* 36, 226
anestetista *m* 48
aneto *m* 133
anfibi *m* 294
Angola 317
angolo *m* 164, 223
angolo della strada *m* 298
anguilla *f* 294
anguria *f* 127
anice stellato *m* 133
animale *m* 292
animali *m* 292, 294
animazione *f* 255
annaffiare 90
annaffiatoio *m* 89
annaffiatura *f* 89
annegare 239
annesso *m* 58
anniversario *m* 26
anno *m* 306
annoiato 25
annotazione *f* 256
annuale 86
annunciatore *m* 191
annunciatrice *f* 179
annuo 307
antenna *f* 295
antenna della radio *f* 214
antenna parabolica *f* 269
antiaderente 69
antidolorifici *m* 47
antidolorifico *m* 109
antigelo *m* 199, 203
Antigua e Barbuda 314
antinfiammatorio *m* 109
antipasto *m* 153
antirughe 41
anulare *m* 15
ape *f* 295
aperitivo *m* 153
aperto 260, 321
apice *m* 165
apoplessia *f* 44
apparecchiare 64
apparecchiature da ufficio *f* 172
apparecchio a raggi x *m* 212
apparecchio correttore *m* 50
appartamento *m* 59, 298
appellativi *m* 23
appendice *f* 18
applaudire 255
applicazione *f* 176
applique *f* 62
approdare 217
appuntamento *m* 45, 175
appunti *m* 175, 191
apribottiglie *m* 68, 150
aprile 306
apriscatole *m* 68
aquila *f* 292
Arabia Saudita 318
arachide *f* 129
aragosta *f* 121, 295
aranciata *f* 144
arancino cinese *m* 126

arancio *m* 126
arancione 274
arare 183
aratro *m* 182
arbitro *m* 222, 225, 226, 229, 230
architettare 91
architetto *m* 190
architettura *f* 300
architrave *m* 186, 301
arco *m* 85, 164, 249, 301
arco plantare *m* 15
arcobaleno *m* 287
ardesia *f* 288
area della porta *f* 221, 223
area di attacco *f* 224
area di difesa *f* 224
area di rigore *f* 223
area di stazionamento *f* 199, 212
area neutrale *f* 224
arena *f* 243
arenaria *f* 288
Argentina 315
argento *m* 289
argento *f* 235
argilla *f* 85, 275
aria condizionata *f* 200
aringhe affumicate *f* 157
aritmetica *f* 165
armadietti *m* 239
armadietto dei medicinali *m* 72
armadio *m* 70
armadio a muro *m* 71
Armenia 318
aromaterapia *f* 55
arpa *f* 256
arrabbiato 25
arrampicata su ghiaccio *f* 247
arrangiamenti *m* 111
arredamento per casa *m* 105
arresto *m* 94
arricciacapelli *m* 38
arringa *f* 180
arrivederci 322
arrivi *m* 213
arrostire 67
arrostito 129
arrosto *m* 158
art déco 301
art nouveau 301
arte *f* 162
arte e artigianato 274
arte topiaria *f* 87
arteria *f* 19
arti marziali *f* 237
articolazione *f* 17
articoli da cucina *m* 105
articoli da toeletta *m* 41
articoli di cancelleria *m* 173
articoli elettronici *m* 105
articoli sportivi *m* 105
artigianato *m* 276
artiglio *m* 291
artista *f* 274
ascella *f* 13
ascensore *m* 59, 100, 104
ascia *f* 95
asciugabiancheria *f* 76
asciugacapelli *m* 38
asciugamani *m* 73
asciugamano da spiaggia *m* 265
asciugamano grande *m* 73
asciugamano piccolo *m* 73
asciugare 76
asciugare con il fon 38
asciutto 321
asfalto *m* 187
Asia 318
asino *m* 185
asma *f* 44
asola *f* 32
aspetto *m* 30
aspirapolvere *m* 188
aspirapolvere *m* 77
assaggiare 139
asse *m* 205
asse da stiro *f* 76
assegno *m* 96
assicurazione *f* 203
assistente m/f 24
assistente di volo *f* 190, 210
assistente socio-psicologico *m* 55
assistenza ai clienti *f* 104
asso *m* 230, 273
assolto 181
assorbenti *f* 108
asteroide *m* 280
asticella *f* 225
astigmatismo *m* 51
astronauta *m* 281
astronomia *f* 281
astuccio *m* 163, 271
atleta *m* 191, 234
atletica leggera *f* 234
atmosfera *f* 282, 286
atrio *m* 104, 209, 255
attaccante *m* 222
attacco *m* 220
attacco a baionetta *m* 60
atterrare 211
attillato 35
attività *f* 77, 162, 183, 245, 263
attività all'aria aperta *f* 262
attore *m* 191, 254
attori *m* 179
attorno 320
attraverso 320
attrezzatura *f* 165, 238 245
attrezzature *f* 233
attrezzi *m* 187
attrezzi da giardino *m* 88
attrezzo per modellare *m* 275
attrice *f* 254
audiocassetta *f* 269
aula *f* 162, 169
aula del tribunale *f* 180
aurora *m* 286
Australia 319
Austria 316
autista *m* 190, 196
auto a tre/cinque porte *f* 199
auto decappottabile *f* 199
auto della polizia *f* 94
auto d'epoca *f* 199
auto familiare *f* 199
auto piccola *f* 199
auto sportiva *f* 198
autobus *m* 196
autobus a due piani *m* 196
autodifesa *f* 237
autolavaggio *m* 198
automatico 200
automobile *f* 198, 200
autonoleggio *m* 213
autopompa *f* 95
autoradio *f* 201
autostazione *f* 197
autostrada *f* 194
autunno *m* 31, 307
avambraccio *m* 12
avampiede *m* 15
avanzamento veloce *m* 269
avena *f* 130
avere la presidenza 174
avere un bambino 26
avocado *m* 128
avvelenamento *m* 46
avvenimenti della vita *m* 26
avventura *f* 255
avversario *m* 236
avvitamento *m* 230
avvocato *m* 180, 190
avvolgibile *m* 63
avvolgitubo *m* 89
Azerbaigian 318
azienda agricola *f* 183
azione ordinaria *f* 97
azioni *f* 97, 227, 233, 229

B

bacca *f* 296
baccello *m* 122
bacchetta *f* 256
bacchetta di vetro *f* 167
bacino *m* 17, 214
bacino per riparazioni *m* 217
back-swing *m* 233
backgammon *m* 272
badminton *m* 231
baffi *m* 290
bagagli *m* 198
bagagliaio *m* 196
bagaglio *m* 100, 213
bagaglio a mano *m* 211, 213
bagaglio in eccedenza *m* 212
bagnato 321
bagni *m* 266
bagnino *m* 239, 265
bagno privato *m* 100
bagnoschiuma *m* 73
Bahamas 314
balconata *f* 254
balcone *m* 59
balena *f* 290
balla *f* 184
ballerina *f* 191
balletto *m* 255
balsamo *m* 38
bambini *m* 23
bambino *m* 23, 31
bambino piccolo *m* 30
bambola *f* 75
bambù *m* 86, 122
banana *f* 128
banca *f* 96
banchina *f* 216
banco *m* 96, 98, 100, 142, 150, 162, 216
banco accettazione *m* 213
banco da lavoro *m* 78
banco della giuria *m* 180
banco informazioni *m* 168
banco prestiti *m* 168
bancomat *m* 97
banconote *f* 97
bandierina *f* 221, 223, 232
Bangladesh 318
bar *m* 150, 152
bar all'aperto *m* 148
bar con terrazza *m* 148
bar mitzvah *m* 26
barattolo *m* 134, 311
barattolo a chiusura ermetica *m* 135
barattolo di vernice *m* 83
barbabietola *f* 125
Barbados 314
barbiere *m* 39, 188
barca a remi *f* 214
barca a vela *f* 215
barca da pesca *f* 217
barella *f* 94
barista *m* 150, 191
barocco 301
barra *f* 240
barra degli strumenti *f* 177
barra del menu *f* 177
barra di scorrimento *f* 177
barriera *f* 209
barriera corallina *f* 285
basalto *m* 288
base *f* 99, 164, 229
base di battuta *f* 228
baseball *m* 228
basilico *m* 133
bassista *m* 258
basso 321
bastoncini *m* 133
bastoncino *m* 90, 91
bastone da sci *m* 246
battere 225, 229
battere un primato 234
batteria *f* 78, 167, 202, 260, 258
batterista *m* 258
battesimo *m* 26
battiporta *m* 59
battistrada *m* 207
battitore *m* 225, 228
battuta *f* 256
batuffoli di ovatta *m* 41
bavaglino *m* 30, 50
becco *m* 89, 293
becco Bunsen *m* 166
becher *m* 167
Belgio 316
Belize 314
bellezza *f* 40
bemolle 256
benda *f* 47
bendatura *f* 47
Benin 317
benzina *f* 199
berlina *f* 199
berretto *m* 36
bersaglio *m* 249, 273
bestiame *m* 183, 185
betoniera *f* 186
betulla *f* 296
bevanda al malto *f* 144
bevande *f* 144, 156
bevande alcoliche *f* 145
bevande calde *f* 144
Bhutan 318
biancheria *f* 105
biancheria da letto *f* 71, 74
biancheria intima *f* 32, 35, 105
biancheria termica *f* 35
bianchi 39
bianco 145, 272, 274
biathlon *m* 247
biberon *m* 75
bibita *f* 154
bibita in lattina *f* 154
bibite *f* 107, 144
biblioteca *f* 168, 299
bibliotecaria *f* 168
bibliotecario *m* 190
bicchiere *m* 65, 151, 152
bicchieri *m* 150
bicicletta *f* 206
bicicletta da corsa *f* 206
bicicletta da strada *f* 206
bicicletta da turismo *f* 206
bicipite *m* 16
bidè *m* 72

Bielorussia 316
biennale 86
bietola *f* 123
bifamiliare 58
bifocale 51
biglietteria *f* 209, 216, 255
biglietti della lotteria *m* 112
biglietto *m* 197, 213, 209
bignè *m* 140
bignè al cioccolato *m* 140
bigodini *m* 38
bikini *m* 264
bilancia *f* 45, 53, 69, 98, 118, 166, 212, 310
bilancia a molla *f* 166
bilanciere *m* 251
biliardo *m* 249
bimbo *m* 23, 30
binario *m* 208
binario elettrificato *m* 209
binocolo *m* 281
biologia *f* 162
biologico 91, 118, 122
biondo 39
biplano *m* 211
birillo *m* 187, 249
Birmania 318
birra *f* 145, 151
birra amara *f* 145
birra scura *f* 145
bis *m* 255
biscotti *m* 141
biscotto *m* 113
biscotto alle noci *m* 141
biscotto con scaglie di cioccolato 141
bisturi *m* 81, 167
blazer *m* 33
blocca freni *m* 207
bloccare 227
blocco *m* 172
blocco di partenza *m* 234
blocco per appunti *m* 173
blocco per schizzi *m* 275
blu 274
blues *m* 259
boa *f* 217
bob *m* 247
bobina *f* 245, 276
bocca *f* 14
boccaglio *m* 239
bocciolo *m* 111, 297
bocconcini di pollo *m* 155
Bolivia 315
bollire 67
bollitore *m* 66
boma *m* 240
bombardiere *m* 211
bombola *f* 239
bomboletta spray *f* 311
bongo *m* 257
bonifico *m* 96
bordeggiare 241
bordo *m* 230
bordo erbaceo *m* 85
borraccia *f* 206, 267
borsa *f* 190
borsa a tracolla *f* 37
borsa calda *f* 70
borsa da spiaggia *f* 264
borsa da viaggio f 37
borsa dei ricambi *f* 75
borsa di studio *f* 169
borsa valori *f* 97
borse *f* 37
borsetta *f* 37
bosco *m* 285
Bosnia ed Erzegovina 316
Botswana 317
bottiglia *f* 61, 135, 311
bottiglia di vetro *f* 166
bottone *m* 32
bottone automatico *m* 30
bouquet *m* 35
boutique *f* 115
bowling *m* 249
box *m* 75
boxer *m* 33
bozzolo *m* 295
bracciale *m* 36
bracciata *f* 239
braccio *m* 13, 95
bracciolo *m* 200, 210, 238
branchia *f* 294
brandy *m* 145
Brasile 315
bretella *f* 37
bridge *m* 273
brie *m* 142
briglia *f* 242
brioche *f* 157
brocca *f* 65, 151
brocca graduata *f* 311
broccolo *m* 123
brodo *m* 158
broker *m* 97
bronzo *m* 235
browser *m* 177
bruciatore a gas *m* 61
bruco *m* 295
Brunei 319
buca *f* 232
buca delle lettere *f* 99
buca in uno *f* 233
buccia *f* 126, 127, 128
buco nero *m* 280
budino alla vaniglia *m* 140
budino di riso *m* 140
bufera *f* 286
buffet *m* 152
buffet della colazione *m* 156
buggy *m* 232
bulbo *m* 86
Bulgaria 316
bulloni della ruota *m* 203
bungalow m 58
bungee jumping *m* 248
bunker *m* 232
buongiorno 322
buono 321
Burkina Faso 317
burro *m* 137, 156
burro di arachidi *m* 135
Burundi 317
business class *f* 211
bussola *f* 80, 240, 312
busta *f* 98, 173
busta della spesa *f* 106
busta di plastica *f* 122
bustina di tè *f* 144
bustino *m* 35
byte *m* 176

C

cabina *f* 95, 210, 214, 264
cabina del conducente *f* 208
cabina di pilotaggio *f* 210
cabina telefonica *f* 99
Cabinda 317
cacatoa *f* 293
cacciagione *f* 119
cacciavite *m* 80
cacciavite a croce *m* 81
cachi *m* 128
cactus *m* 87
caddy *m* 233
caduta *f* 237
caffè *m* 144, 148, 153, 156, 184, 262
caffè filtrato *m* 148
caffè freddo *m* 148
caffè macchiato *m* 148
caffè nero *m* 148
caffettiera *f* 65
calamaro *m* 121, 295
calamita *f* 167
calcare *m* 285, 288
calcestruzzo *m* 187
calciare 223
calciatore *m* 222
calcio *m* 109, 221, 222, 237
calcio di punizione *m* 222
calcite *f* 289
calcolatrice *f* 165
caldo 286, 321
calendario *m* 306
calice *m* 297
calice da vino *m* 65
calvo 39
calze *f* 35
calzini *m* 33
calzoncini *m* 33
cambiare 209
cambiare canale 269
cambiare marcia 207
cambiare una ruota 203
cambio *m* 202
Cambogia 318
camembert *m* 142
camera *f* 283
camera a due letti *f* 100
camera da letto *f* 70
camera d'aria *f* 207
camera dei bambini *f* 74
camera doppia *f* 100
camera oscura *f* 271
camera privata *f* 48
camera singola *f* 100
cameraman *m* 178
camere *f* 100
cameriera *f* 191
cameriere *m* 148, 152
camerino *m* 104
Camerun 317
camicetta *f* 34
camicia *f* 32
camicia da notte *f* 31, 35
caminetto *m* 63
camino *m* 58
camion *m* 194
camion con cassone ribaltabile *m* 187
camionista *m* 190
cammello *m* 291
camomilla *f* 149
campanello *m* 59, 197
Campari *m* 145
campeggiare 266
campeggio *m* 266
camper *m* 266
campionato *m* 223, 230
campo *m* 182, 220, 222, 226, 228, 230, 234
campo da golf *m* 232
campo destro *m* 229
campo di cricket *m* 225
campo di rugby *m* 221
campo esterno *m* 229
campo sinistro *m* 228
campo sportivo *m* 168
campus *m* 168
Canada 314
canale *m* 178, 269
canale a pagamento *m* 269
canale di scolo *m* 299
canale radiofonico *m* 179
canarino *m* 292
cancelleria *f* 105
cancello *m* 85, 182
candela *f* 63, 203
candeline *f* 141
cane *m* 290
canestro *m* 226
canguro *m* 291
canino *m* 50
canna *f* 91, 207
canna da pesca *f* 244
canna da zucchero *f* 184
canne *f* 89
cannella *f* 133
cannolicchio *m* 121
cannuccia *f* 112, 144, 154
canoa *f* 214
canottaggio *m* 241
canottiera *f* 33, 35
cantante *m* 258
cantante *f* 191
cantiere *m* 186
cantiere navale *m* 217
canzone *f* 259
capacità *f* 311
capanno *m* 182
capelli *m* 14, 38
capezzolo *m* 12
capitale *f* 315
capitaneria di porto *f* 217
capitano *m* 214
capitano di porto *m* 217
capo *m* 24
Capodanno *m* 27
capoeira *f* 237
capote *f* 75
capovolgersi 241
cappa *f* 66
cappello *m* 36, 190
cappello da equitazione *m* 242
cappello da spiaggia *m* 265
cappello per il sole *m* 30
capperi *m* 143
cappotto *m* 32
cappuccino *m* 148
cappuccio *m* 31
capra *f* 185
capretto *m* 185
caprifoglio *m* 297
capriola *f* 235
capsula di Petri *f* 166
carambola *f* 128
caramella alla frutta *f* 113
caramella di gelatina *f* 113
caramella gommosa *f* 113
caramella mou *f* 113
caramelle *f* 113
caramelle assortite *f* 113
caramello *m* 113
carattere *m* 177
carboncino *m* 275
carbone *m* 288
carbonella *f* 266
carcere *m* 181
carciofo *m* 124
cardamomo *m* 132
cardio *m* 121
cardiologia *f* 49
cardo *m* 297
caricare 76
carico *m* 216
carie *f* 50
carnagione *f* 41
carne *f* 119
carne bianca *f* 118
carne cotta *f* 118, 143
carne cruda *f* 142

carne e pollame f\m 107
carne macinata *f* 119
carne magra *f* 118
carne rossa *f* 118
carnevale *m* 27
carota *f* 124
carpa koi *f* 294
carrellino *m* 233
carrello *m* 106, 208, 213
carrello d'atterraggio *m* 210
carrello dei dolci *m* 152
carrello della telecamera *m* 178
carrello elevatore *m* 186, 216
carrello portabagagli *m* 212
carriola *f* 88
carro attrezzi *m* 203
carrozzeria *f* 202
carrozzina *f* 75
carta a rilievo *f* 83
carta da parati *f* 82
carta di credito *f* 96
carta di debito *f* 96
carta di fondo *f* 83
carta d'imbarco *f* 213
carta igienica *f* 72
carta intestata *f* 173
carta vetrata *f* 81, 83
cartapesta *f* 275
carte *f* 273
cartella *f* 37. 162, 177
cartella sospesa *f* 173
cartellino giallo *m* 223
cartellino rosso *m* 223
cartello stradale *m* 195
cartilagine *f* 17
cartolina *f* 27
cartoline *f* 112
cartone *m* 275, 311
cartone animato *m* 178
cartone di fibra compressa *m* 79
cartone di latte *m* 136
casa *f* 58
casa a tre piani *f* 58
casa da gioco *f* 75
casa delle bambole *f* 75
casa dello studente *f* 168
casalinghi *m* 107
cascata *f* 285
caschetto 39
casco *m* 95, 186, 204, 206, 220, 228, 236
caseggiato *m* 59
caseificio *m* 183
casella *f* 100, 272
casello *m* 194
caserma dei vigili del fuoco *f* 95
casinò *m* 261
casolare *m* 182
cassa *f* 106, 150
cassa toracica *f* 17
cassava *f* 124
casseretto *m* 214
casseruola *f* 69
casseruola di terracotta *f* 69
cassetta *f* 61
cassetta degli attrezzi *f* 80
cassetta delle lettere *f* 99
cassetta di pronto soccorso *f* 47
cassetta guidalama per ugnature *f* 81
cassetta per le lettere *f* 58
cassettiera *f* 172
cassetto *m* 66, 70, 172
cassetto per la verdura *m* 67
cassettone *m* 70
cassiere *m* 96, 106
cast *m* 254
castagna *f* 129
castagna d'acqua *f* 124
castano 39
castello *m* 300
castello di sabbia *m* 265
casual *m* 33, 34
catalogo *m* 168
catamarano *m* 215
cataratta *f* 51
catarifrangente *m* 207
catena *f* 206
catena montuosa *f* 282
catenella *f* 59
catetere *m* 53
cattedrale *f* 300
cattivo 321
cauzione *f* 181
cavalcavia *m* 194
cavalletta *f* 295
cavalletto *m* 174, 205, 207 274
cavallo *m* 185, 235, 242, 272
cavallo da corsa *m* 243
cavalluccio marino *m* 294
cavatappi *m* 150
cavatorsoli *m* 68
caverna *f* 284
cavezza *f* 243
caviglia *f* 13, 15
cavo *m* 79, 207
cavo di alimentazione *m* 176
cavolfiore *m* 124
cavolino di Bruxelles *m* 122
cavolo *m* 123
cavolo rapa *m* 123
cavolo verde *m* 123
cavolo verza *m* 123
cazzuola *f* 187
ceci *m* 131
cedro *m* 296
celebrazioni *f* 27
cella *f* 94, 181
cembali *m* 257
cemento *m* 186
cena *f* 64
cenere *f* 283
centesimo 309
centimetro *m* 310
cento 308
centodieci 308
centomila 308
centralino *m* 99
centrifuga *f* 76
centrifugare 76
centro *m* 164, 273
centro campo *m* 222
centro commerciale *m* 104
centro della tavola *m* 241
centrocampo *m* 228
cera *f* 77
ceramica *f* 275
cercare 177
cerchietto *m* 38
cerchio *m* 165, 277
cerchio centrale *m* 224
cerchione *m* 206
cereale *m* 130, 156
cereali da colazione *m* 107
cereali trattati *m* 130
ceretta *f* 41
cerotto *m* 47
certificato di nascita *m* 26
cervello *m* 19
cervice *f* 52
cervo *m* 118, 291
cesoie *f* 89
cesta *f* 263
cesta dei giocattoli *f* 75
cesta del cucito *f* 276
cestello *m* 88, 207
cestino *m* 106, 172, 177
cestino di frutta *m* 126
cesto della biancheria da lavare *m* 76
cesto della biancheria pulita *m* 76
cetriolo *m* 125
champagne *m* 145
cheddar *m* 142
cheerleader *f* 220
chiamata a carico del destinatario *f* 99
chiara *f* 137
chiaro 41, 321
chiave *f* 59, 80, 203, 207
chiave a tubo *f* 80
chiave della camera *f* 100
chiave di basso *f* 256
chiave di sol *f* 256
chiave inglese *f* 81
chiave regolabile *f* 80
chiavistello *m* 59
chicchi *m* 144
chiesa *f* 298, 300
chiglia *f* 214
chilogrammo *m* 310
chilometro *m* 310
chimica *f* 162
chiocciola *f* 295
chiodi *m* 233
chiodi di garofano *m* 133
chiodo *m* 80
chiosco *m* 113
chiropratica *f* 54
chirurgia *f* 48
chirurgia plastica *f* 49
chirurgo *m* 48
chitarra elettrica *f* 258
chitarrista *m* 258
chiuso 260, 321
chiusura lampo *f* 277
chutney *m* 134
ciabatta *f* 37
ciac *m* 179
Ciad 317
ciambella *f* 139, 265
cibo *m* 118, 130, 149
cibo per animali *m* 107
ciclismo *m* 263
cicogna *f* 292
cicoria *f* 122
ciglio *m* 14, 51, 298
cigno *m* 293
Cile 315
ciliegia *f* 126
cilindro *m* 164
cima della torre *f* 300
Cina 318
cinema *m* 255, 299
cinghia *f* 37, 242
cinghia della camma *f* 203
cinghia della ventola *f* 203
cinghia frontale *f* 242
cinghia nasale *f* 242
cinghietto *m* 207
cinquanta 308
cinquantacinquemilacinquecento 309
cinquantamila 309
cinquantesimo 309
cinque 308
cinquecento 308
cinta *f* 36
cinta per gli attrezzi *f* 186
cintura *f* 32, 236
cintura dei pesi *f* 239
cintura di sicurezza *f* 198, 211
cintura nera *f* 237
cioccolata calda *f* 144, 156
cioccolata spalmabile *f* 135
cioccolatino *m* 113
cioccolato al latte *m* 113
cioccolato amaro *m* 113
cioccolato bianco *m* 113
ciotola *f* 65
cipolla *f* 124
cipollina *f* 125
cipria *f* 40
Cipro 316
circolo di confronto *m* 224
circolo polare artico *m* 283
circonferenza *f* 164
citazione *f* 180
citofono *m* 59
citronella *f* 133
città *f* 298, 299
Città del Vaticano *f* 316
clacson *m* 201, 204
clarinetto *m* 257
clarinetto basso *m* 257
classe *f* 163
classe economica *f* 211
clavicola *f* 17
clementina *f* 126
cliente *m* 38, 96, 104, 106, 152, 175, 180
clinica *f* 48
clitoride *m* 20
coca *f* 144
coccige *f* 17
coccinella *f* 295
coccodrillo *m* 293
cocktail *m* 151
coda *f* 121, 210, 242, 280, 290, 294
coda di cavallo *f* 39
codice a barre *m* 106
codice di avviamento postale *m* 98
codini *m* 39
cofanetto portagioie *m* 36
cofano *m* 198
cogliere 91
cognata *f* 23
cognato *m* 23
coincidenza *f* 212
coito *m* 20
colazione *f* 64, 156
colazione all'inglese *f* 157
coleottero *m* 295
colibrì *m* 292
colino *m* 68
colla *f* 275
colla da legno *f* 78
colla da parati *f* 82
collage *m* 275
collana *f* 36
collant *m* 35, 251
collare *m* 46
collega m/f 24
collegare 177
collegarsi 177
colletto *m* 32
collezione di francobolli *f* 273
collina *f* 284
collo *m* 12
collo a V *m* 33
collo del piede *m* 15
collo dell'utero *m* 20
colluttorio *m* 72
Colombia 315

italiano

colonia *f* 315
colonna *f* 300
colonna sonora *f* 255
colonnina *f* 298
colore *m* 273
colori *m* 39, 274
colori acrilici *m* 274
colori ad olio *m* 274
colpi *m* 231
colpi di sole *m* 39
colpire 224
colpire a distanza *f* 233
colpire da vicino 233
colpire di testa 222
colpire leggermente 233
colpo *m* 233, 237
colpo di frusta *m* 46
colpo di taglio *m* 237
colpo nullo! 231
coltello *m* 65, 80
coltello da cucina *m* 68
coltello da pacchi *m* 82
coltello da pane *m* 68
coltivare 91
coltura *f* 184
colza *f* 184
comandi *m* 201, 204
comandi per il riscaldamento *m* 201
comando *m* 269
cometa *f* 280
cominciare la partita 233
commedia *f* 255
commercialista *m* 190
commessa *f* 188
commesso *m* 104
commissario *m* 94
commissione *f* 97
commissione bancaria *f* 96
commozione cerebrale *f* 46
comodino *m* 70
Comore 317
compact disc *m* 269
compagno/-a m/f 23
compartimento portabagagli *m* 210
compasso *m* 165
compensato *m* 79
compiti *m* 163
compleanno *m* 27
complesso di uffici *m* 298
completo 266
comporre 99
computer *m* 172, 176
computer portatile *m* 176
comunicazioni *f* 98
con 320
con armatura 35
concepire 20
concerto *m* 255, 258
concerto rock *m* 258
concezione *f* 52
conchiglia *f* 265
concimaia *f* 85
concimare 91
concimare a spandimento 90
concime *m* 91
concorso di salto a ostacoli *m* 243
condimento *m* 155, 158
condito 159
confetiere *m* 113
confetture *f* 134
confuso 25
congelare 67
congelato 121, 124
congelatore *m* 67
conglomerato *m* 288
Congo 317
conifera *f* 86
coniglio *m* 118, 290
cono *m* 164
conoscente *m* 24
consegna *f* 98
consegna a domicilio *f* 154
consegna delle lauree *f* 169
conserva di frutta *f* 134
conservante *m* 83
conservatorio *m* 169
console *f* 269
consulente finanziaria *m* 97
consulenza legale *f* 180
contafotogrammi *m* 270
contagiri *m* 201
contagocce *m* 109, 167
container *m* 216
contante *m* 97
contare 165
contatore di corrente *m* 60
contenitore *m* 311
contenitore della carta *m* 172
continente *m* 282, 315
conto *m* 152
conto corrente *m* 96
contornitrice *f* 78
contorno *m* 153
contrabbasso *m* 256
contraccezione *f* 21, 52
contrafforte *m* 301
contrastare 223
contrazione *f* 52
controfagotto 257
controllo passaporti *m* 212, 213
controllore *m* 209
coperchio *m* 61, 66
coperta *f* 71, 74
coperta imbottita *f* 71
coperto *m* 65
copiare 172
copilota *m* 211
copione *m* 254
coppe *f* 53
coppia *f* 24
copriletto *m* 70
copriobiettivo *m* 270
copriruota *m* 202
corda *f* 230, 248, 266
corda per il bucato *f* 76
cordata *f* 248
corde vocali *f* 19
cordone ombelicale *m* 52
Corea del Nord 318
Corea del Sud 318
coriandolo *m* 133
corna *f* 291
cornacchia *f* 292
cornea *f* 51
cornetto *m* 156
cornice *f* 63, 271
cornicione *m* 300
corno *m* 257, 291
corno inglese *m* 257
coro *m* 301
corona *f* 50, 111
corpetto *m* 35
corpo *m* 12
corrente alternata *f* 60
corrente continua *f* 60
correre 228
correttore *m* 40
corridoio *m* 210, 254
corriere *m* 99
corrimano *m* 59
corsa a ostacoli *f* 235, 243
corsa a trotto *f* 243
corsa automobilistica *f* 249
corsa di carrozze *f* 243
corsa di cavalli *f* 243
corsa in motoscafo *f* 241
corsa in piano 243
corsa su slitta *f* 247
corsa su slitta trainata da cani *f* 247
corsa sul posto *f* 251
corse *f* 243
corsetto *m* 35
corsia *f* 106, 168, 234, 238
corsia centrale *f* 194
corsia d'emergenza *f* 194
corsia di sorpasso *f* 194
corsia interna *f* 194
Corsica 316
corso per azione *m* 97
corteccia *f* 296
cortile *m* 58, 84
corto 32
coscia *f* 12, 119
cosciotto *m* 119
cosmesi *f* 105
costa *f* 285
Costa d'Avorio 317
Costa Rica 314
costata *f* 119
costata di manzo *f* 119
costellazione *f* 281
costola *f* 17
costoletta *f* 119
costolette *f* 155
costruire 186
costume *m* 255
costume da bagno *m* 238, 265
costumista *f* 191
cotenna *f* 119
cotone *m* 184, 277
cotto al forno 159
cottura dei dolci *f* 69
cottura facile 130
country *f* 259
cozza *f* 121, 295
CPU *m* 176
crampi *m* 44
crampo *m* 239
cranio *m* 17
cratere *m* 283
cravatta *f* 32
crema *f* 109
crema abbronzante *f* 265
crema al limone *f* 134
crema autoabbronzante *f* 41
crema idratante *f* 41
crema pasticcera *f* 140
crema per il viso *f* 73
crema protettiva *f* 265
crema schermo totale *f* 108
crema solare *f* 108
crêpe *f* 155,
crêpes *f* 157
crepuscolo 305
crescere 139
crescione *m* 123
cresta dell'onda *f* 241
cric *m* 203
criceto *m* 290
cricket *m* 225
criminale *m* 180
criniera *f* 242, 291
crisantemo *m* 110
cristalleria *f* 64
cristalloterapia *f* 55
Croazia 316
croccante 127
crocchia *f* 39
crogiolo *m* 166
cronista *f* 179
cronometro *m* 166, 234
cross trainer *m* 250
crosta *f* 136, 139, 282
crostatina *f* 140
crudo 124, 129
crusca *f* 130
cruscotto *m* 201
Cuba 314
cubetto di ghiaccio *m* 151
cubo *m* 164
cucchiaino *m* 65
cucchiaino da caffè *m* 153
cucchiaio *m* 65
cucchiaio da minestra *m* 65
cucchiaio da portata *m* 68
cucchiaio di legno *m* 68
cucchiaio dosatore *m* 68
cucchiaio misuratore *m* 109
cucchiaio perforato *m* 68
cucciolo *m* 290
cucina *f* 66, 152
cucina di bordo *f* 214
cucinare 67
cucire 277
cucitrice *f* 173
cucitura *f* 34
cuffia *f* 238
cuffie *f* 268
cugino *m* 22
culla portatile *f* 75
cumino *m* 132
cunetta *f* 299
cuocere a fuoco lento 67
cuocere a vapore 67
cuocere al forno 67, 138
cuocere alla griglia 67
cuoco *m* 152, 190
cuoio capelluto *m* 39
cuore *m* 18, 119, 122, 273
cuori di palma *m* 122
cupola *f* 300
cura del neonato *f* 74
curare 91
curcuma *f* 132
curling *m* 247
curry *m* 158
curvo 165
cuscino *m* 62
cuscus *m* 130
custodia *f* 51
custodia degli occhiali *f* 51
cyclette *f* 250

D

d'accordo 322
da 320
da portar via 154
dado *m* 80, 272
dama *f* 272
Danimarca 316
dar da mangiare 183
data *f* 306
data di comparizione *f* 180
data di restituzione *f* 168
data di scadenza *f* 109
datore di lavoro *m* 24
dattero *m* 129
davanti 320
debole 321
decade *f* 307
decimale *m* 165
decimo 309
decollare 211
decorazione *f* 141
delfino *m* 290
deltaplano *m* 248
deltoide *m* 16
denominatore *m* 165

denominazione *f* 97
dente *m* 50, 207
dente di leone *m* 123, 297
dentiera *f* 50
dentifricio *m* 72
dentista *f* 189
dentista *m* 50
dentro 320
denuncia *f* 94
deodorante *m* 73
deodoranti *m* 108
dépliants *m* 96
dermatologia *f* 49
deserto *m* 285
desktop *m* 177
desquamato 121
dessert *m* 140, 153
destinazione *f* 213
destra 260
detergente *m* 77
detergente per vetri *m* 199
detersivo *m* 77
deuce *m* 230
deviazione *f* 195
di fronte 320
di vetro 69
diabete *m* 44
diaframma *m* 19, 21
diagonale *f* 164
diamante *m* 288
diametro *m* 164
diarrea *f* 44, 109
dicembre 306
dichiarazione *f* 180
diciannove 308
diciannovesimo 309
diciassette 308
diciassettesimo 309
diciottesimo 309
diciotto 308
dieci 308
diecimila 309
diesel *m* 199
diesis *m* 256
dietro 320
difendere 225, 227, 229
difensore *m* 223
difesa *f* 181, 220
difetti *m* 271
difficile 321
diffusore *m* 89
diga *f* 300
digitale 269
digitali *m* 297
dilatazione *f* 52
dimensioni *f* 165
dimesso 48
dinamo *f* 207
diottria *f* 51
dipartimento *m* 169
diploma *m* 169
direttore *m* 96, 174
direttore di orchestra *m* 256
dirigente *m* 174
diritto *m* 169
discesa *f* 247
dischetto *m* 176, 224 226
disciplina *f* 247
disco DVD *m* 269
discutere 163
disegnare 162
disegnatrice *f* 191
disegno *m* 275
disertante *m* 91
disinfettante *m* 47
dispensario *m* 108
dispenser *m* 173
dissertazione *f* 169
distanza *f* 310
distintivo *m* 94, 189
distretto *m* 315
distribuire 273
distributore *m* 203
distributore di aria compressa *m* 199
distributore di benzina *m* 199
ditale *m* 276
dito del piede *m* 15
ditta *f* 175
Divali *m* 27
divano *m* 62
divano letto *m* 63
dividendi *m* 97
dividere 165
divisa *f* 189, 222
divisa da rugby *f* 221
divisa scolastica *f* 162
diviso per 165
divisore *m* 173
divorzio *m* 26
dizionario *m* 163
DJ *m* 179
docce *f* 266
doccia *f* 72
docciaschiuma *f* 73
docente *m* 169
documentario *m* 178
dodicesimo 309
dodici 308
dogana *f* 212
dolce 124, 127, 149, 155
dolce di frutta *m* 140
dolci *m* 107, 140
dolciumi *m* 113
domanda *f* 163
domandare 163
domani 306
domenica 306
Dominica 314
domino *m* 273
donna *f* 12, 23
donna di affari *f* 175
dopo 320
dopobarba *m* 73
dopodomani *m* 307
doposole *m* 108
doppia carreggiata *f* 195
doppie punte *f* 39
doppio *m* 230
doppio 151
dormire *f* 74
dorsale *m* 16
dorso *m* 239
dorso del piede *m* 15
dosaggio *m* 109
dotto deferente *m* 21
dotto eiaculatorio *m* 21
dottorato *m* 169
dragoncello *m* 133
dressage *m* 243
dribblare 222
dritto 165, 260
dritto *m* 231
due 308
duecento 308
duemila 307
duemilauno 307
duodeno *m* 18
duro 129, 321

E

eccitato 25
eclisse *f* 280
ecografia *f* 48, 52
economia *f* 169
Ecuador 315
eczema *m* 44
edam *m* 142
edicola *f* 112
edifici *m* 299
edificio storico *m* 261
edilizia *f* 186
educazione fisica *f* 162
effetti collaterali *m* 109
Egitto 317
eglefino *m* 120
El Salvador 314
elastico *m* 39, 173
elefante *m* 291
elegante 34
elemento riscaldante *m* 61
elettricista *m* 188
elettricità *f* 60
elettrodo negativo *m* 167
elettrodo positivo *m* 167
elettrodomestici *m* 107
elettronica d'intrattenimento *f* 268
elica *f* 211, 214
elicottero *m* 211
ematite *f* 289
embrione *m* 52
emergenza *f* 46
emicrania *f* 44
emigrare 26
Emirati Arabi Uniti 318
emisfero meridionale *m* 283
emisfero settentrionale *m* 283
emorragia *f* 46
emozioni *f* 25
enciclopedia *f* 163
endocrinologia *f* 49
enoteca *f* 115
entrata *f* 59, 61
entro 320
epidurale *f* 52
epiglottide *m* 19
epilessia *f* 44
episiotomia *f* 52
epistassi *n* 44
equatore *m* 283
equazione *f* 165
equipaggio *m* 241
equitazione *f* 263, 242
erba *f* 55, 86
erba aromatica *f* 86
erba cipollina *f* 133
erbacce *f* 86
erbe *f* 133
erbe aromatiche *f* 134
erbe e le spezie *f* 132
erbicida *f* 183
erica *f* 297
Eritrea 317
eruttare 283
eruttivo 288
esagono *m* 164
esame *m* 163
esame della vista *m* 51
esca *f* 244
escavatrice meccanica *f* 187
escursione a cavallo *f* 243
escursionismo *m* 263
esercizi *m* 251
esfoliare 41
eskimo *m* 31
esofago *m* 19
esosfera *f* 286
esperimento *m* 166
esplorazione dello spazio *f* 281
esposimetro *m* 270
esposizione *f* 261, 271
espresso *m* 148
espulsione *f* 223
essiccato 129
est *m* 312
estate *f* 31, 307
esterno *m* 198
estintore *m* 95
Estonia 316
estrazione *f* 50
estuario *m* 285
etichetta *f* 172, 173
etichette *f* 89
Etiopia 317
eucalipto *m* 296
Europa *f* 316

F

fabbrica *f* 299
fabbricazione dei merletti *f* 277
facchino *m* 100
faccia *f* 14
facile 321
faggio *m* 296
fagiano *m* 119, 293
fagioli *m* 131
fagioli aduki *m* 131
fagioli bianchi *m* 131
fagioli borlotti *m* 131
fagioli cannellini *m* 131
fagioli dall'occhio nero *m* 131
fagioli di Spagna *m* 131
fagioli mung *m* 131
fagioli nani *m* 131
fagiolino *m* 122
fagotto *m* 257
fairway *m* 232
falco *m* 292
falegname *m* 188
falegnameria *f* 275
falena *f* 295
fallo *m* 222, 226, 228, 230
famiglia *f* 22
fanale *m* 207
fanale posteriore *m* 204, 207
fans *m* 258
fante *m* 273
fantino *m* 242
far crescere 91
fard *m* 40
fare amicizia 26
fare canestro 227
fare il check-in 212
fare il letto 71
fare il pane 138
fare lo swing 232
fare marcia indietro 195
fare testamento 26
faretra *f* 249
farfalla *f* 36, 239, 295
farina autolievitante *f* 139
farina bianca *f* 138
farina di segale *f* 138
farina di ossa *f* 88
farina di segale *f* 138
farina per il pane *f* 139
farina semplice *f* 139
farine *f* 138
faringe *f* 19
farmacia *f* 108
farmacista *m* 108, 189
faro *m* 198, 205, 217
farsi il bagno 72
farsi la doccia 72
fascia a tracolla *f* 46
fascia rifrangente *f* 205
fasi *f* 23
fast food *m* 154
fattoria *f* 182, 184
fava *f* 122
fave *f* 131
favo *m* 135
fax *m* 98, 172
fazzolettino *m* 108
fazzoletto *m* 36
febbraio 306
febbre *f* 44
fecondazione *f* 20
federa *f* 71
Federazione Russa 318
fedina penale *f* 181
fegato *m* 18, 118
feijoa *f* 128
felce *f* 86

felice 25
felpa *f* 33, 74
femminile 20
femore *m* 17
feng shui *m* 55
fenicottero *m* 292
ferita *f* 46
ferita alla testa *f* 46
fermacravatta *m* 36
fermaglio *m* 36
fermapiedi *m* 207
fermata dell'autobus *f* 197, 299
fermo di sicurezza *m* 75
ferro *m* 109, 289
ferro da calza *m* 277
ferro da cavallo *m* 242
ferro da stiro *m* 76
fessura *f* 283
festa *f* 140
festa di compleanno *f* 27
feste *f* 27
feto *m* 52
fetta *f* 139, 140
fettucce *f* 89
fiammiferi *m* 112
fianco *m* 12
fibbia *f* 36
fibra *f* 127
fibra naturale *f* 31
fico *m* 129
fico d'india *m* 128
fidanzata *f* 24
fidanzati *m* 24
fidanzato *m* 24
fieno *m* 184
fieno greco *m* 132
fiero 25
Figi 319
figlia *f* 22
figliastra *f* 23
figliastro *m* 23
figlio *m* 22
fil di ferro *m* 79, 89
fila *f* 210, 254
filamento *m* 60
file *m* 177
filetti 121
filetto *m* 119, 121
fili *m* 60
Filippine 319
film d'amore *m* 255
film di fantascienza *m* 255
film di orrore *m* 255
filo *m* 276
filo a piombo *m* 82
filo dentale *m* 50
filo di perle *m* 36
filo interdentale *m* 72
filobus *m* 196
filoncino *m* 139
filone *m* 138, 139
filosofia *f* 169
filoterapia *f* 55
filtro *m* 270
filtro dell'aria *m* 202, 204
filtro di carta *m* 167
finanza *f* 97
fine *m* 321
fine settimana *m* 306
finestra *f* 58, 177, 186
finestrino *m* 197, 209, 210
Finlandia 316
fino 320
finocchio *m* 122, 133
fioraia *f* 188
fioraio *m* 110
fiore *m* 273, 297
fioretto *m* 249
fiori *m* 110
fiori secchi *m* 111
fioriera pensile *f* 84
firma *f* 96, 98
fisica *f* 162, 169
fisioterapia *f* 49
fitness *m* 250
fiume *m* 284
flan *m* 141
flash *m* 270
flauto *m* 257
flebo *f* 53
flessioni *f* 251
flettere 251
foca *f* 290
fodera *f* 32
foglia *f* 122, 296
fogliame *m* 110
foglietto di omaggio *m* 173
follicolo *m* 20
fondale *m* 254
fondo campo *m* 220
fondotinta *m* 40
fontana *f* 85
football americano *m* 220
footing *m* 251, 263
foratura *f* 203, 207
forbici *f* 38, 47, 82, 188, 276
forbici da giardino *f* 89
forbici tagliabordi *f* 88
forbicine per le unghie *f* 41
forcella *f* 207
forchetta *f* 65, 153
forchettone *m* 68
forcipe *m* 53, 167
forcone *m* 88, 89
foresta *f* 285
foresta pluviale *f* 285
forfora *f* 39
formaggio *m* 136, 156
formaggio cremoso *m* 136
formaggio di capra *m* 142
formaggio duro *m* 136
formaggio fresco *m* 136
formaggio grattugiato *m* 136
formaggio molle fresco *m* 136
formaggio morbido *m* 136
formaggio semiduro *m* 136
formaggio semimorbido *m* 136
formaggio tipo gorgonzola *m* 136
forme *f* 164
formica *f* 295
fornelletto da campeggio *m* 267
fornello *m* 67, 112
fornello di ceramica *m* 66
fornire di esca 245
fornitore di servizi *m* 177
forno *m* 66
forno a microonde *m* 66
forse 322
forte 321
foschia *f* 287
fossa *f* 229
fossa di sabbia *f* 263
fossato *m* 300
fossetta *f* 15
fotofinish *m* 234
fotofit *m* 181
fotografare 271
fotografia *f* 270, 271
fotografo *m* 191
foulard *m* 36
fragile 98
fragola *f* 127, 149
Francia 316
francobolli *m* 112
francobollo *m* 98
frappé al caffè 149
fratello *m* 22
frattaglie *f* 118
frattura *f* 46
frazione *f* 165
freccette *f* 273
freccia *f* 198, 204, 249
freddo 286, 321
freezer *m* 67
fregare 77
fregio *m* 301
frenare 207
freno *m* 200, 204, 206
freno a mano *m* 203
frequenza *f* 179
fresco 121, 127, 130
fresia *f* 110
friggere 67
frigocongelatore *m* 67
frigorifero *m* 67
frittata *f* 158
fritto 159
fritto in olio abbondante 159
fritto in padella 159
frittura *f* 158
frizione *f* 200, 204
frizzante 144
frontale *m* 16
fronte *f* 14
frontone *m* 300, 301
frullato *m* 137
frullatore *m* 66
frusta *f* 68
frustino *m* 242
frutta *f* 107, 126, 128
frutta candita *f* 129
frutta fresca *f* 157
frutta secca *f* 129, 156
frutta snocciolata *f* 126
frutta tropicale *f* 128
frutti di mare *m* 121
frutticoltura *f* 183
fruttivendolo *m* 114, 188
frutto della passione *m* 128
frutto dell'albero del pane *m* 124
fulmine *m* 287
fumaiolo *m* 214
fumare 112
fumble *m* 220
fumo *m* 95
funerale *m* 26
fungo *m* 125
funivia *f* 246
fuoco *m* 266
fuori 225, 228, 320
fuori campo 226
fuorigioco *m* 223
fuoripista 247
fuoristrada *m* 199
furto *m* 94
fusibile *m* 60
fusoliera *f* 210

G

gabbia *f* 95
gabbiano *m* 292
Gabon 317
galassia *f* 280
galleggiante *m* 61, 244
galleria *f* 254
galleria d'arte *f* 261
gallina *f* 185
gallo *m* 185
galloccia *f* 240
gallone *m* 311
galoppo *m* 243
galosce *f* 31, 89
gamba *f* 12, 64
gambata *f* 239
gamberi sgusciati *m* 120
gambero *m* 121
gambero d'acqua dolce *m* 121
Gambia 317
gambo *m* 297
gancio *m* 118, 187, 276
gara *f* 234
garage *m* 58, 199, 203
garofano *m* 110
garza *f* 47
gattino *m* 290
gatto *m* 290
gattuccio *m* 78
gel *m* 38, 109
gelata *f* 287
gelato *m* 137, 149
gelo *m* 287
gemelli *m* 23
gemello *m* 36
gemme *f* 288
generatore *m* 60
generazione *f* 23
genero *m* 22
gengiva *f* 50
genitali *m* 12
genitori *m* 23
gennaio 306
geografia *f* 162
geometria *f* 165
Georgia 318
gerbera *f* 110
Germania 316
germoglio *m* 122
germoglio di soia *m* 122
gesso *m* 162, 276, 288
getto d'acqua *m* 95
geyser *m* 285
Ghana 317
ghiacciaio *m* 284
ghiaccio *m* 120, 287
ghiaccio e limone 151
ghiacciolo *m* 287
ghiaia *f* 88
ghiandola *f* 19
ghirlanda *f* 111
giacca *f* 32, 34
giacca a vento *f* 33
giaccone *m* 33
giacinti di bosco *m* 297
giada *f* 288
giaietto *m* 288
giallo 274
Giamaica 314
Giappone 318
giardinaggio *m* 90
giardini *m* 261
giardiniere *m* 188
giardino *m* 84
giardino acquatico *m* 84
giardino all'inglese *m* 84
giardino all'italiana *m* 262
giardino all'italiana *m* 84
giardino di erbe *m* 84
giardino di pietra *m* 84
giardino pensile *m* 84
giarrettiera *f* 35
Gibuti 317
giglio *m* 110
gilet *m* 33
gin *m* 145
gin tonic *m* 151
ginecologia *f* 49
ginecologo *m* 52
ginnasta *f* 235
ginnastica *f* 235
ginnastica a terra *f* 235
ginnastica aerobica *f* 251
ginnastica prepugilistica *f* 251
ginnastica ritmica *f* 235
ginocchiera *f* 227
ginocchiere *f* 220
ginocchio *m* 12
giocare 229, 273
giocatore *m* 220, 221, 231, 273

giocatore di base *m* 228
giocatore di cricket *m* 225
giocatore di hockey su ghiaccio *m* 224
giocatore di pallacanestro *m* 226
giocattoli *m* 105
giocattolo *m* 75
giochi *m* 272
giochi con la racchetta *m* 231
giochi da tavolo *m* 272
gioco *m* 75, 230, 273
gioco a premi *m* 178
gioielleria *f* 114
gioielli *m* 36
gioielliere *m* 188
Giordania 318
giornale *m* 112
giornalino a fumetti *m* 112
giornalista *m* 190
giorno *m* 306
giorno del ringraziamento *m* 27
giorno feriale *m* 306
Giove 280
giovedì 306
gipsofila *f* 110
girabacchino *m* 78
giradischi *m* 268
giraffa *f* 179, 291
girasole *m* 184, 297
giravolta *f* 238
girino *m* 294
giro *m* 228
girocollo *m* 33
girovita *m* 35
giù 320
giubbotto da sport *m* 33
giubbotto di salvataggio *m* 240
giudice *m* 181
giudice di linea *m* 220, 230
giugno 306
giunco *m* 86
giuria *f* 180
gladiolo *m* 110
glassare 139
glassatura *f* 141
gluteo *m* 16
gneiss *m* 288
gobba *f* 291
gobbo *m* 179
gocce *f* 109
gocciolatoio *m* 67
gola *f* 19, 284
golf *m* 32, 232
golfista *m* 232
golfo mistico *m* 254
gomito *m* 13
gomma *f* 163
gomma da masticare *f* 113
gommone *m* 215
gondola *f* 263
gong *m* 257
goniometro *m* 165
gonna *f* 30, 34
gorilla *m* 291
gotico 301
grafite *f* 289
grammo *m* 310
granaglie *f* 130
granaio *m* 182
granato *m* 288
granchio *m* 121, 295
grande 321
grande magazzino *m* 105
grandine *f* 286
granito *m* 288
grano *m* 130, 184
grano di pepe *m* 132
grano spezzato *m* 130
granturco *m* 122, 130, 184
grappetta *f* 173
grasso 39, 41, 321
grasso *m* 119
gratella *f* 69
graticcio *m* 84
grattacielo *m* 299, 300
grattugia *f* 68
grattugiare 67
gravidanza *f* 52
gravità *f* 280
grazie 322
Grecia 316
green *m* 232
gregge *m* 183
grembiule *m* 38, 69
grembiulino *m* 30
Grenada 314
gridare 25
grigi 39
grigio 274
griglia per barbecue *f* 267
grillo *m* 295
Groenlandia 314
gronda *f* 58
grondaia *f* 58
gru *f* 187, 216, 292
gruccia *f* 70
guaiava *f* 128
guancia *f* 14
guanciale *m* 70
guanti *m* 30, 36, 237
guanti da giardinaggio *m* 89
guanto *m* 224, 233, 236, 246
guanto da forno *m* 69
guantone *m* 228
guardare la televisione 269
guardia *f* 180
guardia carceraria *f* 181
guardia di sicurezza *f* 189
guardialinee *m* 223
guardrail *m* 195
guarnizione *f* 61
Guatemala 314
gufo *m* 292
guida *f* 172, 260
guida a destra *f* 201
guida a sinistra *f* 201
guida al negozio *f* 104
guida turistica *f* 260
guidafilo *m* 276
guidare 195
Guinea 317
Guinea Bissau 317
Guinea Equatoriale 317
guscio *m* 129, 137, 293
Guyana 315
Guyana Francese 315

H

halloween *m* 27
Haiti 314
hamburger *m* 154
hamburger con patatine fritte *m* 154
hamburger di pollo *m* 155
hamburger vegetariano *m* 155
handicap *m* 233
hard drive *m* 176
hardware *m* 176
Hawaii 314
heavy metal *m* 259
Himalaia *m* 313
hockey *m* 224
hockey su ghiaccio *m* 224
hockey sull'erba *m* 224
Honduras 314
hot dog *m* 155
hovercraft *m* 215

I

iarda *f* 310
icona *f* 177
idrante *m* 95
idraulico *m* 188
idroterapia *f* 55
idrovolante *m* 211
ieri 306
igiene del neonato *f* 74
igiene dentale *f* 72
igiene femminile *m* 108
igname *m* 125
iguana *f* 293
illuminazione *f* 105
imbarazzato 25
imbarcare 217
imbarcazioni *f* 215
imbastire 277
imbuto *m* 166
impalcatura *f* 186
imparare 163
impastare 138
impermeabile *m* 31, 32, 245
impianto idraulico *m* 61
impianto stereo *m* 268
impiegato *m* 24
impiegato delle poste *m* 98
importo *m* 96
imposta *f* 96
impotente 20
impronta digitale *f* 94
impugnatura *f* 230
imputato *m* 181
imputazione *f* 180
in cima 320
in differita 178
in diretta 178
in orario 305
in polvere 77
in rete 177
in salamoia 143
in stato interessante 52
in tensione 60
inalatore *m* 44, 109
incarto *m* 111
incassare 97
incendio *m* 95
inchiostro *m* 275
incidente *m* 46
incidente stradale *m* 203
incidere 79
incinta 52
incisione *f* 275
incisivo *m* 50
incollare 82
incontro *m* 237
incrocio *m* 298
incubatrice *f* 53
indaco 274
indagine *f* 94
India 318
indicatore di livello dell'olio *m* 202
indicazioni *f* 260
indice *m* 15
indirizzo *m* 98
indirizzo di posta elettronica *m* 177
indivia *f* 123
Indonesia 319
indumenti impermeabili *m* 267
indumenti per la notte *m* 31
indumenti termici *m* 267
infarto *m* 44
infermiera *f* 45, 48, 52, 189
infezione *f* 44
infilare 277
influenza *f* 44
inforcare 90
informazione *f* 261
informazione turistica *f* 261
informazioni telefoniche *f* 99
infreddatura *f* 44
ingegneria *f* 169
ingorgo *m* 195
ingrandimento *m* 271
ingrandire 172
ingresso *m* 59, 100
ingresso vietato *m* 195
inguine *m* 12
iniezione *f* 48
iniziare la scuola 26
inizio *m* 321
innamorarsi 26
innestare 91
innocente 181
inondazione *f* 287
inquilino *m* 58
insalata *f* 149
insalata mista *f* 158
insalata verde *f* 158
insegna *f* 104
insegnante *m* 191
insegnante m/f 162
inseguire 229
insettifugo *m* 108
insonnia *f* 71
installazione *f* 177
insulina *f* 109
integrale 131
integratori *f* 55
intercostale *m* 16
Internet 177
interno *m* 200
intero 129, 132
interrotto 99
interruttore *m* 60
interruttore per le luci *m* 201
interruzione di corrente *f* 60
intervallo *m* 223, 254
intervistatore *m* 179
intestino crasso *m* 18
intestino tenue *m* 18
intonacare 83
intonaco *m* 82
invasare 91
inverno *m* 31, 307
invertebrati *m* 295
investigatore *m* 94
investimento *m* 97
ionosfera *f* 286
ipnositerapia *f* 55
ipoallergenico 41
ipoteca *f* 96
ipotenusa *f* 164
ippodromo *m* 243
ippoglosso *m* 120
ippopotamo *m* 291
Iran 318
Iraq 318
iride *f* 51
iris *m* 110
Irlanda 316
irrigare 183
irrigatore *m* 89
isola *f* 282
Isole Falkland 315
Isole Galapagos 315
isolamento *m* 61
Isole Baleari 316
Isole Salomone 319
Israele 318
istruttore individuale *m* 250
istruzioni *f* 109
Italia 316
itinerario *m* 260

J

jazz *m* 259
jeans *m* 31
jolly *m* 273
judo *m* 236
Jugoslavia 316

K

k.o. *m* 237
Kaliningrad 316
karate *m* 236
kayak *m* 241
Kazakistan 318
kendo *m* 236
Kenya 317
ketchup *m* 135
kickboxing *m* 236
Kirghizistan 318
kit per riparazioni *m* 207
kiwi *m* 128
koala *m* 291
kung-fu *m* 236
Kuwait 318

L

labbra *f* 20
labbro *m* 14
laboratorio *m* 78, 166
lacca *f* 38, 79
laccio *m* 37
lacrima *f* 51
lacrosse *m* 249
lago *m* 285
lama *f* 60, 66, 78, 89, 246
lama rotante *f* 211
lametta *f* 73
lampada *f* 50, 62, 178
lampadina *f* 60, 70
lampeggiatore *m* 270
lampone *m* 127
lana *f* 277
lana d'acciaio *f* 81
lancetta dei minuti *f* 304
lancetta dei secondi *f* 304
lancetta delle ore *f* 304
lanciarazzi *m* 281
lanciare 225, 229, 245
lanciatore *m* 225
lancio *m* 281
lancio del disco *m* 234
lancio del giavellotto *m* 234
lancio del peso *m* 234
Laos 318
laptop *m* 175
lardo *m* 119
larghezza *f* 165
largo 321
larice *m* 296
laringe *f* 19
lassativo *m* 109
lastra *f* 50
lastrina *f* 167
latitudine *f* 283
lato *m* 164
latte *m* 136, 156
latte condensato *m* 136
latte detergente *m* 41
latte di capra *m* 136
latte di mucca *m* 136
latte di pecora *m* 137
latte fermentato *m* 137
latte in polvere *m* 137
latte intero *m* 136
latte parzialmente scremato *m* 136
latte scremato *m* 136
latticini *m* 107, 136
lattina *f* 145, 311
lattosio *m* 137
lattuga *f* 123
laurea *f* 169
laurearsi 26
laureata *f* 169
lava *f* 283
lavagna *f* 162
lavagna luminosa *f* 163, 174
lavanderia *f* 76, 115
lavandino *m* 38, 66, 72
lavare 38, 77
lavasciuga *f* 76
lavasecco *m* 115
lavastoviglie *f* 66
lavatrice *f* 76
lavori stradali *m* 187, 195
lavoro *m* 172
lavoro a maglia *m* 277
lecca lecca *m* 113
lega per saldature *f* 79, 81
legamento *m* 17
legge *f* 180
leggere 162
leggero 321
legno *m* 79, 187, 275
legno dolce *m* 79
legno duro *m* 79
legumi secchi *m* 130
lente *f* 51
lenti a contatto *f* 51
lenticchie marroni *f* 131
lenticchie rosse *f* 131
lentiggine *f* 15
lento 321
lenza *f* 244
lenzuolo *m* 71, 74
leone *m* 291
leone marino *m* 290
Lesotho 317
lettera *f* 98, 272
lettera per posta aerea *f* 98
letteratura *f* 162, 169
lettiga *f* 48
lettino *m* 74
lettino da campeggio *m* 266
lettino solare *m* 41
letto *m* 70
letto matrimoniale *m* 71
letto singolo *m* 71
Lettonia 316
lettore di cd *m* 268
lettore di cd portatile *m* 269
lettore di dvd *m* 268
lettore di mini disk *m* 268
lettore di MP3 *m* 268
leva *f* 61, 150
leva del cambio *f* 201, 207
leva del freno *f* 207
leva di emergenza *f* 209
leva per il pneumatico *f* 207
levata della posta *f* 98
lezione *f* 163
Libano 318
libbra *f* 310
libellula *f* 295
Liberia 317
libero 321
libertà per buona condotta *f* 181
Libia 317
libreria *f* 63, 115
libretto degli assegni *m* 96
libro *m* 168
libro di testo *m* 163
libro paga *m* 175
licenza di pesca *f* 245
Liechtenstein 316
lievito *m* 138
lima *f* 81
limetta *f* 41, 126
limite *m* 225
limite di velocità *m* 195
limo *m* 85
limonata *f* 144
limone *m* 126
limousine *f* 199
linea *f* 225
linea dei tre punti *f* 226
linea del gol *f* 220
linea della porta *f* 224
linea di centro *f* 226
linea di fallo *f* 229
linea di fondo *f* 223, 226, 230
linea di gioco *f* 233
linea di palla morta *f* 221
linea di partenza *f* 234
linea di servizio *f* 230
linea di tiro libero *f* 226
linea di touch *f* 221
linea divisoria *f* 194
linea laterale *f* 220, 226, 230
linee *f* 165
lingua *f* 19, 37, 118, 162
lino *m* 184, 277
liquido 77
liquido amniotico *m* 52
liquirizia *f* 113
liquore *m* 145
liscio 39
lista dei libri *f* 168
lista dei vini *f* 152
listino *m* 154
litchi *m* 128
litro *m* 311
Lituania 316
livella *f* 80, 187
livido *m* 46
lob *m* 231
locomotiva *f* 208
logo *m* 31
lombatina *f* 119
longitudine *f* 283
lontano 320
lontra *f* 290
lotta greco-romana *f* 236
lozione *f* 109
lozione per il corpo *f* 73
lozione tonificante *f* 41
lucchetto *m* 207
luce *f* 217
luce del portico *f* 58
luce del sole *f* 286
luce di lettura *f* 210
lucertola *f* 293
luci *f* 94
luci intermittenti *f* 201
lucidare 77
lucidatore *m* 78
lucido 83, 271
luffa *f* 73
luglio 306
lumaca *f* 295
luna *f* 280
luna nuova *f* 280
luna park *m* 262
luna piena *f* 280
lunaria *f* 288
lunedì 306
lunghezza *f* 165, 310
lunghezza d'onda *f* 179
lungo 32, 320
lungomare *m* 265
lungometraggio *m* 269
luoghi d'interesse *m* 261
luogo d'interesse turistico *m* 260
lupini *m* 297
lupo *m* 290
Lussemburgo 316

M

macadamia *f* 129
macchina da caffè *f* 150
macchina da cucire *f* 276
macchina del caffè *f* 148
macchina fotografica *f* 260
macchina fotografica APS *f* 270
macchina fotografica digitale *f* 270
macchina fotografica istantanea *f* 270
macchina fotografica usa e getta *f* 270
macchina per esercizi *f* 250
macchina per step *f* 250
macchinari *m* 187
Macedonia 316
macellaio *m* 118, 188
macelleria *f* 114
macinato 132, 144
macinatore di rifiuti *m* 61
macis *m* 132
macramè *m* 277
Madagascar 317
madre *f* 22
magazzino *m* 216
maggio 306
maggiorana *f* 133
maglia *f* 36
maglietta *f* 30, 33, 251
maglione *m* 33
magma *f* 283
magnesio *m* 109
magro 321
maiale *m* 118, 185
maialino *m* 185
maionese *f* 135
mal di denti *m* 50
mal di stomaco *m* 44
mal di testa *m* 44
malachite *f* 288
malattia *f* 44
malattia venerea *f* 20
Malawi 317
Malaysia 318
Maldive 318
Mali 317
Malta 316
malta *f* 83, 187
mammiferi *m* 290
manchego *m* 142
mandarino *m* 126
mandato *m* 180
mandibola *f* 14, 17
mandorla *f* 129
mandorla brasiliana *f* 129
mandorle *f* 151
mandria *f* 183
mandrino *m* 78
manette *f* 94
manganello *m* 94
mangianastri *m* 268, 269
mangiare 64
mangiare sul posto 154
mangiatoia *f* 183
mango *m* 128
mangostina *f* 128
manica *f* 34
manichino *m* 276
manici *m* 37
manico *m* 36, 88, 106, 187, 258
manicotto *m* 45
manicure *f* 41
maniglia *f* 196, 200
mannaia *f* 68
mano *f* 13, 15
mano di fondo *f* 83
mano finale *f* 83
manopola di messa a fuoco *f* 167
mantello *m* 282
mantide religiosa *f* 295
manuale 200
manubri *m* 250

manubrio *m* 207, 251
manzo *m* 118
mapo *m* 126
mappa *f* 195, 261
mappa della metropolitana *f* 209
mappamondo *m* 312
Mar Baltico *m* 313
Mar Caspio *m* 313
Mar dei Caraibi *m* 312
Mar Mediterraneo *m* 313
Mar Nero *m* 313
Mar Rosso *m* 313
maracas *m* 257
maratona *f* 234
marca di bordo libero *f* 214
marcare 227
marcatore per le labbra *m* 40
marce *f* 206
marciapiede *m* 298
marcio 127
mare *m* 264, 282
Mare Arabico *m* 313
Mare del Nord *m* 312
margarina *f* 137
margherita *f* 110
marinaio *m* 189
marinato 143, 159
marito *m* 22
marmellata *f* 134, 156
marmellata agli agrumi *f* 156
marmellata di agrumi *f* 134
marmellata di lamponi *f* 134
marmo *m* 288
Marocco 317
marrone 274
marsupio *m* 75, 291
Marte 280
martedì 306
martelletto *m* 181
martello *m* 68, 79, 80, 275
martello pneumatico *m* 187
martini *m* 151
marzapane *m* 141
marzo 306
mascara *m* 40
maschera *f* 228, 236, 239, 249, 255
maschera di bellezza *f* 41
maschera protettiva *f* 225
mascherina *f* 189
maschili 21
mass media *m* 178
massaggio *m* 54
masters *m* 169
matassa *f* 277
matematica *f* 162, 164
materassino *m* 74, 267
materassino confiabile *m* 267
materasso *m* 70, 74
materiali *m* 79, 187
maternità *f* 49
matita *f* 163, 275
matita colorata *f* 163
matita per gli occhi *f* 40
matita per le sopracciglia *f* 40
matrice *f* 96
matrigna *f* 23
matrimonio *m* 26, 35
mattarello *m* 69
mattino *m* 305
mattone *m* 187
maturo 129
Mauritania 317
Maurizio 317
mazza *f* 187, 224, 225, 228, 249
mazza da hockey *f* 224
mazza di ferro *f* 233
mazza di legno *f* 233
mazza ricurva *f* 233
mazze da golf *f* 233
mazzetto *m* 111
mazzetto odoroso *m* 132
mazzo di carte *m* 273
mazzo di fiori *m* 111
mazzuolo *m* 78
MDF *m* 79
meccanica *f* 202
meccanico *m* 188, 203
medaglie *f* 235
medicamento *m* 109
medicina *f* 169
medicina aiurvedica *f* 55
medicina per la tosse *f* 108
medico *m* 45, 189
medio *m* 15
meditazione *f* 54
medusa *f* 295
mela *f* 126
mela cotogna *f* 128
melanzana *f* 125
melodia *f* 259
melograno *m* 128
melone *m* 127
memoria *f* 176
meno 165
mensa *f* 168
mensile 307
mensola *f* 67
mensola del caminetto *f* 63
mensole *f* 66
menta *f* 133
mentina *f* 113
mento *m* 14
menù *m* 148, 153, 154
menù del pranzo *m* 152
menù della cena *m* 152
menù per bambini *m* 153
mercato *m* 97, 115
merceria *f* 105
mercoledì 306
mercurio *m* 289
Mercurio 280
meridiana *f* 262
meringa *f* 140
merlango *m* 120
merluzzo *m* 120
mescolare 138, 273
mese *m* 306
mesosfera *f* 286
messa a terra *f* 60
messa in fase *f* 203
messaggi *m* 100
messaggio di testo *m* 99
messaggio vocale *m* 99
Messico 314
mestieri *m* 188, 190
mestolo *m* 68
mestruazione *f* 20
meta *f* 221
metacarpo *m* 17
metalli *m* 289
metallo *m* 79
metamorfico 288
metatarso *m* 17
meteora *f* 280
metodi *m* 159
metro *m* 80, 276, 310
metro quadro *m* 310
metropolitana *f* 209
mettere a bagno 130
mettere a fuoco 271
mettere in piega 38
mettere la sveglia 71
mezza pensione *f* 101
mezzaluna *f* 280
mezzanotte *f* 305
mezzo litro *m* 311
mezzogiorno *m* 305
mica *f* 289
microfono *m* 179, 258
microscopio *m* 167
miele condensato *m* 134
miele sciolto *m* 134
mietitrebbiatrice *f* 182
miglio *m* 130, 310
mignolo *m* 15
mignolo del piede *m* 15
miliardo 309
milione *m* 309
mille 309
millennio *m* 307
millenovecento 307
millenovecentodieci 307
millenovecentouno 307
millepiedi *m* 295
milligrammo *m* 310
millilitro *m* 311
millimetro *m* 310
milza *f* 18
minerali *m* 289
minestra *f* 153, 158
minestrone *m* 158
minibar *m* 101
minigonna *f* 34
minuto *m* 304
miopia *f* 51
mirino *m* 271
mirtillo *m* 127
mirtillo rosso *f* 127
miscelatore *m* 66, 150
mischia *f* 221
missile *m* 211
misura *f* 151
misura di liquido *f* 311
misurare 310
misuratore di altezza *m* 45
misuratore di pressione *m* 45
misure *f* 165
misurino *m* 69, 150
mitragliatrice *f* 189
mittente *m* 98
mobile *m* 74
mocassino *m* 37
moda *f* 277
modella *f* 169
modellismo *m* 275
modello *m* 190, 276
modem *m* 176
modulo di prelievo *m* 96
modulo di versamento *m* 96
modulo lunare *m* 281
moglie *f* 22
molare *m* 50
Moldavia 316
mollare l'ancora *f* 217
molletta *f* 38, 76, 173
molletta per il naso *f* 238
molo *m* 217
moltiplicare 165
moltiplicato per 165
Monaco 316
monete *f* 97
mongolfiera *f* 211
Mongolia 318
monitor *m* 53, 172, 176
monopoly *m* 272
monorotaia *f* 208
monouso 109
monovolume *f* 199
monsone *m* 287
montagna *f* 284
Montagne Rocciose *f* 312
montagne russe *m* 262
montatura *f* 51
montgomery *m* 31
monumento *m* 261
mora *f* 127
mora-lampone *f* 127
morbido 129, 321
morbillo *m* 44
mordente per legno *m* 79
morire 26
morsa *f* 78
morsetto *m* 78, 166, 167
morso *m* 46, 78, 242
mortaio *m* 68, 167
mosca *f* 244, 295
moschea *f* 300
mossa *f* 273
mosse *f* 237
mostarda *f* 135
mostarda con semi *f* 135
moto da corsa *f* 205
moto da cross *f* 205
moto da turismo *f* 205
motocicletta *f* 204
motociclismo *m* 249
motocross *m* 249
motore *m* 88, 202, 204, 210
motore fuoribordo *m* 215
motoscafo *m* 214
motoslitta *f* 247
mountain bike *f* 206
mouse *m* 176
mousse *f* 141
Mozambico 317
mozzarella *f* 142
mozzo *m* 206
mucca *f* 185
muffin *m* 140
mulinello *m* 214, 244
multivitamina *f* 109
mungere 183
municipio *m* 299
muratore *m* 186, 188
muro *m* 58, 186, 222
muscoli *m* 16
museo *m* 261
musica *f* 162
musica classica *f* 255, 259
musica da ballo *f* 259
musica folk *f* 259
musical *m* 255
musicista *m* 191
muso *m* 210, 293
mutande di plastica *f* 30
mutandine *f* 35
Myanmar 318

N

naan *m* 139
nailon *m* 277
Namibia 317
narciso *m* 111
narice *f* 14
nascere 26
nascita *f* 52
naso *m* 14
nassa *f* 245
nastro *m* 27, 39, 111, 141, 235
nastro adesivo *m* 47, 173
nastro adesivo coprente *m* 83
nastro convogliatore *m* 106
nastro isolante *m* 81
nastro trasportatore *m* 212
Natale *m* 27
naturale 256
naturopatia *f* 55
nausea *f* 44
nave *f* 214
nave da crociera *f* 215

nave da guerra *f* 215
nave da trasporto *f* 215
nave porta container *f* 215
navetta *f* 197
navigare 176, 240
navigazione via satellite *f* 201
nazione *f* 315
nebbia *f* 287
nebulizzatore *m* 311
nebulosa *f* 280
negativo *m* 271
négligé *m* 35
negozio *m* 298
negozio dell'usato *m* 115
negozio di alimentari *m* 114
negozio di alimenti biologici *m* 115
negozio di animali *m* 115
negozio di antiquariato *m* 114
negozio di articoli da regalo *m* 114
negozio di articoli fotografici *m* 115
negozio di articoli per l'arte *m* 115
negozio di calzature *m* 114
negozio di dischi *m* 115
negozio di dolciumi *m* 113
negozio di ferramenta *m* 114
negozio di mobili *m* 115
negozio duty free *m* 213
neo *m* 14
neoclassico 301
neonato *m* 53
Nepal 318
nero 39, 272, 274
nervo *m* 19, 50
nervo ottico *m* 51
nervoso 25
Nettuno 280
neurologia *f* 49
neutro 60
neve *f* 287
nevischio *m* 286
Nicaragua 314
nichel *m* 289
Niger 317
Nigeria 317
nipote *f* 22, 23
nipote *m* 22, 23
nipoti *m* 23
no 322
nocca *f* 15
nocciola *f* 129
noccioline *f* 151
noccioline americane *f* 151
nocciolo *m* 122, 129
noce *f* 129
noce di cocco *f* 129
noce moscata *f* 132
non pastorizzato 137
non piegare 98
nonna *f* 22
nonni *m* 23
nonno *m* 22
nono 309
nord *m* 312
normale 39
Norvegia 316
nota *f* 256
notte *f* 305
novanta 308
novantesimo 309
nove 308
novecento 308
novembre 306
nuca *f* 13
nucleo esterno *m* 282
nucleo interno *m* 282
numeratore *m* 165
numeri *m* 308
numero *m* 226
numero del binario *m* 208
numero del percorso *m* 196
numero del volo *m* 213
numero della camera *m* 100
numero dell'uscita *m* 213
numero di conto *m* 96
nuora *f* 22
nuotare 238
nuotatore *m* 238
nuoto *m* 238
nuoto sincronizzato *m* 239
nuoto subacqueo *m* 239
Nuova Zelanda 319
nuovo 321
nuvola *f* 287
nuvoloso 286

O

obiettivo *m* 167, 270
oblò *m* 214
oboe *m* 257
oca *f* 119, 293
occhialetti *m* 238
occhiali *m* 51, 247
occhiali da sole *m* 51, 265
occhiali protettivi *m* 81, 167
occhiello *m* 37, 244, 276
occhio *m* 14, 51
occhio rosso *m* 271
occupato 99, 321
Oceania 319
oceano *m* 282
Oceano Antartico *m* 313
Oceano Artico *m* 312
Oceano Atlantico *m* 312
Oceano Indiano *m* 312
Oceano Pacifico *m* 312
oculare *m* 167, 269
odometro *m* 201
offerte *f* 106
oftalmologia *f* 49
oggetto *m* 261
oggi 306
okra *f* 122
oli *m* 134
olii essenziali *m* 55
olio *m* 142, 199
olio aromatizzato *m* 134
olio di colza *m* 135
olio di mais *m* 135
olio di mandorla *m* 134
olio di noccioline *m* 134
olio di noce *m* 134
olio di semi di arachide *m* 135
olio di semi di girasole *m* 134
olio di semi di sesamo *m* 134
olio di semi d'uva *m* 134
olio d'oliva *m* 134
olio spremuto a freddo *m* 135
olio vegetale *m* 135
oliva nera *f* 143
oliva ripiena *f* 143
oliva verde *f* 143
olive *f* 151
olivetta *f* 31
olmo *m* 296
oltre 320
Oman 318
ombelico *m* 12
ombrello *m* 36, 233
ombrellone *m* 264
ombretto *m* 40
omeopatia *f* 55
omero *m* 17
omogeneizzato 137
oncia *f* 310
oncologia *f* 49
onda *f* 241, 264
onda corta *f* 179
onda lunga *f* 179
onda media *f* 179
onice *f* 289
opaco 83, 271
opale *m* 288
opera *f* 255
opera teatrale *f* 254
operazione *f* 48
opuscolo *m* 175
opuscolo vacanza *m* 212
ora *f* 304, 304
ora di punta *f* 209
orari *m* 261
orario *m* 197, 209, 261
orario delle visite *m* 48
orbita *f* 280
orchestra *f* 254, 256
orchidea *f* 111
ordinare 153
ordine *m* 180
ordine del giorno *m* 174
orecchino *m* 36
orecchio *m* 14
orecchioni *m* 44
oreficeria *f* 275
organi riproduttivi *m* 20
origami *m* 275
origano *m* 133
orizzontale 271
orlo *m* 34
ormeggiare 217
ormeggio *m* 214, 217
ormone *m* 20
ornamentale 87
ornamenti oggetti per giardini *m* 84
ornitologia *f* 263
oro *m* 289
oro *f* 235
orologio *m* 62, 304
orologio da polso *m* 36
orsacchiotto *m* 75
orso *m* 291
orso polare *m* 291
ortica *f* 297
orto *m* 85, 182
ortopedia *f* 49
orzo *m* 130, 184
ospedale *m* 48
ospite *m* 64, 100
ossidiana *f* 288
osso *m* 17, 119
ostacolo *m* 243
osteopatia *f* 54
ostetrica *f* 53
ostetrico *m* 52
ostrica *f* 121
otorinolaringologiatria *f* 49
ottagono *m* 164
ottanta 308
ottantesimo 309
ottavo 309
ottico *m* 51, 189
otto 308
ottobre 306
ottocento 308
ottoni *m* 256
otturazione *f* 50
ouverture *f* 256
ovaia *f* 20
ovale *m* 164
overpar *m* 233
ovest *m* 312
ovulazione *f* 20, 52
ovulo *m* 20

P

pacchetto *m* 311
pacchetto di sigarette *m* 112
pacco *m* 99
padella *f* 69
padella per grigliare *f* 69
padre *m* 22
padrona di casa *f* 64
padrone di casa *m* 58, 64
paesaggio *m* 284
paese *m* 315
Paesi Bassi 316
pagaia *f* 241
pagamento *m* 96
pagare 153
Pakistan 318
pala *f* 187
palato *m* 19
palco *m* 254
palcoscenico *m* 254
palestra *f* 101, 250
paletta *f* 77, 89, 265
paletta forata *f* 68
palla *f* 75, 228, 230
palla da bowling *f* 249
pallacanestro *f* 226
pallanuoto *f* 239
pallavolo *f* 227
palleggio *m* 230, 231
pallet *m* 186
pallina *f* 149, 224
pallina da cricket *f* 225
pallina da golf *f* 233
pallone *m* 220, 221, 222, 226
pallone da spiaggia *m* 265
palma *f* 86, 296
palmo *m* 15
palmtop *m* 175
palo *m* 222, 245, 266
palo della porta *m* 220
palpebra *f* 51
palude *f* 285
pan di Spagna *m* 140
Panama 314
panca *f* 250
pancetta *f* 118, 157
panchina *f* 262
pancreas *m* 18
panda *m* 291
pane *m* 157
pane affettato *m* 138
pane alla frutta *m* 139
pane bianco *m* 139
pane biscottato *m* 139, 156
pane con lievito naturale *m* 139
pane con semi *m* 139
pane di granaio *m* 139
pane di mais *m* 139
pane di segale *m* 138
pane e le farine *m* 138
pane fritto all'uovo *m* 157
pane integrale *m* 139, 149
pane lievitato con bicarbonato di sodio *m* 139
pane tostato *m* 157
panetteria *f* 107
panettiere *m* 139
pangrattato *m* 139
panificio *m* 114, 138
panino *m* 139, 143, 155
paninoteca *f* 143
panna *f* 137, 140, 157
panna acida *f* 137

panna densa *f* 137
panna fresca *f* 137
panna liquida *f* 137
panna montata *f* 137
panne *f* 203
pannello degli orari *m* 213
pannello di protezione *m* 66
panni sporchi *m* 76
pannolino *m* 75
pannolino di spugna *m* 30
pannolino usa e getta *m* 30
pantacollant *m* 31
pantaloncini *m* 30
pantaloni *m* 32, 34
pantaloni da equitazione *m* 242
pantaloni di felpa *m* 33
pantofole *f* 31
papaia *f* 128
papavero *m* 297
pappagallo *m* 293
paprica *f* 132
Papua Nuova Guinea 319
par *m* 233
parabrezza *m* 198, 205
paracadute *m* 248
paracadutismo *m* 248
paracadutismo libero *m* 248
paracolpi *m* 74
paradenti *m* 237
parafango *m* 205
parafuoco *m* 63
paraginocchio *m* 205
Paraguay 315
parallelo 165
parallelogramma *m* 164
paramedico *m* 94
parapendio *m* 248
parare 223
parastinchi *m* 224, 225
parata *f* 237
paraurti *m* 198
paravento *m* 265
parcheggiare 195
parcheggio *m* 298
parcheggio per disabili *m* 195
parchimetro *m* 195
parco *m* 262
parco a tema *m* 262
parco giochi *m* 263
parco nazionale *m* 261
pareggio *m* 223
parenti *m* 23
parmigiano *m* 142
parrucca *f* 39
parrucchiere *m* 38, 115, 188
parte bassa *f* 239
parte profonda *f* 239
partecipare 174
partenze *f* 213
partita *f* 230
partitura musicale *f* 255
partner di affari m/f 24
parto *m* 52, 53
parto assistito *m* 53
pascolo *m* 182, 285
Pasqua *f* 27
Pasqua ebraica *f* 27
passaggio *m* 226
passaggio pedonale *m* 195, 212
passaporto *m* 213
passare 220, 223
passato 159
passeggero *m* 216
passeggiata *f* 75
passeggino *m* 75
passerella *f* 214
passero *m* 292
passo *m* 243
pasta *f* 138, 140, 158
pasta filo *f* 140
pasta sfoglia *f* 140
pastelli *m* 274
pasticca *f* 109
pasticca per la gola *f* 109
pasticceria *f* 114
pasticche antinausea *f* 109
pasticci di carne *m* 143
pasticcio *m* 158
pastina *f* 140
pastinaca *f* 125
pasto *m* 64, 75, 158
pastone d'avena *m* 157
pastorizzato 137
patata *f* 124
patata dolce *f* 125
patata novella *f* 124
patate fritte *f* 154
patatine *f* 113, 151
patchwork *m* 277
pâté *m* 142, 156
patio *m* 85
patio in legno *m* 85
patologia *f* 49
patrigno *m* 23
pattinaggio *m* 263
pattinaggio a rotelle *m* 249
pattinaggio artistico *m* 247
pattinaggio di velocità *m* 247
pattinaggio su ghiaccio *m* 247
pattinare 224
pattino *m* 224, 247
pattino a rotelle *m* 249
pattumiera *f* 61, 67
pausa *f* 256, 269
pavimentazione *f* 85
pavimento *m* 62, 71
pavone *m* 293
paziente *m* 45
paziente ambulatoriale *m* 48
pecan *m* 129
pecora *f* 185
pedalare 207
pedale *m* 61, 206
pedale del freno *m* 205
pedana *f* 235
pedana di lancio *f* 228
pedana elastica *f* 235
pediatria *f* 49
pedicure *m* 41
pedina *f* 272
pedone *m* 272
pelapatate *m* 68
pelle *f* 14, 119
pellicano *m* 292
pellicina *f* 15
pellicola *f* 260, 271
peluche *m* 75
pendaglio *m* 36
pendice *f* 284
pendolare *m* 208
pene *m* 21
penisola *f* 282
penna *f* 163
pennello *m* 40, 83, 274
pennello da colla *m* 82
pennello da cucina *m* 69
pennello per le labbra *m* 40
pensilina *f* 197
pensione completa *f* 101
pensione con colazione *f* 101
pentagono *m* 164
pentagramma *m* 256
pentola *f* 69
peonia *f* 111
pepe *m* 64, 152
pepe della Giamaica *m* 132
peperoncino *m* 124, 132, 143
peperone *m* 124
per 320
per favore 322
pera *f* 127
percentuale *f* 165
percussione *f* 257
perdente *m* 273
perdere 273
perenne 86
perfezionamento *m* 169
perforatore *m* 173
pergola *f* 84
pericolo *m* 195
periferia *f* 299
periodico *m* 168
permanente *f* 39
permesso 322
perone *m* 17
perpendicolare 165
persiana *f* 58
persona sospetta *f* 181
personale *m* 175
persone *f* 12, 16
Perù 315
pesante 321
pesare 310
pesca *f* 126, 128, 244, 245
pesca con la fiocina *f* 245
pesca con la mosca *f* 245
pesca dalla riva *f* 245
pesca in acqua dolce *f* 245
pesca in alto mare *f* 245
pesca in mare *f* 245
pesca noce *f* 126
pesca sportiva *f* 245
pescare con la rete 245
pescatore *m* 189, 244
pesce *m* 107, 120
pesce affumicato *m* 143
pesce con patatine *m* 155
pesce rosso *m* 294
pesce spada *m* 120, 294
pescheria *f* 114, 120
pesci *m* 294
pescicoltura *f* 183
pescivendola *f* 188
peso *m* 166, 244
peso alla nascita *m* 53
pesario *m* 21
pestello *m* 68, 167
pesticida *m* 89, 183
petalo *m* 297
petroliera *f* 215
pettinare 38
pettine *m* 38, 121
petto *m* 119
pettorale *m* 16
piadina *f* 155
pialla *f* 81
piallare 79
pianerottolo *m* 59
pianeta *m* 280, 282
piangere 25
piano *m* 58
piano di lavoro *m* 66
piano di mixaggio *m* 179
piano inferiore *m* 141
piano superiore *m* 141
piano terra *m* 104
pianoforte *m* 256
pianta acquatica *f* 86
pianta adatta all'ombra *f* 87
pianta copriterreno *f* 87
pianta da fiore *f* 87
pianta da fiori *f* 297
pianta da vaso *f* 87, 110
pianta del piano *f* 261
pianta del piede *f* 15
pianta grassa *f* 87
piantare 183
piantare una tenda 266
piante *f* 86, 296
piante da giardino *f* 86
piante da roccia *f* 87
pianura *f* 285
piastra *f* 67
piastra del forno *f* 69
piastrellare 82
piastrina dell'ago *f* 276
piatti *m* 64
piatti del giorno *m* 152
piattino *m* 65
piatto *m* 65, 310
piatto da gratin *m* 69
piatto fondo *m* 65
piatto piano *m* 65
piatto principale *m* 153
piazza *f* 299
piazzole disponibili *f* 266
picca *f* 273
piccante 124
picchio *m* 292
piccione *m* 292
piccolo 321
piccolo galoppo *m* 243
piccone *m* 187
picnic *m* 263
piede *m* 12, 15, 310
piede quadro *m* 310
piedino *m* 276
piedi del letto 71
piega alla francese *f* 39
piegamento delle ginocchia *m* 251
pieno 321
pietra preziosa *f* 36
piffero *m* 257
pigiama *m* 33
pigiamino *m* 30
pilates *m* 251
pillola *f* 21, 109
pilota *m* 190, 211
pilota da corsa *m* 249
pin *m* 96
ping pong *m* 231
pinguino *m* 292
pinna *f* 239, 292
pinna dorsale *f* 294
pinna pettorale *f* 294
pinnacolo *m* 300
pinne di razza *f* 120
pino *m* 296
pinolo *m* 129
pinta *f* 311
pinza spelafilo *f* 81
pinza tagliafilo *f* 80
pinze *f* 150
pinze tonde *f* 80
pinzette *f* 40, 47, 167
pioggia *f* 287
piolo *m* 266
piombata 199
pioppo *m* 296
piovoso 286
piovra *f* 295
pipa *f* 112
pipetta *f* 167
pipistrello *m* 290
piramide *f* 164
pirofilo 69
pirolo *m* 258
piscina *f* 101, 238, 250
piscina gonfiabile *f* 263
piselli *m* 131
piselli spaccati *m* 131

pisello *m* 122
pista *f* 212, 234
pista ciclabile *f* 206
pista da hockey su ghiaccio *f* 224
pista da sci *f* 246
pistacchio *m* 129
pistola *f* 94
pistola per colla *f* 78
pita *f* 139
pitcher *m* 229
pittrice *f* 191
pittura *f* 83, 274
più 165
più tardi 304
piuma *f* 293
piumino *m* 40
pizza *f* 154
pizzeria *f* 154
pizzo *m* 35
placca *f* 50
placcare 220
placenta *f* 52
platea *f* 254
platino *m* 289
play *m* 269
Plutone 280
pneumatico *m* 198, 205, 206
podalico 52
podio *m* 235, 256
podio di partenza *m* 238
poggiatesta *m* 200
poker *m* 273
poli *m* 282
poliestere *m* 277
politologia *f* 169
polizia *f* 94
poliziotto *m* 94, 189
pollaio *m* 185
pollame *m* 119
pollice *m* 15, 310
pollo fritto *m* 155
pollo preparato *m* 119
polmone *m* 18
polo *m* 60, 243
Polo Nord *m* 283
Polonia 316
polpa *f* 124, 127, 129
polpaccio *m* 13, 16
polpette *f* 158
polpo *m* 121
polsino *m* 32, 230
polso *m* 13, 15
poltrona *f* 63, 254
poltrona da dentista *f* 50
poltrone *f* 254
polvere *f* 77, 109
polvere di cacao *f* 148
polvere di curry *f* 132
pomata *f* 47
pomata antirossore *f* 74
pomello *m* 59
pomeriggio *m* 305
pomice *f* 73, 288
pomo *m* 242
pomo di Adamo *m* 19
pomodorino *m* 124
pomodoro *m* 125, 149, 157
pompa *f* 207
pompa da seno *f* 53
pompelmo *m* 126
ponte *m* 214, 258, 300
ponte di comando *m* 214
ponte laterale *m* 240
pontile *m* 217
pop *m* 259
popcorn *m* 255
poppa *f* 240
porcellana *f* 105
porcile *m* 185
poro *m* 15
porro *m* 125
porta *f* 176, 196, 209, 221, 223, 224, 247
porta a soffietto *f* 196
porta cipria *m* 40
porta della doccia *f* 72
porta esterna *f* 59
porta uovo *m* 137
portabagagli *m* 198, 209
portabebè *m* 74
portablocco con fermaglio *m* 173
portacarte a fisarmonica *m* 173
portaerei *f* 215
portafoglio *m* 37, 97
portaghiaccio *m* 150
portamonete *m* 37
portaombrelli *m* 59
portapacchi *m* 204
portapenne *m* 172
portasapone *m* 73
portasciugamani *m* 72
portate *f* 153
portatovagliolo *m* 65
portauovo *m* 65
portellone *m* 198
portico *m* 58
portiere *m* 222, 224
porto *m* 145, 214, 216, 217
porto da pesca *m* 217
porto per container *m* 216
porto per passeggeri *m* 216
Portogallo 316
portone *m* 58
porzione *f* 64
posacenere *m* 150
posate *f* 64
posizione *f* 232
posta aerea 98
posta elettronica *f* 98, 177
posta in arrivo *f* 177
posteggio dei taxi *m* 213
posteggio per bici *m* 207
poster *m* 255
poster scorrevole *m* 174
postino *m* 98, 190
potare 91
poto turistico *m* 217
pot-pourri *m* 111
pranzo *m* 64
pranzo di affari *m* 175
prateria *f* 285
prato *m* 85, 90, 262
pratolina *f* 297
precotti *m* 107
prego 322
prematuro 52
premolare *m* 50
prenatale 52
prendere 220, 245
prendere appunti 163
prendere il sole 264
prendere in prestito 168
prenotare 168
prenotare un volo 212
preoccupato 25
prepuzio *m* 21
presa *f* 60, 237
presa di corrente *f* 266
presa per il piede *f* 241
presbiopia *f* 51
prescrizione *f* 109
presentatore *m* 178
presentazione *f* 174
preservativo *m* 21
preside *f* 163
pressa per le gambe *f* 251
pressa per pettorali *f* 251
pressione dei pneumatici *f* 203
pressione del sangue *f* 44
prestito *m* 96, 168
presto 305
prezzemolo *m* 133
prezzo *m* 152, 199
prima 320
prima *f* 254
primato *m* 234
primato personale *m* 234
primavera *f* 307
primo 309
primo piano *m* 104
primula *f* 297
principato *m* 315
privo di sensi 47
proboscide *f* 291
procedimento *m* 180
processione *f* 27
processore *m* 176
procione *m* 290
prodotti per bambini *m* 107
prodotti per i denti *m* 108
prodotti per il bagno *m* 107
prodotti per la pelle *m* 108
prodotto dei campi *m* 183
produttore *m* 254
profondità *f* 165
profumato 130
profumeria *f* 105
profumo *m* 41
programma *m* 176, 254, 269
programmazione *f* 178
proiettore *m* 259
proiezione *f* 237
prolunga *f* 78
pronto soccorso *m* 47, 48
propagare 91
propaggine *f* 91
proposta *f* 174
prosciugamento *m* 91
prosciutto *m* 119, 143, 156
prosciutto crudo *m* 143
prostata *f* 21
protezione *f* 88
prova *f* 181
provetta *f* 166
provincia *f* 315
prua *f* 215, 240
prugna *f* 126
prugna secca *f* 129
psichiatria *f* 49
psicoterapia *f* 55
pubblicità *f* 269
pubblico *m* 254
pubblico ministero *m* 180
Puerto Rico 314
pugilato *m* 236
pugno *m* 15, 237
pula *f* 130
pulcino *m* 185
puledro *m* 185
pulire 77
pulito 121
pullman *m* 196
pullman turistico *m* 197, 260
pulmino *m* 197
pulsante di chiamata *m* 48, 197
pulsante di scatto *m* 270
pulsazione *f* 47
pungiglione *m* 295
punta *f* 36, 78, 122, 163, 246
punta di sicurezza *f* 80
punta per metalli *f* 80
punta per muratura *f* 80
punta piana per legno *f* 80
puntaspilli *m* 276
punte *m* 80
punte da falegnameria *f* 80
punte per cacciavite *f* 80
punteggio *m* 220, 273
punti *m* 52, 173
puntina *f* 173
punto *m* 273, 277
puntura *f* 46
punze ad ago *f* 80
pupilla *f* 51
putter *m* 233
puzzle *m* 273

Q

Qatar 318
quaderno *m* 163
quadrato *m* 164
quadricipite *m* 16
quadro *m* 62, 261, 273, 274
quaglia *f* 119
quaranta 308
quaranta minuti 304
quarantesimo 309
quarto 309
quarto di gallone *m* 311
quarzo *m* 289
quattordicesimo 309
quattordici 308
quattro 308
quattrocento 308
quercia *f* 296
questa settimana 307
quindicesimo 309
quindici 308
quindici giorni 307
quinoa *f* 130
quinta *f* 254
quinto 309
quota *f* 211

R

rabarbaro *m* 127
raccattapalle *m* 231
racchetta *f* 230, 231
raccoglierba *m* 88
raccogliere 91, 183, 229
raccoglitore *m* 172
raccoglitore a leva *m* 173
raccomandata *f* 98
racquetball *m* 231
radar *m* 214, 281
radiatore *m* 202
radicchio *m* 123
radice *f* 50, 124, 296
radice di taro *f* 124
radici *f* 39
radio *m* 17
radio *f* 179, 268
radiografia *f* 48
radiografia dentale *f* 50
radiologia *f* 49
radiosveglia *f* 70
rafano *m* 125
raffreddore *m* 44
rafting *m* 241
ragazza *f* 23, 24
ragazzo *m* 23, 24
raggi ultravioletti *m* 286
raggio *m* 164, 207
ragno *m* 295
rally *m* 249
RAM *f* 176
Ramadan *m* 26
rame *m* 289
rammendare 277
ramo *m* 296

ramoscello *m* 296
rampa di accesso *f* 194
rampa di lancio *f* 281
rampa di uscita *f* 194
rampicante *m* 87
rana *f* 239, 294
rana pescatrice *f* 120
ranuncolo *m* 297
rap *m* 259
rapa *f* 124
rapa svedese *f* 125
rapide *f* 284
rapporti *m* 24
rasatura *f* 73
raschiare 77
rasoio elettrico *m* 73
rasoio usa e getta *m* 73
rastrellare 90
rastrelliera *f* 166
rastrelliera per gli arnesi *f* 78
rastrello *m* 88
ratto *m* 290
ravanello *m* 124
razza *f* 120, 294
razzo illuminante *m* 240
re *m* 272, 273
reato *m* 94
reattore *m* 281
recinto *m* 85, 182, 185, 242
recipiente *m* 66
redattrice *f* 191
redini *f* 242
regalo *m* 27
reggae *m* 259
reggicalze *m* 35
reggiseno *m* 35
reggiseno da allattamento *m* 53
regina *f* 272, 273
regione *f* 315
regista *m* 254
registrazione *f* 269
registro *m* 100
Regno Unito *m* 316
regolatore *m* 239
regolatore di esposizione *m* 270
regolatore del tempo di esposizione *m* 270
reiki *m* 55
relatore *m* 174
relazione *f* 174
remare 241
rematore *m* 241
remo *m* 241
rene *m* 18
reni *f* 13
reparti *m* 49
reparto *m* 48
reparto alimentari *m* 105
reparto bagagli *m* 104
reparto bambini *m* 104
reparto calzature *m* 104
reparto di cura intensiva *m* 48
reparto maternità *m* 48
reparto pediatrico *m* 48
repellente per insetti *m* 267
Repubblica Ceca 316
Repubblica Centrafricana 317
Repubblica Democratica del Congo 317
Repubblica Dominicana 314
respirazione *f* 47
restituzione monete *f* 99
rete *f* 176, 217, 222, 226, 227, 231
rete da pesca *f* 244
rete del letto *f* 71
rete elettrica *f* 60
rete ferroviaria *f* 209
reticella *f* 167
retina *f* 51, 244
rettangolo *m* 164
rettili *m* 293
retto *m* 21
revisione dei conti *m* 97
rianimazione *f* 47
riasfaltatura *f* 187
riavvolgimento *m* 269
ribes bianco *m* 127
ribes nero *m* 127
ricamo *m* 277
riccio *m* 39, 290
ricerca *f* 169
ricetta *f* 45
ricevere 177
ricevimento nuziale *m* 26
ricevitore *m* 99, 225, 229
ricevuta *f* 152
ricezione *f* 100
richiesta di una visita specialista *f* 49
ricoperto di cioccolato 140
ricoprire di zolle erbose 90
ricordi *m* 260
ricorso *m* 181
ricoverato 48
ricupero bagagli *m* 213
ridere 25
ridurre 172
rifiuti *m* 266
rifiuti organici *m* 61
riflessoterapia *f* 54
righello *m* 163, 165
rigore *m* 222
rilasciare 245
rilassamento *m* 55
rimbalzare 227
rimedi alle erbe *m* 108
rimessa *f* 226
rimessa in gioco *f* 223
rimestare 67
rimorchiare 195
rimorchiatore *m* 215
rimorchio *m* 266
rinascimentale 301
ring *m* 237
ringhiera *f* 59
rinnovare 168
rinoceronte *m* 291
ripiano *m* 167
ripieno *m* 140, 155, 159
riproduttore acustico *m* 258
riproduzione *f* 20
riscaldare 154
riscaldarsi 251
riso *m* 130, 158, 184
riso bianco *m* 130
riso da budino *m* 130
riso integrale *m* 130
riso selvatico *m* 130
risparmi *m* 96
rispondere 99, 163
risposta *f* 163
ristorante *m* 101, 152
risultato *m* 49
risvolto *m* 32
ritardo *m* 209
ritmo *m* 259
ritorno *m* 231
riunione *f* 174
riva *f* 284
rivista *f* 112, 168
riviste *f* 107
rocce *f* 284, 288
rocchetto del filo *m* 276
rococò 301
rodeo *m* 243
rognoni *m* 119
Romania 316
rombo *m* 164
rompere le acque 52
rondella *f* 80
rondine *f* 292
rosa 274
rosa *f* 89, 110
rosé 145
rosmarino *m* 133
rosolare 67
rospo *m* 294
rossetto *m* 40
rossi 39
rosso 145, 274
rotaia *f* 208
rotatoria *f* 195
rotelle *f* 207
rotolo *m* 311
rotula *f* 17
rough *m* 232
roulotte *f* 266
round *m* 237
rovescio *m* 231, 286
rovina famosa *f* 261
Ruanda 317
rubinetto *m* 61, 66
rubinetto dell'acqua calda *m* 72
rubinetto dell'acqua fredda *m* 72
rubinetto di arresto *m* 61
rubinetto di scarico *m* 61
rubino *m* 288
ruck *m* 221
rucola *f* 123
ruga *f* 15
rugby *m* 221
rullino *m* 271
rullo *m* 83
rullo compressore *m* 187
rum *m* 145
rum con coca cola *m* 151
ruota *f* 198, 207, 235, 276
ruota anteriore *f* 196, 210
ruota dentata *f* 206
ruota di scorta *f* 203
ruota posteriore *f* 197
ruspante 118
russare 71

S

sabato 306
sabbia *f* 85, 264
sacca da golf *f* 233
sacchetto *m* 311
sacco *m* 237
sacco a pelo *m* 267
sacco postale *m* 98
Sahara *m* 313
Sahara Occidentale 317
Saint Kitts-Nevis 314
Saint Lucia 314
Saint Vincent e Grenadine 314
sala da pranzo *f* 64
sala da riunione *f* 174
sala d'attesa *f* 45
sala delle partenze *f* 213
sala di lettura *f* 168
sala macchine *f* 214
sala operatoria *f* 48
salamandra *f* 294
salame *m* 142
salame piccante *m* 142
salato 121, 129, 137, 155
saldare 79
saldatore *m* 80
sale *m* 64, 152
salice *m* 296
salmistrato 118, 143
salmone *m* 120
salopette *f* 30
salotto *m* 62
salpare 217
salsa *f* 134, 143, 155
salsa di pomodoro *f* 154
salsiccia *f* 118, 143, 157
salsiccia piccante *f* 142
saltare 227
saltare con la corda 251
salto *m* 235, 237, 243, 247
salto con l'asta *m* 234
salto in alto *m* 235
salto in lungo *m* 235
salumeria *f* 107, 142
salumi *f* 107
salute *f* 44
salvagente *m* 240
salvare 177
salvaslip *m* 108
salvia *f* 133
salvietta antisettica *f* 47
salviettina umidificata *f* 75, 108
San Marino 316
sandali *m* 31
sandalo *m* 37
sanguinaccio *m* 157
São Tomé e Príncipe 317
sapone *m* 73
saponetta *f* 311
Sardegna 316
sardina *f* 120
sarta *f* 277
sartiame *m* 215, 240
sarto *m* 191
sartoria *f* 115
sassofono *m* 257
satellite *m* 281
satsuma *m* 126
Saturno 280
sauna *f* 250
savoiardi *m* 141
sazio 64
sbadigliare 25
sbarcare 217
sbarra *f* 235, 250
sbarramento *m* 75
sbarre *f* 74
sbarre asimmetriche *f* 235
sbarre parallele *f* 235
sbattere 67
sbucciare 67
sbucciatura *f* 46
scacchi *m* 272
scacchiera *f* 272
scaffale *m* 106, 168
scafo *m* 214, 240
scaglia *f* 294
scaglie *f* 132, 293
scala *f* 59, 95, 186, 256
scala a pioli *f* 82
scala di sicurezza *f* 95
scala mobile *f* 104
scaldaacqua *m* 61
scalogno *m* 125
scalpello *m* 81, 275
scandalizzato 25
scandire 162
scanner *m* 105, 176
scapola *f* 17
scarabeo *m* 272
scarafaggio *m* 295
scarcerazione sulla parola *f* 180
scaricare 177
scarpa con i lacci *f* 37
scarpa con tacco alto *f* 37
scarpa da ginnastica *f* 37
scarpa da golf *f* 233
scarpa da trekking *f* 37

scarpa da uomo *f* 37
scarpa di cuoio *f* 37
scarpe *f* 34, 37
scarpe da escursionismo *f* 267
scarpe da ginnastica *f* 31
scarpe da tennis *f* 231
scarpe di cuoio *f* 32
scarpette *f* 30
scarpino *m* 220, 223
scarponcini *m* 251
scarpone da sci *m* 246
scartavetrare 82
scatola d'archivio *f* 173
scatola degli attrezzi *f* 244
scatola dei fusibili *f* 203
scatola del cambio *f* 204
scatola di cioccolatini *f* 113
scatola di fazzolettini *f* 70
scatolame *m* 107
scatoletta *f* 311
scavare 90
scendibagno *m* 72
scenografia *f* 254
scheda del paziente *f* 48
schedario *m* 172
scheggia *f* 46
scheletro *m* 17
scherma *f* 249
schermo *m* 97, 176, 255, 267
schermo fluorescente per raggi X *m* 45
schiacciapatate *m* 68
schiacciata *f* 139
schiena *f* 13
schienale *m* 64, 210
schiuma *f* 148
schiuma da barba *f* 73
schizzo *m* 275
sci *m* 241, 246
sci alpino *m* 247
sci d'acqua *m* 241
sci di fondo *m* 247
sciabola *f* 236
sciacquare 38, 76
scialuppa di salvataggio *f* 214
sciarpa *f* 31
sciatore d'acqua *m* 241
sciatrice *m* 246
scienza *f* 166
scienziato *m* 190
scimmia *f* 291
sciroppo *m* 109
sciroppo d'acero *m* 134
scisto *m* 288
scivolare 229
scivolata *f* 237
scivolo *m* 263
scogliera *f* 285
scoiattolo *m* 290
scolapasta *m* 68
scolara *f* 162
scolaro *m* 162
scollatura *f* 34
scolo *m* 61, 72
scommessa *f* 273
scompartimento *m* 209
scompartimento a cuccette *m* 209
scongelare 67
scopa *f* 77
scopa di spugna *f* 77
scoperto 260
scoperto *m* 96
scorpione *m* 295
scorza *f* 142
scorza interna *f* 126
scossa elettrica *f* 46
scotta *f* 241
scottatura *f* 46
scrivania *f* 172
scrivere 162
scroto *m* 21
scucire 277
scultore *m* 191
scultura *f* 275
scuola *f* 162, 299
scuola d'arte *f* 169
scuolabus *m* 196
scuole *f* 169
scuro 41, 321
seccato 159
secchiello *m* 265
secchio *m* 77, 82
secchio di riciclaggio *m* 61
secco 39, 41, 130, 145, 286
secolo *m* 307
seconda galleria *f* 254
secondo *m* 304
secondo 309
secondo piano *m* 104
sedano *m* 122
sedano rapa *m* 124
sedativo *m* 109
sede *f* 175
sede del circolo *f* 232
sedia *f* 64
sedia a rotelle *f* 48
sedia a sdraio *f* 265
sedia girevole *f* 172
sedicesimo 309
sedici 308
sedile *m* 61, 64, 204, 209, 210, 242
sedile del water *m* 72
sedile dell'autista *m* 196
sedile posteriore *m* 200
sedimentario 288
sega *f* 89
sega circolare *f* 78
sega da traforo 81
sega manuale *f* 80
sega per tenoni *f* 81
segare 79
seggiolino per bambini *m* 207
seggiolino per bambino *m* 198
seggiolone *m* 75
seggiovia *f* 246
seghetto per metalli *m* 81
segnale *m* 209
segnale stradale *m* 298
segnaletica orizzontale *f* 194
segretariato *m* 168
segreteria telefonica *f* 99
sei 308
seicento 308
selce *f* 288
selezionatore dei punti *m* 276
sella *f* 242
sella da signora *f* 242
sellino *m* 206
sellino posteriore *m* 204
semaforo *m* 194, 298
seme *m* 122, 127, 128, 130
seme di girasole *m* 131
seme di sesamo *m* 131
seme di zucca *m* 131
semenzaio *m* 89
semenzale *m* 91
semi *m* 88, 131
semi di carvi *m* 131
semi di finocchio *m* 133
semi di mostarda *m* 131
semi di papavero *m* 138
semi di soia *m* 131
seminare 90, 183
seminterrato *m* 58
semola *f* 130
sempreverde 86
senape *f* 135, 155
Senegal 317
seno *m* 12, 19
sensibile 41
senso unico *m* 194, 298
sentenza *f* 181
sentiero *m* 85, 262
sentiero per cavalli *m* 263
senza 320
senza grassi 137
senza maniche 34
senza piombo 199
senza sale 137
senza semi 127
senza spalline 34
seppia *f* 121
sera *f* 305
serbatoio *m* 61, 204
serbatoio del liquido lavavetri *m* 202
serbatoio del liquido per i freni *m* 202
serbatoio della benzina *m* 203
serbatoio dell'acqua *m* 61
serbatoio dell'olio *m* 204
serbatoio per il liquido refrigerante *m* 202
serie *f* 179
serie televisiva *f* 178
serpente *m* 293
serra *f* 85
serratura *f* 59
server *m* 176
servire 64, 229
servizi di emergenza *m* 94
servizio *m* 231, 231
servizio compreso 152
servizio di lavanderia *m* 101
servizio di pulizia *m* 101
servizio in camera *m* 101
servizio non compreso 152
sessanta 308
sessantesimo 309
sesto 309
set *m* 178, 179, 230
seta *f* 277
setacciare 91, 138
setaccio *m* 89
settanta 308
settantesimo 309
sette 308
settecento 308
settembre 306
settimana *f* 306
settimana prossima *f* 306
settimana scorsa *f* 307
settimanale 307
settimo 309
sfera *f* 164
sfiatatoio *m* 290
sfocato 271
sfogo *m* 44
sfondo *m* 177
sformato *m* 142
sgabello *m* 150
sgombro *m* 120
sgusciato 129
shaker *m* 150
shampoo *m* 38
sherry *m* 145
shiatsu *m* 54
shock *m* 47
shuttle *m* 281
si 322
Siberia *f* 313
Sicilia 316
sicura *f* 200
sicurezza *f* 75, 212, 240
sicuro di sé 25
sidro *m* 145
siepe *f* 85, 90, 182
Sierra Leone 317
sigarette *f* 112
sigaro *m* 112
sigillante *m* 83
Signora *f* 23
Signore *m* 23
Signorina *f* 23
silenziatore *m* 203, 204
silo *m* 183
sinagoga *f* 300
sinfonia *f* 256
Singapore 319
singolo *m* 230
singolo 151
sinistra 260
sintetico 31
sintonizzare 179
sintonizzare la radio 269
sipario *m* 254
sirena *f* 94
Siria 318
siringa *f* 109, 167
sistema *m* 176
sistema cardiovascolare *m* 19
sistema di altoparlanti *m* 209
sistema digestivo *m* 19
sistema endocrino *m* 19
sistema linfatico *m* 19
sistema nervoso *m* 19
sistema respiratorio *m* 19
sistema riproduttivo *m* 19
sistema solare *m* 280
sistema urinario *m* 19
sistemi corporali *m* 19
sistemi interni *m* 60
sito web *m* 177
skateboard *m* 249, 263
slalom *m* 247
slalom gigante *f* 247
slip *m* 33, 35
slittino *m* 247
slogatura *f* 46
Slovacchia 316
Slovenia 316
smaltimento dei rifiuti *m* 61
smalto *m* 50
smalto per le labbra *m* 40
smalto per unghie *m* 41
smeraldo *m* 288
smorzata *f* 230
snack bar *m* 148
snooker *m* 249
snowboard *m* 247
soda *f* 144
sodo 124
soffiare 141
soffione della doccia *m* 72
soffitta *f* 58
soffitto *m* 62
soffocare 47
software *m* 176
sogliola *f* 120
sogliola limanda *f* 120
solco *m* 183
soldato *m* 189
sole *m* 280
soleggiato 286
solidi *m* 164
sollevare 251
solubile 109
soluzione disinfettante *f* 51

soluzione per la pulizia *f* 51
solvente *m* 83
Somalia 317
sommare 165
sonaglio *m* 74
sonata *f* 256
sonda *f* 50
sonnifero *m* 109
sopra 320
sopracciglio *m* 14, 51
sorbetto *m* 141
sorella *f* 22
sorgere del sole *m* 305
sorpassare 195
sorpreso 25
sorriso *m* 25
sospensione *f* 203
sospetto *m* 94
sospirare 25
sosta vietata 195
sostegno *m* 88
sostituto *m* 223
sostituzione *f* 223
sottaceto 159
sottile 321
sotto 320
sottobicchiere *m* 150
sottoesposto 271
sott'olio 143
sottomarino *m* 215
sottopassaggio *m* 194
sottosuolo *m* 91
sottoveste *f* 35
sottrarre 165
soufflé *m* 158
sovraesposto 271
spaccato *m* 282
Spagna 316
spalla *f* 13
spallina *f* 35
spartito *m* 256
spartitraffico *m* 194
spatola *f* 68, 82, 167
spaventapasseri *m* 184
spaventato 25
spazio *m* 280
spazzare 77
spazzola *f* 38, 77, 82
spazzola da water *m* 72
spazzola per la schiena *f* 73
spazzolare 38
spazzolina per le sopracciglia *f* 40
spazzolino *m* 50
spazzolino da denti *m* 72
specchietto laterale *m* 198
specchietto retrovisore *m* 198
specchio *m* 40, 63, 71, 167
specialista *m* 49
spedire 177
spegnere la televisione 269
spellato 121
sperma *m* 20
spesa *f* 106
spesso 321
spettatori *m* 233
spezie *f* 132
spia del carburante *f* 201
spia della temperatura *f* 201
spiaggia *f* 264
spianare 67
spicchio *m* 125, 126
spiedino *m* 68, 155, 158
spigola *f* 120
spilla *f* 36
spilla da balia *f* 47
spillo *m* 276
spina *f* 60, 121, 150
spina dorsale *f* 17
spinaci *m* 123
spinato 121
spioncino *m* 59
spirale *f* 21
spoletta *f* 277
spolverare 77
spolverino *m* 77
sport *m* 220
sport acquatici *m* 241
sport da combattimento *m* 236
sport e il tempo libero *m* 236
sport invernali *m* 247
sportello *m* 96, 98, 198
sportello dell' equipaggio *m* 281
sposarsi 26
spray *m* 109
spremiaglio *m* 68
spremute e i frappé *f/m* 149
spruzzare 91
spugna *f* 73, 74, 83
spuntare 39, 90
sputacchiera *f* 50
squadra *f* 165, 220, 229
squalo *m* 294
squama *f* 121
squash *m* 231
sradicare le erbacce 91
Sri Lanka 318
stabilizzatore *m* 210
staccare 82
stadio *m* 223
staffa *f* 242
staffetta *f* 235
stagionale 129
stagioni *f* 306
stagno *m* 85, 232, 289
stalla *f* 185, 243
stalliere *m* 243
stame *m* 297
stampa *f* 178, 275
stampante *f* 172, 176
stampare 172
stampino *m* 83
stampo *m* 69
stampo per dolci *m* 69
stampo per flan *m* 69
stampo per soufflé *m* 69
stampo per torte *m* 69
stanza *f* 58
stanza di cambio pannolini *f* 104
starnuto *m* 44
Stati Uniti d'America 314
stativo *m* 166
stato *m* 315
statuina *f* 260
stazione di polizia *f* 94
stazione di servizio *f* 199
stazione ferroviaria *f* 208
stazione spaziale *f* 281
stecca *f* 47
stella *f* 280
stella di mare *f* 295
stelo *m* 111, 122, 297
stendere 251
stenografo *m* 181
stereo 269
sterile 20, 47
sterno *m* 17
stetoscopio *m* 45
stile libero *m* 239
stili *m* 239, 301
stili musicali *m* 259
stilista *m* 277
stinco *m* 12
stipendio *m* 175
stiramento *m* 251
stirare 76
stiva *f* 215
stivale da equitazione *m* 242
stivaloni di gomma *m* 244
stoffa *f* 276
stomaco *m* 18
stop *m* 269
storia *f* 162
storia dell'arte *f* 169
stoviglie e posate *f* 65
strada *f* 298
strada di accesso *f* 216
strade *f* 194
strascico *m* 35
strato di ozono *m* 286
strato superficiale *m* 85
stratosfera *f* 286
stress *m* 55
stretching *m* 251
stretto 321
strike *m* 228
strumenti *m* 256, 258
strumenti a corda *m* 256
strumenti a fiato *m* 257
struttura *f* 267
struttura per arrampicarsi *f* 263
struzzo *m* 292
stuccare 82
stucco *m* 83
studente universitario *m* 169
studio *m* 63, 162
studio dell'avvocato *m* 180
studio di registrazione *m* 179
studio televisivo *m* 178
stufa *f* 60
sturalavandini *m* 81
stuzzichini *m* 151
su 320
succo *m* 127
succo d'ananas *m* 149
succo d'arancia *m* 148
succo di frutta *m* 156
succo di mela *m* 149
succo di pomodoro *m* 144
succo d'uva *m* 144
succursale *f* 175
sud *m* 312
Sud Africa 317
Sudan 317
sugoso 127
sumo *m* 237
suocera *f* 23
suocero *m* 23
suola *f* 37
superficie *f* 165, 310
supermercato *m* 106
supplemento *m* 55
supporto *m* 187, 268
supporto per l'altoparlante *m* 268
supposta *f* 109
surf *m* 241
surfing *m* 241
surfista *m* 241
surgelati *m* 107
Suriname 315
sveglia *f* 70
svegliarsi 71
svenire 25, 44
Svezia 316
sviluppare 271
svincolo *m* 194
Svizzera *f* 316
svolta a destra vietata 195
Swaziland 317
swing di pratica *m* 233

T

tabacco *m* 112, 184
tabellone *m* 173, 226
tabellone dei risultati *m* 225
tacchino *m* 119, 185, 293
tacco *m* 37
tachimetro *m* 201, 204
tae kwondo *m* 236
Tagikistan 318
tagli *m* 119
tagliabordi *m* 88
tagliare 38, 79, 277
tagliatubi *m* 81
tagliaunghie *m* 41
tagliere *m* 68
taglierini *m* 158
taglio *m* 46, 230
taglio cesareo *m* 52
tai-chi *m* 236
Tailandia 318
Taiwan 319
talco *m* 73
tallone *m* 13, 15
tamburino *m* 257
tamburo militare *m* 257
tampone di inchiostro *m* 173
tamponi *m* 108
tandem *m* 206
Tanzania *f* 317
tapis roulant *m* 250
tappeto *m* 63, 71
tappezzare 82
tappezzeria *f* 277
tappezziere *m* 82
tappo *m* 72, 134, 166
tardi 305
targa *f* 198
targhetta d'identità *f* 53
tariffa *f* 197, 209
tariffa d'ingresso *f* 260
tartaruga *f* 293
tartufo *m* 113, 125
tasca *f* 32
tasca da pasticciere *f* 69
Tasmania 319
tassista *m* 190
tasso di cambio *m* 97
tasso d'interesse *m* 96
tastiera *f* 97, 99, 172, 176, 258
tasto *m* 176, 258
tatuaggio *m* 41
tavola *f* 241
tavola da skateboard *f* 249
tavoletta *f* 238
tavoletta di cioccolata *f* 113
tavoletta spuntino *f* 113
tavolino *m* 62
tavolo *m* 64, 148
tavolo da lavoro *m* 82
tavolo da picnic *m* 266
tavolo della colazione *m* 156
tavolozza *f* 274
tazza *f* 61, 65
tazza da té *f* 65
tazza per bere *f* 75
tazzina da caffè *f* 65
tè *m* 144, 149, 184
tè al limone *m* 149
tè alla menta *m* 149
tè alle erbe *m* 149
tè con latte *m* 149
tè freddo *m* 149
tè nero *m* 149
tè sciolto *m* 144
tè verde *m* 149
teatro *m* 254, 299
tecniche *f* 79
tecnico del suono *m* 179
tee *m* 233
teeing-ground *m* 232
teglia *f* 69

teglia per pasticcini *f* 69
tegola *f* 58, 187
teiera *f* 65
tela *f* 274
telaio *m* 203, 206, 277
telecamera *m* 178
telecomando *m* 269
telefonino *m* 99
telefono *m* 99, 172
telefono a monete *m* 99
telefono a scheda *m* 99
telefono per emergenze *m* 195
telefono senza fili *m* 99
telegiornale *m* 178
telegramma *m* 98
telenovela *f* 178
telescopio *m* 281
televisione via cavo *f* 269
televisore *m* 268
televisore a schermo largo *m* 269
telo di protezione *m* 83
telo isolante *m* 267
telo protettivo *m* 266
tema *m* 163
tempera *f* 274
temperamatite *m* 163
temperatura *f* 286
tempesta *f* 287
tempia *f* 14
tempio *m* 300
tempo *m* 234, 286
tempo libero *m* 254, 258, 264
tempo supplementare *m* 223
tenaglie *f* 167
tenda *f* 63, 148, 267
tenda per da doccia *f* 72
tendina *f* 63
tendine *m* 16, 17
tendine di achille *m* 16
tenersi a galla 239
tennis *m* 230
tensione *f* 60
tenuta da calcio *f* 31
tequila *f* 145
terapia di gruppo *f* 55
terapie alternative *f* 54
terapista *f* 55
tergicristallo *m* 198
terminale *m* 212
terminale di carenaggio *m* 216
termite *f* 295
termocoperta *f* 71
termometro *m* 45, 167
termosfera *f* 286
termosifone *m* 60
termostato *m* 61
termoventilatore *m* 60
terra *f* 282
Terra *f* 280
terraferma *f* 282
terremoto *m* 283
terreno *m* 85
terreno agricolo *m* 182
terriccio *m* 88
terrina *f* 69
territorio *m* 315
terzo 309
tesi *f* 169
tesserino *m* 168
tessitura *f* 277
tessuto *m* 277
test di gravidanza *m* 52
testa *f* 12, 19, 81, 230
testa del cilindro *f* 202
testata *f* 70
testicolo *m* 21
testimone *m* 180, 235
testo *m* 259
testuggine *f* 293
tettarella *f* 75
tetto *m* 58, 203
tettuccio *m* 202
thermos *m* 267
thriller *m* 255
tibia *f* 17
tiebreak *m* 230
tiepido 286
tiglio *m* 296
tigre *f* 291
timbro a umido *m* 173
timbro postale *m* 98
timido 25
timo *m* 133
timone *m* 210, 241
Timor Est 319
timpano *m* 257
tinti 39
tintura per capelli *f* 40
tipi *m* 199, 205
tipi di autobus *m* 196
tipi di fattoria *m* 183
tipi di giardino *m* 84
tipi di macchina fotografica *m* 270
tipi di pesca *m* 245
tipi di piante 86
tipi di treno *m* 208
tirare 221, 223, 227
tirare con il mulinello 245
tiro al bersaglio *m* 249
tiro alto *m* 230
tiro con l'arco *m* 249
tiro insospensione *m* 226
tiroide *f* 18
titoli *m* 97
titolo *m* 168
toeletta *f* 71
toga *f* 169
togliere i fiori appassiti 91
Togo *m* 317
toilettes *f* 104
tombino *m* 299
tonalità 41
tonnellata *f* 310
tonno *m* 120
tono *m* 256
topazio *m* 288
topinambur *m* 125
topo *m* 290
toppa *f* 207
torace *m* 12
torcia *f* 267
tormalina *f* 288
tornado *m* 287
torneo *m* 233
tornio da vasaio *m* 275
tornire 79
toro *m* 185
torre *f* 272, 300
torre di controllo *f* 212
torre di sorveglianza *f* 265
torrente *m* 240, 285
torretta *f* 300
torretta di comando *f* 215
torrone *m* 113
torsolo *m* 127
torta al cioccolato *f* 140
torta alla crema *f* 141
torta di compleanno *f* 141
torta nuziale *f* 141
torte per celebrazioni *f* 141
tosaerba *m* 88, 90
tosare l'erba 90
tosse *f* 44
tostapane *m* 66
touch-down *m* 220
tovaglia *f* 64
tovaglia individuale *f* 64
tovagliolo *m* 65, 152
tovagliolo di carta *m* 154
tra 320
trachea *f* 18
traffico *m* 194
traghetto *m* 215, 216
traguardo *m* 234
tram *m* 196, 208
tramezzino *m* 155
tramezzino a strati *m* 155
tramezzino aperto *m* 155
tramezzino tostato *m* 149
tramonto *m* 305
trampolino *m* 238
trancia *f* 121
transenna di sicurezza *f* 246
trapanare 79
trapano *m* 50
trapano elettrico *m* 78
trapano manuale *m* 81
trapano ricaricabile *m* 78
trapezio *m* 16, 164
trapiantare 91
trapunta *f* 71
trapunto *m* 277
trasferta *f* 223
trasformatore *m* 60
trasmettere 178, 179
trasmissione *f* 202
trasmittente *f* 75
trasporti *m* 194
trattamenti di bellezza *m* 41
trattamento per il viso *m* 41
trattato 143
trattore *m* 182
travaglio indotto *m* 53
trave *f* 186, 235
travel cheque *m* 97
traversa *f* 222
tre 308
treccia *f* 39
trecento 308
tredicesimo 309
tredici 308
trementina *f* 83
tremore *m* 283
treno *m* 208
treno a vapore *m* 208
treno ad alta velocità *m* 208
treno diesel *m* 208
treno elettrico *m* 208
treno intercity *m* 209
treno merci *m* 208
trenta 308
trentesimo 309
treppiede *m* 166, 270, 281
triangolo *m* 164, 257
tricheco *m* 290
tricipite *m* 16
trifoglio *m* 297
triglia *f* 120
trimestre *m* 52
Trinidad e Tobago 314
triste 25
tritato 132
tromba *f* 257
trombone *m* 257
tronco *m* 296
tropici *m* 283
tropico del cancro *m* 283
tropico del capricorno *m* 283
troposfera *f* 286
trota *f* 120
trotto *m* 243
trovare un lavoro 26
trucco *m* 40
truciolato *m* 79
trucioli *m* 78
tuba *f* 257
tubetto *m* 311
tubo *m* 89, 202
tubo dell'acqua *m* 61
tubo di aspirazione *m* 77
tubo di Fallopio *m* 20
tubo di scappamento *m* 203, 204
tubo di scolo *m* 61
tubo di troppopieno *m* 61
tubo reggisella *m* 206
tuffarsi 238, 239
tuffatore *m* 238
tuffo alto *m* 239
tuffo di rincorsa *m* 239
tulipano *m* 111
Tunisia *f* 317
tuono *m* 286
tuorlo *m* 137, 157
turbato 25
turbocompressore *m* 203
turchese *m* 289
Turchia *f* 316
turismo *m* 260
turista *m* 260
Turkmenistan 318
turno di battuta *m* 228
tuta *f* 31, 32, 82
tuta da sci *f* 246
tuta di pelle *f* 205
tuta spaziale *f* 281
tuta subacquea *f* 239
tutina *f* 30
tutina da neve *f* 30
tutina senza maniche corte *f* 30
tutù *m* 191

U

uccelli *m* 292
Ucraina *f* 316
ufficio *m* 24, 172, 174
ufficio contabilità *m* 175
ufficio del direttore *m* 266
ufficio del personale *m* 175
ufficio della dogana *m* 216
ufficio di assistenza al cliente *m* 175
ufficio di cambio *m* 97
ufficio legale *m* 175
ufficio marketing *m* 175
ufficio postale *m* 98
ufficio vendite *m* 175
Uganda *m* 317
uguale 165
ulna *f* 17
ultrasuono *m* 52
un quarto d'ora 304
una mezzora 304
uncinetto *m* 277
uncino *m* 244
underpar *m* 233
undicesimo 309
undici 308
Ungheria 316
unghia *f* 15
unghia del piede *f* 15
unguento *m* 109
unifamiliare 58
uniforme *f* 94
unità di smistamento *f* 61
università *f* 168, 299
universo *m* 280
uno 308
uomo *m* 12, 23
uomo di affari *m* 175
uova *f* 137
uova strappazzate *f* 157

uovo alla coque *m* 137, 157
uovo di anatra *m* 137
uovo di gallina *m* 137
uovo di quaglia *m* 137
uovo d'oca *m* 137
uovo fritto *m* 157
uragano *m* 287
Uranio 280
uretere *m* 21
uretra *f* 20
urologia *f* 49
Uruguay 315
uscita *f* 61, 210
uscita di emergenza *f* 210
ustione *f* 46
utensili *m* 66
utensili da cucina *m* 68
utero *m* 20, 52
uva passa *f* 129
uva spina *f* 127
uva sultanina *f* 129
uvetta *f* 129
Uzbekistan 318

V

vacanza *f* 212
vaccinazione *f* 45
vagina *f* 20
vaglia postale *m* 98
vagone *m* 208
vagone ristorante *m* 209
valanga *f* 247
valle *f* 284
valuta estera *f* 97
valvola *f* 207
valvola di sicurezza *f* 61
valvoliera *f* 60
vanga *f* 88
vaniglia *f* 132
vano della pellicola *m* 270
vantaggio *m* 230
Vanuatu 319
varicella *f* 44
vasca *f* 72
vaschetta *f* 74, 311
vaschetta per la vernice *f* 83
vasino *m* 74
vaso *m* 63, 111
vaso da fiori *m* 89
vassoio *m* 152, 154, 210
vassoio della colazione *m* 101
vassoio per gli arrivi *m* 172
vassoio per le partenze *m* 172
vecchio 321
veicolo di servizio *m* 212
vela *f* 240, 241
vela di maestra *f* 240
vela di prua *f* 240
velo *m* 35
veloce 321
velocista *m* 234
vena *f* 19
venditore ambulante *m* 154
venerdì 306
Venere 280
veneziana *f* 63
Venezuela 315
ventesimo 309
venti 308
venti minuti 304
ventidue 308
ventiduesimo 309
ventilatore *m* 60
ventimila 309
ventitreesimo 309
vento *m* 241, 286
ventola *f* 202
ventola per l'aria *f* 210
ventosa *f* 53
ventoso 286
ventunesimo 309
ventuno 308
verbale *m* 174
verde 274
verdetto *m* 181
verdura *f* 122
verdure *f* 107, 124
verme *m* 295
vernice di base *f* 83
vernice trasparente *f* 83
verniciare 83
versare 67, 96
verso 320
vertebra cervicale *f* 17
vertebra lombare *f* 17
vertebra toracica *f* 17
verticale 271
verza *f* 123
vescica *f* 20, 46
vescicola seminale *f* 21
vespa *f* 205, 295
vestiti puliti *m* 76
vestito *m* 31, 34
veterinaria *f* 189
vetrina *m* 62
via laterale *f* 299
viaggio di affari *m* 175
viaggio di nozze *m* 26
viale *m* 299
vibrafono *m* 257
vicino 320
vicino *m* 24
vicolo *m* 298
videocamera *f* 260, 269
videocassetta *f* 269
videogioco *m* 269
videoregistratore *m* 269
videotelefono *m* 99
Vietnam 318
vigile del fuoco *m* 189
vigile urbano *m* 195
vigili del fuoco *m* 95
vigna *f* 183
vigneto *m* 183
villaggio *m* 299
vincere 273
vincitore *m* 273
vino *m* 145, 151
viola 274
viola *f* 256
violacciocca *f* 110
violino *m* 256
violoncello *m* 256
viottolo *m* 58
virus *m* 44
visiera *f* 205
visita *f* 45
visita guidata *f* 260
visita medica *f* 45
vista *f* 51
visto *m* 213
vita *f* 12
vitamine *f* 108
vite *f* 80
vitello *m* 118, 185
vivaio *m* 84, 115
vodka *f* 145
vodka all'arancia *f* 151
vogatore *m* 250
volano *m* 231
volant *m* 71
volante *m* 201
volare 211
volo in deltaplano *m* 248
volo internazionale *m* 212
volo nazionale *m* 212
volo senza motore *m* 248
volpe *f* 290
volta *f* 300
volume *m* 165, 179, 269, 311
vomitare 44
vongola *f* 121
voto *m* 163
vulcano *m* 283
vuoto 321

W

waffle *m* 157
water *m* 61, 72
western *m* 255
whisky *m* 145
whisky con acqua *m* 151
wicket *m* 225
windsurfista *m* 241
wok *m* 69
wurstel *m* 155

Y

yacht *m* 215, 240
Yemen 318
yoga *m* 54
yogurt *m* 137
yogurt alla frutta *m* 157
yogurt gelato *m* 137

Z

zafferano *m* 132
zaffiro *m* 288
zaino *m* 31,37, 267
Zambia *m* 317
zampa *f* 119
zanna *f* 291
zanzara *f* 295
zanzariera *f* 267
zappa *f* 88
zattera di salvataggio *f* 240
zatterone *m* 37
zebra *f* 291
zenzero *m* 125, 133
zerbino *m* 59
zero 308
zia *f* 22
Zimbabwe *m* 317
zincato 79
zinco *m* 289
zio *m* 22
zoccolo *m* 242, 291
zolfo *m* 289
zolla *f* 283
zona *f* 315
zona fumatori *f* 152
zona industriale *f* 299
zona non fumatori *f* 152
zona pedonale *f* 299
zone *f* 283, 299
zoo *m* 262
zoologia 169
zoom *m* 270
zoosafari *m* 262
zucca *f* 124, 125
zucca a ghianda *f* 125
zucca butternut *f* 125
zucchina *f* 125
zuppa inglese *f* 141

indice tedesco • deutsches Register

A

à la carte 152
Aal m 294
Abdeckband n 83
Abdecktuch n 83
Abend m 305
Abenddämmerung f 305
Abendessen n 64
Abendkleid n 34
Abendmenü n 152
Abenteuerfilm m 255
Abfahrtslauf m 247
Abfalleimer m 61
Abfallentsorgung f 61
Abfallsortiereinheit f 61
Abfertigungsschalter m 213
Abflug m 213
Abflughalle f 213
Abfluss m 61, 72
Abflussrohr n 61
Abführmittel n 109
abheben 99
Abhebungsformular m 96
Abkühlgitter n 69
Ablage für Ausgänge f 172
Ablage für Eingänge f 172
Ablasshahn m 61
Ableger m 91
Abmessungen f 165
Absatz m 37
Abschlag m 232
abschleppen 195
Abschleppwagen m 203
Abschnitt m 96
Abschürfung f 46
Abschuss m 281
Abschussrampe f 281
Abseilen n 248
Abseits n 223
abseits der Piste 247
Absender m 98
Absperrhahn m 61
Abspielen n 269
Abteil n 209
Abteilungen f 49
Abtropfbrett n 67
Abzeichen n 189
abziehen 82
Abzug m 271
Accessoires n 36
Achat m 289
Achillessehne f 16
Achse f 205
Achselhöhle f 13
acht 308
Achteck n 164
achter 309
Achterdeck n 214
achthundert 308
achtzehn 308
achtzehnter 309
achtzig 308
achtzigster 309
Ackerbaubetrieb m 183
Ackerland n 182
Acrylfarbe f 274
Adamsapfel m 19
addieren 165
Adler m 292
Adresse f 98
Adzukibohnen f 131
Aerobic n 251
Affe m 291
Afghanistan 318
Afrika 317
After-Sun-Lotion f 108
Ägypten 317
Ahorn m 296
Ahornsirup m 134
Aikido n 236
Airbag m 201
akademische Grad m 169
Akazie f 110
Aktenordner m 173
Aktenschrank m 172
Aktentasche f 37
Aktien f 97
Aktienpreis m 97
Aktionen f 227, 229, 233
Aktivitäten f 162, 245, 263
Aktivitäten im Freien f 262
Akupressur f 55
Akupunktur f 55
Alarmanlage f 58
Alaska 314
Albanien 316
Algerien 317
alkoholfreies Getränk n 144, 145, 154
Allee f 299
Allergie f 44
Alligator m 293
Alpenpflanze f 87
alpine Kombination f 247
als Fänger spielen 229
alt 321
Altbier 145
Alternativtherapien f 54
Aluminium n 289
Amazonien 312
ambulanter Patient m 48
Ameise f 295
Amethyst m 288
Amniozentese f 52
Ampère n 60
Amphibien f 294
an Bord gehen 217
an, bei 320
Ananas f 128
Ananassaft m 149
Anästhesist m 48
Anbau m 58, 184
anbeißen 245
anbraten 67
anbringen 82
Anden 312
Andenken n 260
andere Geschäfte n 114
andere Kunstfertigkeiten f 275
andere Schiffe n 215
andere Sportarten f 248
Andorra 316
Anfang m 321
Angebot n 106, 174
Angeklagter m 180, 181
Angelgeräte n 245
Angelhaken m 244
Angelrute f 244
Angelschein m 245
Angelsport m 244
angemacht 159
angereichertes Mehl n 139
Angestellter m 24
Angler m 244
Angola 317
angreifen 220, 223
Angriff m 220, 237
Angriffszone f 224
Anhang m 177
Anhänger m 36, 266
Anker m 214, 240
Ankerwinde f 214
Anklage f 94, 180
Ankunft f 213
anlegen 217
Anorak m 31, 33
Anprobe f 104
Anreden f 23
Anrufbeantworter m 99
Aschluss m 212
Anspielkreis m 224
anstreichen 83
Antifalten- 41
Antigua und Barbuda 314
Antiquitätenladen m 114
Antiseptikum n 47
Antwort f 163
antworten 163
Anwaltsbüro n 180
Anwendung f 176
Anzeigetafel f 104, 225
Anzug m 32
Aperitif m 153
Apfel m 126
Apfelsaft m 149
Apfelstecher m 68
Apfelwein m 145
Apfelweinessig m 135
Apotheke f 108
Apotheker m 108
Apothekerin f 189
Apparat m 99
applaudieren 255
Aprikose f 126
April m 306
Aquamarin m 288
Aquarellfarbe f 274
Äquator m 283
Äquatorial-Guinea 317
Arabisches Meer n 313
Arbeit f 172
Arbeitgeberin f 24
Arbeitsessen n 175
Arbeitsfläche f 66
Arbeitszimmer n 63
Architekt m 190
Architektur f 300
Architrav m 301
Argentinien 315
Arithmetik f 165
Arm m 13
Armaturen f 201
Armaturenbrett n 201
Armband n 36
Armbanduhr f 36
Ärmel m 34
ärmellos 34
Armenien 318
Armlehne f 210
Armstütze f 200
Aromatherapie f 55
aromatisch 130
aromatisches Öl n 134
Art-déco 301
Arterie f 19
Artischocke f 124
Arzt m 45, 189
Aschenbecher m 150
Asche f 283
Aserbaidschan 318
Asien 318
Asphalt m 187
Ass n 230, 273
Assistentin f 24
assistierte Entbindung f 53
Ast m 296
Asteroid m 280
Asthma n 44
Astigmatismus m 51
Astronaut m 281
Astronomie f 281
Atemloch n 290
ätherischen Öle n 55
Äthiopien 317
Atlantischer Ozean m 312
Atmosphäre f 282, 286
Atmung f 47
Atmungssystem n 19
Atrium n 104
Aubergine f 125
auf 320
auf der Stelle joggen 251
aufgehen 139
aufgenommen 48
aufgeregt 25
Aufhängung f 203
aufkreuzen 241
Auflaufform f 69
Auflaufförmchen n 69
auflockern 91
Auflösungszeichen n 256
Aufnahme f 269
Aufsatz m 163, 233
Aufschlag m 231
aufschlagen 231
Aufschlaglinie f 230
aufstehen 71
auftauen 67
auftrennen 277
aufwachen 71
aufwärmen 154
Auge n 14, 51
Augenbraue f 14, 51
Augenbrauenstift m 40
Augenheilkunde f 49
Augenoptiker m 51
August m 306
aus 225, 226, 228, 320
aus Freilandhaltung 118
ausblasen 141
ausbrechen 283
Ausfahrt f 194
Ausfall m 251
Ausgang m 210
Ausgehen n 75
Auskunft f 99, 168
ausländische Währung f 97
Auslandsflug m 212
Auslass m 61
auslaufen 217
Ausleger m 95
Auslegerkorb m 95
Ausleihe f 168
ausleihen 168
Auslöser m 270
Auspuff m 203
Auspuffrohr n 204
Auspufftopf m 203
ausrollen 67
Ausrüstung f 165, 233, 238
Aussage f 180
Ausschnitt m 34
Außenbordmotor m 215
Außenfeld n 229
Außentür f 59
Äussere n 198
äussere Erscheinung f 30
äussere Kern m 282
außerhalb 320
ausspülen 38

Ausstellung *f* 261
Ausstellungsstück *n* 261
ausstrecken 251
Auster *f* 121
Australien 319
Australien und Ozeanien 319
Auswechslung *f* 223
auswerfen 245
Auszeit *f* 220
Auto *n* 198, 200
Autobahn *f* 194
Autobahnzubringer *m* 194
Automatiktür *f* 196
Autostereoanlage *f* 201
Autotür *f* 198
Autounfall *m* 203
Autoverleih *m* 213
Autowaschanlage *f* 198
Avocado *f* 128
Ayurveda *n* 55

B

Baby *n* 23, 30
Babyflasche *f* 75
Babyhandschuh *m* 30
Babyprodukt *n* 107
Babyschuh *m* 30
Babysprechanlage *f* 75
Babytasche *f* 75
Babytrageschlinge *f* 75
Babywanne *f* 74
Bach *m* 285
backen 67, 138
Backenzahn *m* 50
Bäcker *m* 139
Bäckerei *f* 114, 138
Backgammon *n* 272
Backofen *m* 66
Backpflaume *f* 129
Backpinsel *m* 69
Backwaren *f* 107
Badeanzug *m* 238, 265
Badehose *f* 238
Badekappe *f* 238
Bademantel *m* 32, 73
Badematte *f* 72
Bademeister *m* 239, 265
baden 72
Badetuch *n* 73
Badewanne *f* 72
Badezimmer *n* 72
Badminton *n* 231
Bagger *m* 187
baggern 227
Baguette *n* 138
Bahamas 314
Bahn *f* 234, 238
Bahnhof *m* 208
Bahnhofshalle *f* 209
Bahnnetz *m* 209
Bahnsteig *m* 208
Baiser *n* 140
Bajonettfassung *f* 60
Balearen 316
Balken *m* 186
Balkon *m* 59, 254
Ball *m* 75
Ballen *m* 15, 184
Ballett *n* 255
Ballettröckchen *n* 191
Balljunge *m* 231
Ballwechsel *m* 230
Bambus *m* 86, 122
Banane *f* 128
Band *n* 27, 39, 47, 141
Bandage *f* 47
Bangladesch 318
Bank *f* 96, 250, 262
Bankgebühr *f* 96
Banküberweisung *f* 96
Bar *f* 150, 152
Bär *m* 291
Bar Mizwa *f* 26
Barbados 314
Barhocker *m* 150
Barkeeper *m* 150, 191
barock 301
Barren *m* 235
Basalt *m* 288
Baseball *m* 228
Basilikum *n* 133
Basketball *m* 226
Basketballspieler *m* 226
Bassgitarre 258
Bassgitarrist *m* 258
Bassklarinette *f* 257
Bassschlüssel *m* 256
Batterie *f* 78, 167, 202
Batterien *f* 260
Bau *m* 186
Bauarbeiter *m* 186
Bauch *m* 12
Bauchmuskeln *m* 16
Bauchspeicheldrüse *f* 18
bauen 186
Bauer *m* 272
Bauernhaus *n* 182
Bauernhof *m* 182, 184
Bauhandwerker *m* 188
Bauholz *n* 187
Baum *m* 86, 240, 296
Baumwolle *f* 184, 277
Baustelle *f* 186
Baustil *m* 301
Beat *m* 259
Beben *n* 283
Becher *m* 65
Becherglas *n* 167
Becken *n* 17, 61, 257
Bedienung inbegriffen 152
Beere *f* 296
Befestigungen *f* 89
Befruchtung *f* 20
Begräbnis *n* 26
Behälter *m* 311
Behandlungslampe *f* 50
Behandlungsschürze *f* 50
Behindertenparkplatz *m* 195
Beil *n* 95
Beilage *f* 153
Beilagenteller *m* 65
Bein *n* 12, 64
Beinstütz *m* 251
Beize *f* 79
Bekannte *m* 24
belegt 321
belegtes Brot *n* 155
Beleuchtung *f* 178
Belgien 316
Belichtung *f* 271
Belichtungsmesser *m* 270
Belize 314
Benin 317
Benzin *n* 199
Benzinpreis *m* 199
Benzintank *m* 203
Beraterin *f* 55
Berg *m* 284
Berg-und-Talbahn *f* 262
Bericht *m* 174
Berufe *m* 188, 190
Berufung *f* 181
Beruhigungsmittel *n* 109
berühmte Ruine *f* 261
Besatzungsluke *f* 281
Beschleuniger *m* 281
beschneiden 91
Beschwerde *f* 94
Besen *m* 77
besetzt 99, 321
Besetzung *f* 254
besorgt 25
Besteck *n* 64
bestellen 153
Bestuhlung *f* 254
bestürzt 25
Besuchszeiten *f* 48
Betonblock *m* 187
Betonmischmaschine *f* 186
Betrag *m* 96
Betrieb für Milchproduktion *m* 183
Bett *n* 70
Bettcouch *f* 63
Bettdecke *f* 71
Bettlaken *n* 71
Bettwäsche *f* 71
Bettzeug *n* 74
beugen 251
Beutel *m* 291, 311
bewässern 183
Beweismittel *n* 181
bewölkt 286
bewusstlos 47
bezahlen 153
Beziehungen *f* 24
Bezirk *m* 315
Bhutan 318
Biathlon *n* 247
Bibliothek *f* 168, 299
Bibliothekar *m* 190
Bibliothekarin *f* 168
Bidet *n* 72
Biene *f* 295
Bier *n* 145, 151
Bifokal- 51
Bikini *m* 264
Bilderrahmen *m* 62
Bildhauer *m* 191
Bildhauerei *f* 275
Bildschirm *m* 97, 172, 176, 269
Bildschirmhintergrund *m* 177
Bildsucher *m* 271
Bimsstein *m* 73, 288
Binse *f* 86
Bio-Abfall *m* 61
Biologie *f* 162
biologisch 91, 122
biologisch kontrolliert 118
Birke *f* 296
Birma 318
Birne *f* 60, 127
bis 320
Biskuittörtchen *n* 140
Biss *m* 46
bitter 124
bittere Schokolade *f* 113
Bizeps *m* 16
Bizepsübung *f* 251
Blase *f* 46
Blatt *n* 78, 122, 296
Blätter *n* 110
Blätterteig *m* 140
blau 274
Blauschimmelkäse *m* 136
Blazer *m* 33
Blechblasinstrument *n* 256
bleifrei 199
Bleigürtel *m* 239
Bleistift *m* 163, 275
Blendenregler *m* 270
Blinddarm *m* 18
Blinker *m* 198, 204
Blitz *m* 270, 287
Block *m* 237
blocken 227
blond 39
Blues *m* 259
blühende Pflanze *f* 297
Blumen *f* 110
Blumenampel *f* 84
Blumenarrangement *n* 111
Blumenbeet *n* 85, 90
Blumengeschäft *n* 110
Blumengirlande *f* 111
Blumenkohl *m* 124
Blumenstrauß *m* 111
Blumentopf *m* 89
Blumenvase *f* 111
Bluse *f* 34
Blutdruck *m* 44
Blutdruckmesser *m* 45
Blüte *f* 297
Blütenblatt *n* 297
Bluterguss *m* 46
Blutung *f* 46
Blutuntersuchung *f* 48
Blutwurst *f* 157
Bob *m* 247
Bockshornklee *m* 132
Boden *m* 85
Bodenakrobatik *f* 235
Bodendecker *f* 87
Bodenturnen *n* 235
Bogen *m* 85, 164, 249, 300
Bogenschießen *n* 249
Bohnen *f* 131, 144
bohren 79
Bohrer *m* 50, 78, 80
Bohrer mit Batteriebetrieb *m* 78
Bohrfutter *m* 78
Bohrwinde *f* 78
Boiler *m* 61
Boje *f* 217
Bolivien 315
Bombenflugzeug *n* 211
Bonbons *m* 113
Bongos *m* 257
Bootssteg *m* 214
Bordkante *f* 298
Bordkarte *f* 213
Börse *f* 97
Börsenmakler *m* 97
Bosnien und Herzegowina 316
Botsuana 317
Boutique *f* 115
Bowling *n* 249
Bowlingkugel *f* 249
Box *f* 268
Boxen *n* 236
Boxershorts 33
Boxgymnastik *f* 251
Boxhandschuh *m* 237
Boxring *m* 237
Brand *m* 95
Brandteig *m* 140
Brandung *f* 241
Brandungsangeln *n* 245
Brasilien 315
Braten *m* 158
braten 67
Bratenblech *n* 69
bratfertiges Huhn *n* 119
Bratfisch mit Pommes frites *m* 155
Bratpfanne *f* 69
Bratsche *f* 256
Brauenbürstchen *n* 40
braun 274
braune Linse *f* 131
Brause *f* 89
breit 321
Breitbildfernsehen *n* 269
Breite *f* 165
Breitengrad *m* 283
Bremsbacke *f* 207
Bremse *f* 200, 204
bremsen 207
Bremsflüssigkeitsbehälter *m* 202
Bremshebel *m* 207
Bremslicht *n* 204

deutsch

Bremspedal *n* 205
Brenner *m* 67
Brettspiel *n* 272
Bridge *n* 273
Brie *m* 142
Brief *m* 98
Brieffreund *m* 24
Briefkasten *m* 58, 99
Briefmarke *f* 98
Briefmarken *f* 112
Briefmarkensammeln *n* 273
Brieftasche *f* 37
Briefträger *m* 98, 190
Briefumschlag *m* 173
Brille *f* 51
Brillengestell *n* 51
Brioche *f* 157
Brokkoli *m* 123
Brombeere *f* 127
Bronze *f* 235
Brosche *f* 36
Broschüre *f* 96, 175
Brot *n* 138, 157
Brot backen 138
Brötchen *n* 139, 143, 155
Brotfrucht *f* 124
Brotmesser *n* 68
Brotschneider *m* 139
Browser *m* 177
Bruch *m* 165
Brücke *f* 300
Bruder *m* 22
Brühe *f* 158
Brunei 319
brünett 39
Brunnenkresse *f* 123
Brust *f* 12, 119
Brustbein *n* 17
Brustflosse *f* 294
Brustkorb *m* 17
Brustmuskel *m* 16
Brustschwimmen *n* 239
Brustübung *f* 251
Brustwarze *f* 12
Brustwirbel *m* 17
Brutkasten *m* 53
Bube *m* 273
Buch *n* 168
Buche *f* 296
Bücherregal *n* 63, 168
Buchhaltung *f* 175
Buchladen *m* 115
buchstabieren 162
Buffet *n* 152
Bug *m* 210, 215, 240
Bügelbrett *n* 76
Bügeleisen *n* 76
bügeln 76
Bugfahrwerk *n* 210
Buggy *m* 232
Bühne *f* 254, 258
Bühnenbild *n* 254
Bühnenhintergrund *m* 254
Bukett *n* 35
Bulgarien 316
Bullauge *n* 214
Bull's eye *n* 273
Bund *m* 258
Bungalow *m* 58
Bungeejumping *n* 248
Bunker *m* 232
Bunsenbrenner *m* 166
bunte Mischung *f* 113
Buntstift *m* 163
Burg *f* 300
Bürgersteig *m* 298
Burggraben *m* 300
Burkina Faso 317
Büro *n* 24, 172, 174
Büroausstattung *f* 172
Bürobedarf *m* 173
Bürogebäude *n* 298
Büroklammer *f* 173
bürsten 38, 50
Burundi 317
Bus *m* 196
Busbahnhof *m* 197
Busfahrer *m* 190
Bushaltestelle *f* 197, 299
Businessclass *f* 211
Büstenhalter *m* 35
Bustier *n* 35
Bustypen *m* 196
Butter *f* 137, 156
Buttermilch *f* 137
Butternusskürbis *m* 125
Bytes *n* 176

C

Caddie *m* 233
Café *n* 148, 262
Cafetière *f* 65
Camcorder *m* 269
Camembert *m* 142
Campari *m* 145
Camping *n* 266
Campingplatz *m* 266
Campingplatzverwaltung *f* 266
Campus *m* 168
Capoeira *n* 237
Cappuccino *m* 148
Cashewnuss *f* 129
Cashewnüsse *f* 151
CD *f* 269
CD-Spieler *m* 268
Cello *n* 256
Champagner *m* 145
Chassis *n* 203
Check-up *m* 50
Cheddar *m* 142
Cheerleader *m* 220
Chef *m* 24
Chemie *f* 162
Chickenburger *m* 155
Chicorée *m* 122
Chile 315
Chili *m* 132
China 318
Chinakohl *m* 123
chippen 233
Chips *m* 113
Chiropraktik *f* 54
Chirurg *m* 48
Chirurgie *f* 48
Chor *m* 301
Chrysantheme *f* 110
Chutney *n* 134
Cockpit *n* 210
Cocktail *m* 151
Cocktailrührer *m* 150
Cocktailshaker *m* 150
Cola *f* 144
Collage *f* 275
Comicheft *n* 112
Computer *m* 172, 176
Container *m* 216
Containerhafen *m* 216
Containerschiff *n* 215
Costa Rica 314
Couchtisch *m* 62
Countrymusic *f* 259
Cousin *m* 22
Creme *f* 109
Crêpes *f* 155
Crew *f* 241
Croissant *n* 156
Curling *n* 247
Curry *n* 158
Currypulver *n* 132

D

Dach *n* 58, 203
Dachbalken *m* 186
Dachboden *m* 58
Dachgarten *m* 84
Dachgepäckträger *m* 198
Dachrinne *f* 58
Dachvorsprung *m* 58
Dachziegel *m* 58, 187
Dame *f* 272, 273
Damenbinde *f* 108
Damenkleidung *f* 34
Damenoberbekleidung *f* 105
Damensattel *m* 242
Damenwäsche *f* 105
Damespiel *n* 272
Dammschnitt *m* 52
dämpfen 67
Dampflokomotive *f* 208
Dänemark 316
Darlehen *n* 96
Darts *n* 273
Dartscheibe *f* 273
das Bett machen 71
das Fruchtwasser geht ab 52
das Radio einstellen 269
Datei *f* 177
Dattel *f* 129
Datum *n* 306
Daumen *m* 15
Deck *n* 214
Deckanstrich *m* 83
Decke *f* 62, 71, 74
Deckel *m* 61, 66, 69
decken 227
Degen *m* 236
Dekoration *f* 141
Delfin *m* 290
Deltamuskel *m* 16
Demokratische Republik Kongo 317
den Anker werfen 217
den Ball abgeben 220, 223
den Fernseher abschalten 269
den Fernseher einschalten 269
den Kanal wechseln 269
den Tisch decken 64
den Vorsitz führen 174
den Wecker stellen 71
Deo *n* 73, 108
Dermatologie *f* 49
Designerin *f* 191
Desinfektionsmittel *n* 51
Desinfektionstuch *n* 47
Desktop *n* 177
Dessertwagen *m* 152
Deutschland 316
Dezember *m* 306
Diagonale *f* 164
Diamant *m* 288
Diaphragma *n* 21
dichter Nebel *m* 287
Dichtung *f* 61
Dichtungsring *m* 80
dick 321
Dickdarm *m* 18
dicke Bohne *f* 122
Dickmilch *f* 137
die Geburt einleiten 53
Diele *f* 59
Dienstag *m* 306
Diesel *m* 199
Diesellokomotive *f* 208
digital 269
Digitalkamera *f* 270
Dill *m* 133
Dioptrie *f* 51
Diplom *n* 169
Dirigent *m* 256
Discman *m* 269
Diskette *f* 176
Diskjockey *m* 179
Diskuswerfen *n* 234
diskutieren 163
Dissertation *f* 169
Distel *f* 297
Disziplinen *f* 247
dividieren 165
Diwali *n* 27
Dock *n* 214, 216
Dokumentarfilm *m* 178
Dominica 314
Dominikanische Republik 314
Domino *n* 273
Donner *m* 286
Donnerstag *m* 306
Doppel *n* 230
Doppelbett *n* 71
Doppeldecker *m* 196, 211
Doppel(haus) 58
doppelt 151
Doppelzimmer *n* 100
Dorf *n* 299
Dörrobst *n* 156
Dose *f* 145, 311
Dosengetränk *n* 154
Dosenöffner *m* 68
Dosierung *f* 109
Dozent *m* 169
Drachen *m* 248
Drachenfliegen *n* 248
Draht *m* 79
Drahtnetz *n* 167
Drahtschneider *m* 80
drechseln 79
Drehbuch *n* 254
Drehscheibe *f* 275
Drehstuhl *m* 172
Drehzahlmesser 201
drei 308
Dreieck *n* 164
Dreifuß *m* 166
dreihundert 308
Dreipunktlinie *f* 226
dreißig 308
dreißigster 309
dreistöckiges Haus *n* 58
dreitürig 200
dreiundzwanzigster 309
dreizehn 308
dreizehnter 309
Dress *m* 222
Dressurreiten *n* 243
dribbeln 223
dritter 309
driven 233
Dromedar *n* 291
drucken 172, 275
Drucker *m* 172, 176
Druckfarbe *f* 275
Druckknopf *m* 30
Druckluftflasche *f* 239
Druckluftgerät *n* 199
Drüse *f* 19
Dschibuti 317
Duffelcoat *m* 31
düngen 91
Dünger *m* 91
dunkel 41, 321
Dunkelkammer *f* 271
dünn 321
Dünndarm *m* 18
Dunstabzug *m* 66
durch 320
Durchfall *m* 44, 109
Durchmesser *m* 164
Durchschwung *m* 233
Dusche *f* 72
Duschen *f* 266
duschen 72
Duschgel *n* 73
Duschkopf *m* 72
Duschtür *f* 72
Duschvorhang *m* 72
Düse *f* 89
Duty-free-Shop *m* 213
DVD *f* 269
DVD-Spieler *m* 268
Dynamo *m* 207

deutsch

E

Eau de Toilette *n* 41
Ebene *f* 285
EC-Karte *f* 96
Eckball *m* 223
Eckfahne *f* 223
Eckzahn *m* 50
Eclair *n* 140
Economyclass *f* 211
Ecuador 315
Edamer *m* 142
Edelstein *m* 36
Ehefrau *f* 22
Ehemann *m* 22
Ei *n* 20
Eiche *f* 296
Eichelkürbis *m* 125
Eichhörnchen *n* 290
Eidechse *f* 293
Eier *n* 137
Eierbecher *m* 65, 137
Eierschale *f* 137
Eierstock *m* 20
Eigelb *n* 137, 157
Eileiter *m* 20
Eimer *m* 77, 82, 265
ein Baby bekommen 26
ein Feuer machen 266
ein Rad wechseln 203
ein Tor schießen 223
ein Zelt aufschlagen 266
Einbahn- 194
Einbahnstraße *f* 298
Einbauschrank *m* 71
Einbruchdiebstahl *m* 94
einchecken 212
eine halbe Stunde 304
eine Stelle bekommen 26
eine Viertelstunde 304
einen Flug buchen 212
einen Korb erziehlen 227
einen Rekord brechen 234
einfach 151
einfädeln 277
einfrieren 67
Eingang *m* 59
Eingangssperre *f* 209
eingelegt 159
eingemachtes Obst *n* 134
einholen 245
einjährig 86
Einkauf *m* 104
Einkaufskorb *m* 106
Einkaufstasche *f* 106
Einkaufswagen *m* 106
Einkaufszentrum *n* 104
Einlagen *f* 53
einlochen 233
einloggen 177
einlösen 97
Einmachglas *n* 135
eins 308
Einsatzpapier *n* 83
Einschienenbahn *f* 208
einschlafen 71
Einschreiben *n* 98
Einstand *m* 230
einstellen 179
Einstellknopf *m* 167
Einstellung *f* 203, 271
eintausend 309
Eintopf *m* 158
eintopfen 91
Eintrittsgeld *n* 260
einundzwanzig 308
einundzwanzigster 309
Einwegkamera *f* 270
Einwegrasierer *m* 73
einweichen 130
Einwickelpapier *n* 111
Einwurf *m* 223, 226
einzahlen 96
Einzahlungsformular *m* 96
Einzel *n* 230
Einzelbett *n* 71
Einzel(haus) 58
Einzelzimmer *n* 100
Einzugsauftrag *m* 96
Eis *n* 120, 137, 149, 237
Eis und Zitrone 151
Eisbär *m* 291
Eisen *n* 109, 233, 289
Eisenwarenhandlung *f* 114
Eisfach *n* 67
Eisfläche *f* 224
Eishockey *n* 224
Eishockeyspieler *m* 224
Eiskaffee *m* 148
Eisklettern *n* 247
Eiskübel *m* 150
Eiskunstlauf *m* 247
Eislaufen *n* 247
Eisprung *m* 20, 52
Eisschnelllauf *m* 247
Eistee *m* 149
Eiswürfel *m* 151
Eiszange *f* 150
Eiszapfen *m* 287
Eiweiß *n* 137
Ekzem *n* 44
El Salvador 314
Elefant *m* 291
Elektriker *m* 188
elektrische Gitarre *f* 258
elektrischer Schlag *m* 46
Elektrizität *f* 60
Elektroartikel *m* 105, 107
Elektrobohrer *m* 78
Elektrolokomotive *f* 208
Elektronenblitz *m* 270
Elektrorasierer *m* 73
elf 308
Elfenbeinküste 317
Elfmeter *m* 222
elfter 309
Ellbogen *m* 13
Elle *f* 17
Eltern 23
E-Mail *f* 98, 177
E-Mail-Adresse *f* 177
E-Mail-Konto *n* 177
Embryo *m* 52
emigrieren 26
Empfang *m* 100
empfangen 20
Empfängnis *f* 52
Empfängnisverhütung *f* 21, 52
Empfangsdame *f* 100, 190
Empfangshalle *f* 100
Empfehlungszettel *m* 173
empfindlich 41
Emulsionsfarbe *f* 83
Ende *n* 321
Endivie *f* 123
Endlinie *f* 226
endokrines System *n* 19
Endokrinologie *f* 49
Endzone *f* 220
englisches Frühstück *n* 157
englischer Kuchen *m* 140
englischer Senf *m* 135
englischer (Zier-)garten *m* 84
Englischhorn *n* 257
Enkel *m* 22
Enkelin *f* 22
Enkelkinder *n* 23
Entbindung *f* 52
Entbindungsstation *f* 48, 49
Ente *f* 119, 185
Entenei *n* 137
Entenküken *n* 185
Entfernung *f* 310
entgrätet 121
Enthaarungswachs *n* 41
enthäutet 121
Entisolierzange *f* 81
entlang 320
entlassen 48
entschuppt 121
Entspannung *f* 55
Entwässerung *f* 91
entwickeln 271
Entzündungshemmer *m* 109
Epilepsie *f* 44
Erbsen *f* 131
Erdbeben *n* 283
Erdbeere *f* 127
Erdbeermilchshake *m* 149
Erde *f* 85, 280, 282
Erdgeschoss *n* 104
Erdkruste *f* 282
Erdkunde *f* 162
Erdnuss *f* 129
Erdnussbutter *f* 135
Erdnüsse *f* 151
Erdnussöl *n* 135
Erdung *f* 60
Erdzonen *f* 283
Ereignisse des Lebens *n* 26
Ergebnis *n* 49
erhalten 177
Eritrea 317
Erkältung *f* 44
Ermittlung *f* 94
Erntedank *m* 27
ernten 91, 183
Ersatzrad *n* 203
Ersatzspieler *m* 223
erschrocken 25
erste Etage *f* 104
erste Hilfe *f* 47
Erste-Hilfe-Kasten *m* 47
erster Rang *m* 254
erster 309
ersticken 47
ertrinken 239
eruptiv 288
Erwachsene *m* 23
Erweiterung *f* 52
Esel *m* 185
Espresso *m* 148
Essen *n* 64, 75, 149
essen 64
Essig *m* 135, 142
Esskastanie *f* 129
Essteller *m* 65
Esszimmer *n* 64
Estland 316
Estragon *m* 133
Eukalyptus *m* 296
Eule *f* 292
Europa 316
Exosphäre *f* 286
Extraktion *f* 50
Eyeliner *m* 40

F

Fabrik *f* 299
Fach *n* 100
Facharzt *m* 49
Fachbereich *m* 169
Fächerordner *m* 173
Fachhochschule *f* 169
Fadenführung *f* 276
Fagott *n* 257
Fahne *f* 221
fahrbare Liege *f* 48
Fähre *f* 215, 216
fahren 195
Fahrer *m* 196
Fahrerkabine *f* 95
Fahrersitz *m* 196
Fahrkarte *f* 209
Fahrkartenschalter *m* 209, 216
Fahrplan *m* 197, 209, 261
Fahrpreis *m* 197, 209
Fahrrad *n* 206
Fahrradhelm *m* 206
Fahrradkette *f* 206
Fahrradlampe *f* 207
Fahrradschloss *n* 207
Fahrradständer *m* 207
Fahrradweg *m* 206
Fahrschein *m* 197
Fahrstuhl *m* 59, 100, 104
Fährterminal *m* 216
Fairway *n* 232
Falke *m* 292
Falkland-Inseln 315
fallen 237
Fallschirm *m* 248
Fallschirmspringen *n* 248
Faltbett *n* 266
Falte *f* 15
Familie *f* 22
fangen 220, 225, 227, 229, 245
Fänger *m* 229
Fan *m* 258
Farbe *f* 83, 273
Farben *f* 274
Farbton *m* 41
Farbtopf *m* 83
Farn *m* 86
Fasan *m* 119, 293
Faser *f* 127
Fassungsvermögen *n* 311
faul 127
Faust *f* 15, 237
Fax *n* 98, 172
Faxgerät *n* 172
Februar *m* 306
Fechten *n* 249
Feder *f* 163, 293
Federball *m* 231
Federhalter *m* 172
Federmäppchen *n* 163
Federwaage *f* 166
fegen 77
Fehler *m* 230
Fehlgeburt *f* 52
Feier *f* 140
Feige *f* 129
Feijoa *f* 128
Feile *f* 81
feiner Nebel *m* 287
Feinkost *f* 107, 142
Feld *n* 182, 234, 272
Feldauslinie *f* 221
Feldfrucht *f* 183
Felge *f* 206
Felgenbremse *f* 206
Felsen *m* 284
Fenchel *m* 122, 133
Fenchelsamen *m* 133
Feng Shui *n* 55
Fenster *n* 58, 177, 186, 197, 210
Fensterladen *m* 58
Ferkel *n* 185
Fernbedienung *f* 269
Fernglas *n* 281
fernsehen 269
Fernseher *m* 268
Fernsehserie *f* 178, 179
Fernsehstudio *n* 178
Fernsehtelefon *n* 99
Ferse *f* 13, 15
Fertiggericht *n* 107
Fertigkeiten *f* 79
Fesseln *n* 237
fest 124

deutsch

Fest *n* 27
fester Honig *m* 134
festlicher Kuchen *m* 141
festmachen 217
Festnahme *f* 94
Festplattenlaufwerk *n* 176
Feststation *f* 99
Fett *n* 119
fettfrei 137
fettig 39, 41
feucht 286
Feuchtigkeitscreme *f* 41
Feueranzünder *m* 266
feuerfest 69
Feuerlöscher *m* 95
Feuermelder *m* 95
Feuerstein *m* 288
Feuertreppe *f* 95
Feuerwache *f* 95
Feuerwehr *f* 95
Feuerwehrleute 95
Feuerwehrmann *m* 189
Feuerzeug *n* 112
Fiale *f* 300
Fidschi 319
Fieber *n* 44
Figur *f* 260
Filet *n* 119, 121
filetiert 121
Filialleiter *m* 96
Film *m* 260, 271
Filmfach *n* 270
Filmspule *f* 271
Filter *m* 270
Filterkaffee *m* 148
Filterpapier *n* 167
Finanzberaterin *f* 97
Fingerabdruck *m* 94
Fingerhut *m* 276, 297
Fingernagel *m* 15
Finnland 316
Finsternis *f* 280
Firma *f* 175
Fisch *m* 107, 120, 294
Fischer *m* 189
Fischerboot *n* 217
Fischereihafen *m* 217
Fischfangarten *f* 245
Fischgeschäft *n* 114, 120
Fischhändlerin *f* 188
Fischkorb *m* 245
Fischzucht *f* 183
Fitness *f* 250
Fitnesscenter *n* 250
Fitnessgerät *n* 250
Fitnessraum *m* 101
Fläche *f* 165, 310
flaches Ende *n* 239
Flachholzbohrer *m* 80
Flachrennen *n* 243
Flachs *m* 184
Flachzange *f* 80
Fladenbrot *n* 139
Flagge *f* 232
Flamingo *m* 292
Flasche *f* 61, 135, 311
Flaschenöffner *m* 68, 150
Flaschenwasser *n* 144
Flauschdecke *f* 74
Fledermaus *f* 290
Fleisch *n* 119, 124
Fleisch und Geflügel *n* 106
Fleischerhaken *m* 118
Fleischklopfer *m* 68
Fleischklöße *m* 158
Fleischsorten *f* 119
Flicken *m* 207
Fliege *f* 36, 244, 295
fliegen 211
Fliegenangeln *n* 245
Fließhecklimousine *f* 199
Flipchart *n* 174
Florentiner *m* 141
Florett *n* 249
Floristin *f* 188
Flosse *f* 290
Flöte *f* 139
Flugbegleiterin *f* 190, 210
Flügel *m* 60, 119, 293
Fluggastbrücke *f* 212
Flughafen *m* 212
Fluginformationsanzeige *f* 213
Flugnummer *f* 213
Flugticket *n* 213
Flugzeug *n* 210
Flugzeugträger *m* 215
Fluss *m* 284
flüssige Sahne *f* 137
flüssiger Honig *m* 134
Flüssigkeit *f* 77
Flüssigkeitsmaß *n* 311
Flussmündung *f* 285
Fock *f* 240
Fohlen *n* 185
Föhn *m* 38
föhnen 38
Fötus *m* 52
Folk *m* 259
Follikel *m* 20
Football *m* 220
Footballspieler *m* 220
Forelle *f* 120
formell 34
Formen *f* 164
Formschnitt *m* 87
Forschung *f* 169
Fortpflanzung *f* 20
Fortpflanzungsorgane *n* 20
Fortpflanzungssystem *n* 19
Foto *n* 271
Fotoalbum *n* 271
Fotoapparat *m* 260
Fotoapparattypen *m* 270
Fotofinish *n* 234
Fotogeschäft *n* 115
Fotograf *m* 191
Fotografie *f* 270
fotografieren 271
Fotorahmen *m* 271
Foul *n* 222, 226
Foullinie *f* 229
Foyer *n* 255
Fracht *f* 216
Frachtraum *m* 215
Frachtschiff *n* 215
Frage *f* 163
fragen 163
Fraktur *f* 46
Frankreich 316
französischer Senf *m* 135
französische Bohnen *f* 131
Französisch-Guyana 315
Frau *f* 12, 23
Fräulein *n* 23
Freesie *f* 110
frei 321
freigesprochen 181
Freistoß *m* 222
Freitag *m* 306
Freiwurflinie *f* 226
Freizeit *f* 254, 258, 264
Freizeitkleidung *f* 33
Fremdenführerin *f* 260
Frequenz *f* 179
Freund *m* 24
Freundin *f* 24
Fries *m* 301
frisch 121, 127, 130
frisches Fleisch *n* 142
Frischkäse *m* 136
Friseur *m* 188
Friseurin *f* 38
Frisierartikel *m* 38
Frisiersalon *m* 115
Frisiertisch *m* 71
Frisierumhang *m* 38
Frisuren *f* 39
frittiert 159
Frosch *m* 294
Frost *n* 287
Frostschutzmittel *n* 199, 203
Früchtejogurt *m* 157
Fruchtfleisch *n* 127, 129
Fruchtgummi *m* 113
Fruchtmark *n* 127
Fruchtwasser *n* 52
früh 305
Frühling *m* 307
Frühlingszwiebel *f* 125
Frühstück *n* 64, 156
Frühstücksbuffet *n* 156
Frühstücksspeck *m* 157
Frühstückstablett *n* 101
Frühstückstisch *m* 156
Fuchs *m* 290
Fuchsschwanz *m* 80
Fugenkitt *m* 83
Fühler *m* 295
Führerstand *m* 208
Führung *f* 260
füllen 76
Füller *m* 163
Füllung *f* 140, 155
fünf 308
Fünfeck *n* 164
fünfhundert 308
fünfter 309
fünfundfünfzigtausend-fünfhundert 309
fünfzehn 308
fünfzehnter 309
fünfzig 308
fünfzigster 309
fünfzigtausend 309
Funkantenne *f* 214
für 320
Furche *f* 183
Fürstentum *n* 315
Fuß *m* 12, 15, 310
Fußabtreter *m* 59
Fußball *m* 222
Fußballdress *m* 31
Fußballfeld *n* 222
Fußballschuh *m* 223
Fußballspieler *m* 222
Fußboden *m* 62, 71
Fußende *n* 71
Fußgängerüberweg *m* 195
Fußgängerzone *f* 299
Fußrücken *m* 15
Fußschlaufe *f* 241
Fußsohle *f* 15
Fußweg *m* 262
Futter *n* 32
Futteral *n* 51
füttern 183

G

Gabel *f* 65, 153, 207
Gabelstapler *m* 186, 216
Gabun 317
gähnen 25
Galapagos-Inseln 315
Galaxie *f* 280
Gallone *f* 311
Galopp *m* 243
galvanisiert 79
Gambia 317
Gang *m* 106, 168, 210, 254
Gänge *m* 153, 206
Gans *f* 119, 293
Gänseei *n* 137
ganz 129, 132
Garage *f* 58
Gardine *f* 63
Garn *n* 276
Garnele *f* 121
Garten *n* 84
Gartenanlagen *f* 262
Gartenarbeit *f* 90
Gartencenter *n* 115
Gartengerät *n* 88
Gartenhandschuh *m* 89
Gartenkorb *m* 88
Gartenkürbis *m* 124
Gartenornament *n* 84
Gartenpflanzen *f* 86
Garten-Sauerampfer *m* 123
Gartenschlauch *m* 89
Gartenspritze *f* 89
Gartenstöcke *f* 89
Gartentyp *m* 84
Gärtner *m* 188
Gasbrenner *m* 61, 267
Gashebel *m* 204
Gaspedal *n* 200
Gasse *f* 298
Gast *m* 100
Gästebuch *n* 100
Gastgeber *m* 64
Gastgeberin *f* 64
Gatenummer *f* 213
Gaumen *m* 19
Gaze *f* 47
Gebäck *n* 140, 149
gebacken 159
Gebärmutter *f* 20, 52
Gebärmutterhals *m* 20, 52
Gebäude *n* 299
Gebäudereiniger *m* 188
geben 273
Gebirgskette *f* 282
gebogen 165
geboren werden 26
gebratenes Hähnchen *n* 155
Gebrauchsanweisung *f* 109
Gebrauchtwarenhändler *m* 115
Geburt *f* 52, 53
Geburtsgewicht *n* 53
Geburtshelfer *m* 52
Geburtstag *m* 27
Geburtstagsfeier *f* 27
Geburtstagskerzen *f* 141
Geburtstagskuchen *m* 141
Geburtsurkunde *f* 26
Geburtszange *f* 53
gedämpft 159
Gedeck *n* 65
Gedränge *n* 221
Gefahr *f* 195
Gefängnis *n* 181
Gefängniswärter *m* 181
Gefängniszelle *f* 181
gefärbt 39
Geflügel *n* 119
Gefrierfach *n* 67
Gefrier-Kühlschrank *m* 67
gefrorener Jogurt *m* 137
Gefühl *n* 25
gefüllt 159
gefülltes Fladenbrot *n* 155
gefüllte Olive *f* 143
gegenüber 320
Gegner *m* 236
gegrillt 159
Gehalt *n* 175
gehen lassen 139
Gehirn *n* 19

deutsch

Gehirnerschütterung *f* 46
Gehrungslade *f* 81
Geige *f* 256
Geißblatt *n* 297
gekochtes Ei *n* 137, 157
gekochtes Fleisch *n* 118, 143
gekrümmt 165
Gel *n* 109
geladen 60
Geländemotorrad *n* 205
Geländer *n* 59
Geländewagen *m* 199
gelangweilt 25
gelb 274
gelbe Karte *f* 223
Geld *n* 97
Geldautomat *m* 97
Geldwirtschaft *f* 97
Geleebonbon *m* 113
Gelenk *n* 17
gemahlen 132
gemahlener Kaffee *m* 144
Gemälde *n* 62, 261, 274
gemischter Salat *m* 158
Gemüse *n* 107, 122, 124
Gemüsefach *n* 67
Gemüsegarten *m* 85, 182
Gemüsehändler *m* 188
Gemüseladen *m* 114
Generation *f* 23
Generator *m* 60
geöffnet 260
Geometrie *f* 165
Georgien 318
Gepäck *n* 100, 198, 213
Gepäckablage *f* 209
Gepäckabteilung *f* 104
Gepäckanhänger *m* 212
Gepäckausgabe *f* 213
Gepäckband *n* 212
Gepäckfach *n* 196, 210
Gepäckröntgenmaschine *f* 212
Gepäckträger *m* 204
Gepäckwaage *f* 212
gepökelt 118, 143
gerade 165
geradeaus 260
geraspelt 132
geräuchert 118, 121, 143, 159
Gerbera *f* 110
Gerichtsdiener *m* 180
Gerichtssaal *m* 180
Gerichtsstenograf *m* 181
Gerichtstermin *m* 180
geriebener Käse *m* 136
geröstet 129
Gerste *f* 130, 184
Gerüst *n* 186
gesalzen 121, 129, 137
Gesäßbacke *f* 13
Gesäßmuskel *m* 16
Geschäft *n* 175
Geschäftsabkommen *n* 175
Geschäftsbogen *m* 173
Geschäftsfrau *f* 175
Geschäftsführer *m* 175
Geschäftsmann *m* 175
Geschäftspartnerin *f* 24
Geschäftsreise *f* 175
geschält 129
geschälte Garnelen *f* 120
Geschenk *n* 27
Geschenkartikelladen *m* 114
Geschichte *f* 162
Geschirr *n* 64
Geschirr und Besteck *n* 65
Geschlechtskrankheit *f* 20
Geschlechtsteile 12
Geschlechtsverkehr *m* 20
geschlossen 260, 321
Geschwindigkeitsbegrenzung *f* 195
Geschworene *m* 180
Geschworenenbank *f* 180
Gesicht *n* 14
Gesichtsbehandlung *f* 41
Gesichtscreme *f* 73
Gesichtsmaske *f* 41
Gesichtspuder *m* 40
Gesichtsschutzmaske *f* 225
Gesichtswasser *n* 41
Gesims *n* 300
gespaltene Haarspitzen *f* 39
gestalten 91
Gestänge *n* 267
Gestein *n* 288
Gestell *n* 166, 174
gestern 306
Gesundheit *f* 44
Gesundheitsfürsorge *f* 168
geteilt durch 165
getoastetes Sandwich *m* 149
Getränk *n* 107, 144, 156
Getreide *n* 130
Getreideflocken *f* 107, 130, 156
Getriebe *n* 202, 204
getrocknet 129, 143, 159
getrocknete Erbsen *f* 131
Gewächshaus *n* 85
Geweih *n* 291
Gewicht *n* 166, 244
Gewichten 250
Gewichthantel *f* 251
Gewinnanteile *m* 97
gewinnen 273
Gewinner *m* 273
Gewitter *n* 287
Gewölbe *n* 15, 300
Gewürze *n* 132
Gewürzessig *m* 135
Gewürznelke *f* 133
Geysir *m* 285
Ghana 317
Giebel *m* 300
Giebeldreieck *n* 301
gießen 67, 90
Gießen *n* 89
Gießkanne *f* 89
Gin *m* 145
Gin Tonic *m* 151
Gips *m* 83
Giraffe *f* 291
Girokonto *n* 96
Gitarrist *m* 258
Gitterstäbe *m* 74
Gladiole *f* 110
glänzend 83
Glas *n* 51, 134, 152, 311
Glas- 69
Gläser *n* 150
Glasflasche *f* 166
glasieren 139
Glaskeramikkochfeld *n* 66
Glasstäbchen *n* 167
Glaswaren *f* 64
glatt 39
glätten 39
Glattrochen *m* 294
gleich 165
Gleichstand *m* 230
Gleichstrom *m* 60
Gleichung *f* 165
Gleis *n* 208
Gleisnummer *f* 208
Gleitschirmfliegen *n* 248
Gletscher *m* 284
Glied *n* 36
Glimmer *m* 289
glücklich 25
Glühfaden *m* 60
Gneis *m* 288
Gold *n* 235, 289
Goldfisch *m* 294
Golf *n* 232
Golfball *m* 233
Golfhandicap *n* 233
Golfplatz *m* 232
Golfschläger *m* 233
Golfspieler *m* 232
Golftasche *f* 233
Golfturnier *n* 233
Gong *m* 257
Gorilla *m* 291
gotisch 301
Gottesanbeterin *f* 295
GPS-System *n* 201
graben 90
graduieren 26
Graduierte *f* 169
Graduierungsfeier *f* 169
Gramm *n* 310
Granat *m* 288
Granatapfel *m* 128
Granit *m* 288
Grapefruit *f* 126
Graphit *m* 289
Gras *n* 86, 262
Grasfangsack *m* 88
Grasland *n* 285
Gräte *f* 121
grau 39, 274
Graubrot *n* 139
grauer Star *m* 51
Gravieren *n* 275
Greifzange *f* 167
Grenada 314
Griechenland 316
Grieß *m* 130
Griff *m* 36, 37, 88, 230, 237
Grill *m* 267
Grillblech *n* 69
Grille *f* 295
grillen 67
Grippe *f* 44
grober Senf *m* 135
Grönland 314
groß 321
Großbritannien 316
großer Zeh *m* 15
Großeltern 23
Großmutter *f* 22
Großsegel *n* 240
Großvater *m* 22
Grübchen *n* 15
grün 129, 274
Grün *n* 232
Grundfläche *f* 164
Grundhobel *m* 78
Grundierfarbe *f* 83
Grundierung *f* 40, 83
Grundlinie *f* 230
Grundriss *m* 261
grüne Bohne *f* 122
grüne Erbse *f* 122
grüne Olive *f* 143
grüner Salat *m* 158
grüner Tee *m* 149
grüne Erbsen *f* 131
Grünkohl *m* 123
Gruppentherapie *f* 55
Guatemala 314
Guave *f* 128
Guinea 317
Guinea-Bissau 317
Gummiband *n* 173
Gummihose *f* 30
Gummiknüppel *m* 94
Gummistiefel *m* 31, 89
Gurke *f* 125
Gürtel *m* 32, 36, 236
Gürtelschnalle *f* 36
gut 321
gut geschnitten 35
Güterzug *m* 208
Guyana 315
Gymnastikband *n* 235
Gymnastikhose *f* 251
Gynäkologe *m* 52
Gynäkologie *f* 49

H

Haar *n* 14, 38
Haarband *n* 39
Haarbürste *f* 38
Haarfärbemittel *n* 40
Haarfarben *f* 39
Haargel *n* 38
Haarklammer *f* 38
Haarknoten *m* 39
Haarreif *m* 38
Haarspray *n* 38
Haarspülung *f* 38
Hackbrett *n* 68
Hacke *f* 88
Hackfleisch *n* 119
Hackmesser *n* 68
Hafen *m* 214, 216, 217
Hafenmeister *m* 217
Hafer *m* 130
Haferbrei *m* 157
Haftbefehl *m* 180
Haftentlassung auf Bewährung *f* 181
Hagel *m* 286
Hahn *m* 61, 185
Hähnchen *n* 119
Hähnchenstückchen *n* 155
Hahnenfuß *m* 297
Haifisch *m* 294
Haiti 314
Häkelhaken *m* 277
Häkeln *n* 277
Haken *m* 187, 276
halbdunkles Bier *n* 145
halber Liter *m* 311
halbfester Käse *m* 136
Halbfettmilch *f* 136
Halbinsel *f* 282
Halbpension *f* 101
Halbzeit *f* 223
Halfter *n* 243
Halloween *n* 27
Hals *m* 12, 258
Halskette *f* 36
Halskrause *f* 46
Halspastille *f* 109
Halstuch *n* 36
Halswirbel *m* 17
Haltegriff *m* 196
Halteknopf *m* 197
halten 223
Halten verboten 195
Haltung *f* 232
Hämatit *m* 289
Hamburger *m* 154
Hamburger mit Pommes frites *m* 154
Hammer *m* 80
hämmern 79
Hamster *m* 290
Hand *f* 13, 15
Handbohrer *m* 81
Handbremse *f* 203
Handfeger *m* 77
Handfläche *f* 15
Handgabel *f* 89
Handgelenk *n* 13, 15
Handgepäck *n* 211, 213
Handknöchel *m* 15
Handrad *n* 276
Handsäge *f* 89

Handschellen *f* 94
Handschuh *m* 224, 228, 233, 236, 246
Handschuhe *f* 36
Handtasche *f* 37
Handtuch *n* 73
Handtücher *n* 73
Handtuchhalter *m* 72
Handy *n* 99
Hang *m* 284
Hängematte *f* 266
Hängeordner *m* 173
Hantel *f* 251
Hardware *f* 176
Harfe *f* 256
Harke *f* 88
harken 90
Harnblase *f* 20
Harnleiter *m* 21
Harnröhre *f* 20
Harnsystem *n* 19
hart 129, 321
Hartfaserplatte *f* 79
Hartholz *n* 79
Hartkäse *m* 136
Haselnuss *f* 129
Haselnussöl *n* 134
Hauptfahrwerk *n* 210
Hauptgericht *n* 153
Hauptstadt *f* 315
Haus *n* 58
Hausanschlüsse *m* 60
Hausapotheke *f* 72
Hausaufgaben *f* 163
Haushaltswaage *f* 69
Haushaltswaren *f* 107
Hausschuhe *m* 31
Haustür *f* 58
Haustürlampe *f* 58
Haut *f* 14, 119
Hautausschlag *m* 44
Hautpflege *f* 108
Hawaii 314
Heavymetal *n* 259
Hebamme *f* 53
Hebel *m* 61, 150
Heck *n* 198, 210, 240
Hecke *f* 85, 90, 182
Heckenschere *f* 89
Hefe *f* 138
Hefebrötchen *n* 139
Heft *n* 163
heften 277
Hefter *m* 173
hegen 91
Heidekraut *n* 297
Heidelbeere *f* 127
Heilbuttfilet *n* 120
Heilkräuter *n* 55
Heimwerkstatt *f* 78
heiraten 26
heiß 286, 321
heiße Schokolade *f* 144
heißes Getränk *n* 144
Heißluftballon *m* 211
Heißwasserhahn *m* 72
Heizdecke *f* 71
Heizelement *n* 61
Heizkörper *m* 60
Heizlüfter *m* 60
Heizofen *m* 60
Heizungsregler *m* 201
hell 41, 321
Helm *m* 204, 220, 228
Hemd *n* 32, 251
Henkel *m* 106
Herbizid *n* 183
Herbst *m* 31, 307
Herde *f* 183
Hering *m* 266
Herr *m* 23
Herrenbekleidung *f* 105
Herrenfriseur *m* 39
Herrenhalbschuh *m* 37
Herrenkleidung *f* 32
herunterladen 177
Herz *n* 18, 119, 122, 273
Herz- und Gefäßsystem *n* 19
Herzinfarkt *m* 44
Herzmuschel *f* 121
Heu *n* 184
Heuschnupfen *m* 44
Heuschrecke *f* 295
heute 306
Hieb *m* 237
hier essen 154
Hi-Fi-Anlage *f* 268
Hilfskoch *m* 152
Himalaja *m* 313
Himbeere *f* 127
Himbeerkonfitüre *f* 134
hinauf 320
Hindernis *n* 243
Hindernisrennen *n* 243
hinter 320
hinterherlaufen 229
Hinterrad *n* 197
hinunter 320
Hirsch *m* 291
Hirse *f* 130
historisches Gebäude *n* 261
HNO-Abteilung *f* 49
Hobel *m* 81
hobeln 79
hoch 271, 321
hochbinden 91
Hochfrisur *f* 39
Hochgeschwindigkeitszug *m* 208
Hochglanz- 271
Hochschule *f* 168
Hochseefischerei *f* 245
Hochsprung *m* 235
Höchstlademarke *f* 214
Hochzeit *f* 26, 35
Hochzeitsfeier *f* 26
Hochzeitskleid *n* 35
Hochzeitsreise *f* 26
Hochzeitstag *m* 26
Hochzeitstorte *f* 141
hochziehen 251
Höcker *m* 291
Hockey *n* 224
Hockeyball *m* 224
Hockeyschläger *m* 224
Hoden *m* 21
Hodensack *m* 21
Hof *m* 58, 84, 182
Höhe *f* 165, 211
Höhenleitwerk *n* 210
Höhle *f* 284
Hole-in-One *n* 233
Holz *n* 79, 233, 275
Holzarbeit *f* 275
Holzblasinstrumente *n* 257
Holzbohrer *m* 80
Holzkohle *f* 266
Holzleim *m* 78
Holzlöffel *m* 68
Holzspäne *m* 78
homogenisiert 137
Homöopathie *f* 55
Honduras 314
Hörer *m* 99
Hormon *n* 20
Horn *n* 257, 291
Hornhaut *f* 51
Horrorfilm *m* 255
Hörsaal *m* 169
Hose *f* 32, 34
Hot Dog *n* 155
Hotel *n* 100, 264
Hoteldiener *m* 100
Hubschrauber *m* 211
Huf *m* 242, 291
Hufeisen *n* 242
Hüfte *f* 12
Hügel *m* 284
Huhn *n* 185
Hühnerbein *n* 119
Hühnerei *n* 137
Hühnerfarm *f* 183
Hühnerstall *m* 185
Hülse *f* 130
Hülsenfrüchte *f* 130
Hummer *m* 121
Hund *m* 290
hundert 308
hundertster 309
hunderttausend 308
hundertzehn 308
Hundeschlittenfahren *n* 247
hungrig 64
Hupe *f* 201, 204
Hürdenlauf *m* 235
Hurrikan *m* 287
Husten *m* 44
Hustenmedikament *n* 108
Hut *m* 36
Hüttenkäse *m* 136
Hydrant *m* 95
Hypnotherapie *f* 55
hypoallergen 41
Hypotenuse *f* 164
Hypothek *f* 96

I

Ich möchte fotokopieren 172
Igel *m* 290
Imbissstand *m* 154
Imbissstube *f* 154
immergrün 86
Immobilienmakler *m* 115
Immobilienmaklerin *f* 189
impotent 20
in 320
in den Ruhestand treten 26
indigoblau 274
in Ei gebratenes Brot *n* 157
in Lake 143
in Ohnmacht fallen 25, 44
in Öl 143
in Saft 159
in Sicherheit 228
in Soße 159
Indien 318
Indischer Ozean *m* 312
Indonesien 319
Industriegebiet *n* 299
Infektion *f* 44
Information *f* 261
Ingwer *m* 125, 133
Inhalationsapparat *m* 44
Inhalierstift *f* 109
Inlandsflug *m* 212
Inlinerfahren *n* 263
Innenausstattung *f* 200
Innenfeld *n* 228
innerer Kern *m* 282
Innereien 118
innerhalb 320
Inning *n* 228
ins Bett gehen 71
Insektenschutzmittel *n* 108
Insektenspray *m* 267
Insel *f* 282
Inspektor *m* 94
Installation *f* 61
installieren 177
Instrumente *n* 258
Insulin *n* 109
Intensivstation *f* 48
Intercity *m* 209
Internet *n* 177
Interviewer *m* 179
Ionosphäre *f* 286
Irak 318
Iran 318
Iris *f* 51, 110
Irland 316
Isolierband *n* 81
Isolierung *f* 61
Israel 318
Italien 316
italienischer (Zier-)garten *m* 84

J

Jacht *f* 215
Jachthafen *m* 217
Jacke *f* 32, 34
Jade *m* 288
Jagdflugzeug *n* 211
Jahr *n* 306
Jahreszeiten *f* 306
Jahrhundert *n* 307
jährlich 307
Jahrmarkt *m* 262
Jahrtausend *n* 307
Jahrzehnt *n* 307
Jakobsmuschel *f* 121
Jalousie *f* 63
Jamaika 314
Jamswurzel *f* 125
Januar *m* 306
Japan 318
jäten 91
Jazz *m* 259
Jeans *f* 31
Jemen 318
jenseits 320
Jett *m* 288
jetzt
Jogging *n* 251, 263
Jogurt *m* 137
Joker *m* 273
Jordanien 318
Journalist *m* 190
Judo *n* 236
Jugendliche *f* 23
Jugendstil *m* 301
Jugoslawien 316
Juli *m* 306
Junge *m* 23, 290
Juni *m* 306
Jupiter *m* 280
Juwelier 188
Juwelierarbeit *f* 275
Juweliergeschäft *n* 114

K

Kabel *n* 79, 207
Kabelfernsehen *n* 269
Kabeljau *m* 120
Kabinda 317
Kabine *f* 210, 214
Kabriolett *n* 199
kacheln 82
Käfer *m* 295
Kaffee *m* 144, 148, 153, 156, 184
Kaffeelöffel *m* 153
Kaffeemaschine *f* 148, 150
Kaffeemilchshake *m* 149
Kaffeetasse *f* 65
kahl 39
Kai *m* 216
Kaiserschnitt *m* 52
Kakadu *m* 293
Kakaopulver *n* 148
Kaktus *m* 87
Kaktusfeige *f* 128
Kalb *n* 185
Kalbfleisch *n* 118
Kalender *m* 306
Kalk *m* 85
Kalkstein *m* 288
kalt 286, 321
kaltgepresstes Öl *n* 135
Kaltwasserhahn *m* 72

deutsch

Kalzit *m* 289
Kalzium *n* 109
Kambodscha 318
Kamera *f* 178
Kamera für APS-Film *f* 270
Kamerakran *m* 178
Kameramann *m* 178
Kameratasche *f* 271
Kamerun 317
Kamillentee *m* 149
Kamin *m* 63
Kamingitter *n* 63
Kaminsims *m* 63
Kamm *m* 38
kämmen 38
Kammer *f* 283
Kampf *m* 237
Kampfsport *m* 236
Kampfsportarten *f* 237
Kanada 314
Kanal *m* 178, 269, 299
Kanalschacht *m* 299
Kanarienvogel *m* 292
Kandare *f* 242
kandierte Früchte *f* 129
Känguru *n* 291
Kaninchen *n* 118, 290
Kännchen *n* 65
Kante *f* 246
Kanter *m* 243
Kanu *n* 214
Kanusport *m* 241
Kapern *f* 143
Kapitalanlage *f* 97
Kapitän *m* 214
Kapsel *f* 109
Kapstachelbeere *f* 128
Kapuze *f* 31
Kapuzenmuskel *m* 16
Karamell *m* 113
Karamellpudding *m* 142
Karate *n* 236
Kardamom *m* 132
Kardanwelle *f* 202
Kardiologie *f* 49
Karibisches Meer *n* 312
Karies *f* 50
Karneval *m* 27
Karo *n* 273
Karosserie *f* 202
Karotte *f* 124
Karte *f* 27
Karten *f* 273
Kartenreiter *m* 173
Kartenschlitz *m* 97
Kartenspiel *n* 273
Kartentelefon *n* 99
Kartoffel *f* 124
Kartoffelchip *m* 151
Kartoffelstampfer *m* 68
Kasachstan 318
Käse *m* 136, 156
Kasino *n* 261
Kaspisches Meer *n* 313
Kasse *f* 106, 150, 255
Kasserolle *f* 69
Kassette *f* 269
Kassettenrekorder *m* 269
Kassierer *m* 96, 106
Katalog *m* 168
Katamaran *m* 215
Katar 318
Kathedrale *f* 300
Katheter *m* 53
Kätzchen *n* 290
Katze *f* 290
Katzenauge *n* 204
Kaufhaus *n* 105
Kaugummi *m* 113
Kaulquappe *f* 294
Kaution *f* 181
Kajak *n* 241
Kebab *m* 155
Kegel *m* 164, 249
Kehldeckel *m* 19
Kehle *f* 19
Kehlkopf *m* 19
Kehrblech *n* 77
Kehre *f* 238
Keilriemen *m* 203
keine Einfahrt 195
Keks *m* 113, 141
Kelch *m* 297
Kelle *f* 187
Kellergeschoss *n* 58
Kellner *m* 148, 152
Kellnerin *f* 191
Kendo *n* 236
Kenia 317
Kennmarke *f* 94
kentern 241
Kern *m* 122, 127, 128, 129, 130
Kerngehäuse *n* 127
kernlos 127
Kerze *f* 63
Kescher *m* 244
Kessel *m* 61
Kesselpauke *f* 257
Ketschup *m* 135
Kette *f* 36
Kettenzahnrad *n* 207
Keule *f* 119, 228
Keyboard *n* 258
Kichererbsen *f* 131
Kickboxen *n* 236
kicken 221, 223
Kiefer *f* 296
Kieferknochen *m* 17
Kiel *m* 214
Kieme *f* 294
Kies *m* 88
Kilogramm *n* 310
Kilometer *m* 310
Kilometerzähler *m* 201
Kind *n* 23, 31
Kinder *f* 23
Kinderabteilung *f* 104
Kinderbett *n* 74
Kinderheilkunde *f* 49
Kinderkleidung *f* 30
Kinderportion *f* 153
Kindersicherung *f* 75
Kindersitz *m* 198, 207
Kinderstation *f* 48
Kinderstuhl *m* 75
Kinderwagen *m* 75
Kinderzimmer *n* 74
Kinn *n* 14
Kinnlade *f* 14
Kino *n* 255, 299
Kinosaal *m* 255
Kiosk *m* 113
Kipper *m* 187
Kirche *f* 298, 300
Kirgisistan 318
Kirsche *f* 126
Kirschtomate *f* 124
Kissenbezug *m* 71
Kiwi *f* 128
Klammer *f* 166
Klammern *f* 173
Klampe *f* 240
Klappe *f* 179
Klapptisch *m* 210
Klarinette *f* 257
Klasse *f* 163
Klassenzimmer *n* 162
klassische Musik *f* 255, 259
klassizistisch 301
Klatschmohn *m* 297
Klaue *f* 291
Klavier *n* 256
Klebepistole *f* 78
Klebstoff *m* 275
Klee *m* 297
Kleid *n* 31, 34
Kleiderbügel *m* 70
Kleiderschrank *m* 70
Kleidung *f* 205
Kleie *f* 130
klein 321
Kleinbus *m* 197
kleiner Finger *m* 15
kleine Trommel *f* 257
kleiner Zeh *m* 15
Kleinkind *n* 30
Kleinwagen *m* 199
Kleisterbürste *f* 82
Klementine *f* 126
Klemmbrett *n* 173
Klempner *m* 188
Klettergerüst *n* 263
Klettern *n* 248
Kletterpflanze *f* 87
Klient *m* 180
Klimaanlage *f* 200
Klinge *f* 89
Klingel *f* 197
Klinik *f* 48
Klippe *f* 285
Klitoris *f* 20
Klöppel *m* 277
Klubhaus *n* 232
Klubsandwich *n* 155
Knabbereien *f* 151
Knäckebrot *n* 139, 156
knackig 127
Knebelknopf *m* 31
kneten 138
Knie *n* 12
Kniebeuge *f* 251
knielang 34
Kniescheibe *f* 17
Knieschützer *m* 205, 227
Kniesehnenstrang *m* 16
Knoblauch *m* 125, 132
Knoblauchpresse *f* 68
Knöchel *m* 13, 15
knöchellang 34
Knochen *m* 17, 119
Knochenasche *f* 88
Knock-out *m* 237
Knopf *m* 32
Knopfloch *n* 32
Knorpel *m* 17
Knospe *f* 111, 297
Koalabär *m* 291
Koch *m* 190
köcheln lassen 67
kochen 67
Köcher *m* 249
Kochfeld *n* 67
Kochmütze *f* 190
Kochtopf *m* 69
Köder *m* 244
Köderhaken *m* 244
ködern 245
Kofferkuli *m* 100, 208, 213
Kofferraum *m* 198
Kohl *m* 123
Kohle *f* 288
Kohlestift *m* 275
Kohlrabi *m* 123
Kohlrübe *f* 125
Koikarpfen *m* 294
Kokon *m* 295
Kokosnuss *f* 129
Kolben *m* 166
Kolibri *m* 292
Kollege *m* 24
Kolonie 315
Kolumbien 315
Kombinationszange *f* 80
Kombiwagen *m* 199
Kombüse *f* 214
Komet *m* 280
Kommandobrücke *f* 214
Kommandoturm *m* 215
Kommode *f* 70
Kommunikation *f* 98
Komödie *f* 255
Komoren 317
Kompass *m* 240, 312
Komposterde *f* 88
Komposthaufen *m* 85
Kondensmilch *f* 136
Konditorcreme *f* 140
Konditorei *f* 114
Kondom *n* 21
Konfitüre *f* 134, 156
Konglomerat *n* 288
Kongo 317
König *m* 272, 273
Königsberg 316
Konserven *f* 107
Kontaktlinsen *f* 51
Kontaktlinsenbehälter *m* 51
Kontinent *m* 282, 315
Kontonummer *f* 96
Kontoüberziehung *f* 96
Kontrabass *m* 256
Kontrafagott *n* 257
Kontrollturm *m* 212
Konzert *n* 255, 258
Kopf *m* 12, 19, 112, 230
köpfen 91, 222
Kopfende *n* 70
Kopfhaut *f* 39
Kopfhörer *m* 268
Kopfkissen *n* 70
Kopfschmerzen *m* 44
Kopfschutz *m* 74, 236
Kopfstütze *f* 200
Kopfverletzung *f* 46
kopieren 172
Kopilot *m* 211
Koppel *f* 242
Korallenriff *n* 285
Korb *m* 207, 226
Korbbrett *n* 226
Körbchen *n* 74
Korbring *m* 226
Koriander *m* 133
Korinthe *f* 129
Korken *m* 134
Korkenzieher *m* 150
Kostümbildnerin *f* 191
Körner *n* 131
Körnerbrot *n* 139
Körper *m* 12, 164
Körperlotion *f* 73
Körperpuder *m* 73
Körpersysteme *n* 19
Körperverletzung *f* 94
Korrekturstift *m* 40
Korsett *n* 35
Korsika 316
Kotelett *n* 119
Krabbe *f* 121
Kraftstoffanzeige *f* 201
Kraftstofftank *m* 204
Krafttraining *n* 251
Kragen *m* 32
Krähe *f* 292
Kralle *f* 293
Krampf *m* 44, 239
Kran *m* 187, 216
Kranich *m* 292
Krankenhaus *n* 48
Krankenhausstation *f* 48
Krankenschwester *f* 45, 48, 52, 189
Krankenwagen *m* 94
Krankheit *f* 44
Kranz *m* 111
Krater *m* 283
kratzen 77
Kraulen *n* 239
kraus 39
Kraut *n* 86
Kräuter *n* 133, 134
Kräuter und Gewürze *n* 132

deutsch

Kräutergarten *m* 84
Kräuterheilkunde *f* 55
Kräuterheilmittel *n* 108
Kräutermischung *f* 132
Kräutertee *m* 149
Krawatte *f* 32
Krawattennadel *f* 36
Krebs *m* 121, 295
Kreditkarte *f* 96
Kreide *f* 162, 288
Kreis *m* 165
Kreissäge *f* 78
Kreisverkehr *m* 195
Kreuz *n* 256, 273
Kreuzkümmel *m* 132
Kreuzschlitzschraubenzieher *m* 80
Kreuzung *f* 298
Kricket *n* 225
Kricketball *m* 225
Kricketspieler *m* 225
Krickettor *n* 225
Kriechpflanze *f* 87
Kriegsschiff *n* 215
Kriminalbeamte *m* 94
Kristalltherapie *f* 55
Kroatien 316
Krokodil *n* 293
Krokodilklemme *f* 167
Krone *f* 50
Kröte *f* 294
Krug *m* 151
Kruste *f* 139
Kuba 314
Küche *f* 66, 152
Kuchen *m* 141
Kuchen backen *n* 69
Kuchenblech *n* 69
Kuchenform *f* 69
Küchenchef *m* 152
Küchengeräte *n* 66, 68, 105
Küchenmaschine *f* 66
Küchenmesser *n* 68
Küchenregal *n* 66
Küchenschrank *m* 66
Kugel *f* 149, 164
Kugelstoßen *n* 234
Kuh *f* 185
Kühler *m* 202
Kühlmittelbehälter *m* 202
Kühlschrank *m* 67
Kuhmilch *f* 136
Küken *n* 185
Kulisse *f* 254
Kümmel *m* 131
Kumquat *f* 126
Kunde *m* 96, 104, 106, 152, 175
Kundendienst *m* 104
Kundendienstabteilung *f* 175
Kundin *f* 38
Kung-Fu *n* 236
Kunst *f* 162
Kunstgalerie *f* 261
Kunstgeschichte *f* 169
Kunsthandlung *f* 115
Kunsthandwerk *n* 274, 276
Kunsthochschule *f* 169
Künstlerin *f* 274
kunststoffbeschichtet 69
Kupfer *n* 289
Kuppel *f* 300
Kupplung *f* 200, 204
Kürbiskern *m* 131
Kurierdienst *m* 99
Kurkuma *f* 132
kurz 32, 321
kurz gebraten 159
Kurzhaarschnitt *m* 39
Kurzsichtigkeit *f* 51
Kurzwaren *f* 105
Kurzwelle *f* 179
Kuscheltier *n* 75
Kuskus *m* 130
Küste *f* 285
Küstenwache *f* 217
Kuwait 318

L

Labor *n* 166
Laborwaage *f* 166
lächeln 25
lachen 25
Lachs *m* 120
Lack *m* 79, 83
Lacrosse *n* 249
Lacrosseschläger *m* 249
Laden *m* 298
Lagerfeuer *n* 266
Laib *m* 139
Laken *n* 74
Lakritze *f* 113
Laktose *f* 137
Lamm *n* 118, 185
Lampe *f* 62
Lampen *f* 105
Land *n* 282, 315
landen 211
Landkarte *f* 195
Landschaft *f* 284
Landungssteg *m* 217
Landwirt *m* 182, 189
landwirtschaftliche Betriebe *m* 183
lang 32
Länge *f* 165, 310
Längengrad *m* 283
Langkorn- 130
Langlauf *m* 247
Langlaufmaschine *f* 250
langsam 321
Languste *f* 295
Längsschnitt *m* 282
Langwelle *f* 179
Laos 318
Laptop *m* 175, 176
Lärche *f* 296
Lastwagen *m* 194
Lastwagenfahrer *m* 190
Laterne *f* 217
Latte *f* 235
Lätzchen *n* 30
Latzhose *f* 30
Laubbaum *m* 86
Laubrechen *m* 88
Lauch *m* 125
Lauf *m* 228
Laufband *n* 106, 250
Läufer *m* 272
Laufstall *m* 75
Lautsprecher *m* 176, 209, 258
Lautstärke *f* 179, 269
Lava *f* 283
Lawine *f* 247
Leadsänger *m* 258
Lebensmittel *n* 106
Lebensmittelabteilung *f* 105
Lebensmittelgeschäft *n* 114
Leber *f* 18, 118
Lederanzug *m* 205
Lederschuh *m* 32, 37
leer 321
Leerung *f* 98
legen 38
leger 34
Leggings *f* 31
Leguan *m* 293
Lehm *m* 85
Lehne *f* 64
Lehrer *m* 54
Lehrerin *f* 162, 191
leicht 321
Leichtathlet *m* 234
Leichtathletik *f* 234
Leichtflugzeug *n* 211
Leinen *n* 277
Leinwand *f* 255, 274
Leiste *f* 12
leitender Angestellter *m* 174
Leiter *f* 95, 186
Leitkegel *m* 187
Leitplanke *f* 195
Leitung *f* 60
Leitungswasser *n* 144
Lende *f* 121
Lendenbereich *m* 13
Lendensteak *n* 119
Lendenwirbel *m* 17
Lenkrad *n* 201
Lenkstange *f* 207
lernen 163
Lernen *n* 162
Leselampe *f* 210
lesen 162
Leserausweis *m* 168
Lesesaal *m* 168
Lesotho 317
Lettland 316
letzte Woche 307
Leuchtrakete *f* 240
Leuchtstreifen *m* 205
Leuchtturm *m* 217
Leukoplast *n* 47
Levkoje *f* 110
Lexikon *n* 163
Libanon 318
Libelle *f* 295
Liberia 317
Libyen 317
Licht *n* 94
Lichtmaschine *f* 203
Lichtschalter *m* 201
Lid *n* 51
Lidschatten *m* 40
Liebesfilm *m* 255
Liechtenstein 316
Lied *n* 259
Lieferung ins Haus *f* 154
Liegestuhl *m* 265
Liegestütz *m* 251
Liga *f* 223
Likör *m* 145
Lilie *f* 110
Limonade *f* 144
Limone *f* 126
Limousine *f* 199
Linde *f* 296
Lineal *n* 163, 165
Linien *f* 165
Liniennummer *f* 196
Linienrichter *m* 220, 223, 230
Liniensystem *n* 256
linkes Feld *n* 228
links 260
Linkssteuerung *f* 201
Linse *f* 51, 270
Lipgloss *m* 40
Lippe *f* 14
Lippenkonturenstift *m* 40
Lippenpinsel *m* 40
Lippenstift *m* 40
Litauen 316
Liter *m* 311
Literatur *f* 162, 169
Literaturliste *f* 168
Litschi *f* 128
live 178
Lob *m* 230
Loch *n* 232
Locher *m* 173
Lockenstab *m* 38
Lockenwickler *m* 38
Löffel *m* 65
Löffelbiskuit *n* 141
Loganbeere *f* 127
Loge *f* 254
Logo *n* 31
Lohnliste *f* 175
Lokomotive *f* 208
Lorbeer *m* 133
Löschfahrzeug *n* 95
loslassen 245
löslich 109
Lösungsmittel 83
löten 79
Lotion *f* 109
Lötkolben *m* 81
Lottoscheine *m* 112
Lötzinn *m* 79, 80
Löwe *m* 291
Löwenzahn *m* 123, 297
Luffaschwamm *m* 73
Luftdüse *f* 210
Luftfilter *m* 202, 204
Luftkissenboot *n* 215
Luftmanschette *f* 45
Luftmatratze *f* 267
Luftpostbrief *m* 98
Luftpumpe *f* 207
Luftröhre *f* 18
Lunge *f* 18
Lungenautomat *m* 239
Lupinen *f* 297
Lutscher *m* 113
Luxemburg 316
Luzerne *f* 184
lymphatisches System *n* 19

M

Macadamianuss *f* 129
Madagaskar 317
Mädchen *n* 23
Magen *m* 18
Magenschmerzen *m* 44
mageres Fleisch *n* 118
Magermilch *f* 136
Magister *m* 169
Magma *n* 283
Magnesium *n* 109
Magnet *m* 167
Mahlzeit *f* 158
Mähdrescher *m* 182
mähen 90
Mähne *f* 242, 291
Mai *m* 306
Mais *m* 122, 130, 184
Maisbrot *n* 139
Maiskeimöl *n* 135
Majonäse *f* 135
Majoran *m* 133
Make-up *n* 40
Makramee *n* 277
Makrele *f* 120
Mal *n* 229
mal 165
Malachit *m* 288
Malawi 317
Malaysia 318
Malediven 318
Malerei *f* 274
Malerin *f* 191
Mali 317
Malspieler *m* 228
Malta 316
Malzessig *m* 135
Malzgetränk *n* 144
Manager *m* 174
Manchego *m* 142
Mandarine *f* 126
Mandel *f* 129
Mandeln *f* 151
Mandelöl *n* 134
Mango *f* 128
Mangold *m* 123
Mangostane *f* 128
Maniküre *f* 41
Maniok *m* 124
Mann *m* 12, 23
männlich 21
Mannschaft *f* 220

Mansarde *f* 58
Mansardenfenster *n* 58
Manschette *f* 32
Manschettenknopf *m* 36
Mantel *m* 32, 282
Maracas *f* 257
Marathon *m* 234
Margarine *f* 137
Margerite *f* 110, 297
Marienkäfer *m* 295
mariniert 143, 159
Marketingabteilung *f* 175
Markise *f* 148
Markt *m* 115
Marmor *m* 288
Marokko 317
Mars *m* 280
Marshmallow *n* 113
Martini *m* 151
März *m* 306
Marzipan *n* 141
Maschinen *f* 187
Maschinenbau *m* 169
Maschinengewehr *n* 189
Maschinenraum *m* 214
Masern *f* 44
Maske *f* 189, 236, 249
Maß *n* 150, 151
Massage *f* 54
Maße *n* 165
Mast *m* 240
Mastdarm *m* 21
Match *n* 230
Material *n* 187
Materialien *n* 79
Mathematik *f* 162, 164
Matratze *f* 70, 74
matt 83, 271
Matte *f* 54, 235
Mauer *f* 58, 186, 222
Mauerturm *m* 300
Mauerwerkbohrer *m* 80
Mauretanien 317
Mauritius 317
Maus *f* 176, 290
Mautstelle *f* 194
Mazedonien 316
MDF-Platte *f* 79
Mechanik *f* 202
Mechaniker *m* 188, 203
Medaillen *f* 235
Medien *f* 178
Medikament *n* 109
Meditation *f* 54
Medizin *f* 169
Meer *n* 264, 282
Meerbarbe *f* 120
Meeresfrüchte *f* 121
Meerrettich *m* 125
Mehl *n* 138
Mehl mit Backpulver *n* 139
Mehl ohne Backpulver *n* 139
mehrjährig 86
Mehrkornbrot *n* 139
Meile *f* 310
Meißel *m* 81, 275
Meisterschaft *f* 230
melken 183
Melodie *f* 259
Melone *f* 127
Mensa *f* 168
Menschen *m* 12, 16, 39
Menstruation *f* 20
Menüleiste *m* 177
Merkur *m* 280
Mesosphäre *f* 286
Messbecher *m* 69, 150, 311
messen 310
Messer *n* 65, 66
Messerschärfer *m* 68, 118
Messleiste *f* 45
Messlöffel *m* 109
Metall *n* 79
Metallbohrer *m* 80
Metalle *n* 289
Metallsäge *f* 81
metamorph 288
Meteor *m* 280
Meter *m* 310
Metermaß *n* 80
Metzger *m* 118, 188
Metzgerei *f* 114
Mexiko 314
Mieder *n* 35
Miesmuschel *f* 121
Miete *f* 58
mieten 58
Mieter *m* 58
Migräne *f* 44
Mikrofon *n* 179, 258
Mikrofongalgen *m* 179
Mikroskop *n* 167
Mikrowelle *f* 66
Milch *f* 136, 156
Milchkaffee *m* 148
Milchprodukte *n* 107, 136
Milchpulver *n* 137
Milchpumpe *f* 53
Milchreis *m* 130, 140
Milchschokolade *f* 113
Milchshake *m* 137
Milchtüte *f* 136
Milliarde 309
Milligramm *n* 310
Milliliter *m* 311
Millimeter *m* 310
Million 309
Milz *f* 18
Mineral *n* 289
Mineralwasser *n* 144
Minibar *f* 101
Minidiskrekorder *m* 268
Minirock *m* 34
Minivan *m* 199
minus 165
Minute *f*
Minutenzeiger *m*
Minze *f* 133
mischen 273
Mischpult *n* 179
Mistgabel *f* 88
mit 320
mit Automatik 200
mit Formbügeln 35
mit Handschaltung 200
mit Kohlensäure 144
mit Kopfdünger düngen 90
mit offenem Oberdeck 260
mit Rasen bedecken 90
mit Schokolade überzogen 140
mit Schokoladenstückchen 141
mit Zahnseide reinigen 50
Mittag *m* 305
Mittagessen *n* 64
Mittagsmenü *n* 152
Mittelfeld *n* 228
Mittelfinger *m* 15
Mittelfußknochen *m* 17
Mittelhandknochen *m* 17
mittelharter Käse *m* 136
Mittelkreis *m* 222, 224, 226
Mittellinie *f* 226
Mittelmeer *n* 313
Mittelpunkt *m* 164
Mittelstreifen *m* 194
Mittelstürmer *m* 222
Mittelwelle *f* 179
Mitternacht *f* 305
mittlere Spur *f* 194
Mittwoch *m* 306
Mixer *m* 66
Mixerschüssel *f* 66
Möbel *n* 105
Möbelgeschäft *n* 115
Mobile *n* 74
Mode *f* 277
Modedesigner *m* 277
Modell *n* 169, 190
Modellbau *m* 275
Modellierholz *n* 275
Modem *n* 176
Moderator *m* 178
Mohn *m* 138
Moldawien 316
Monaco 316
Monat *m* 306
monatlich 307
Monatshygiene *f* 108
Mond *m* 280
Mondbohnen *f* 131
Mondfähre *f* 281
Mondsichel *f* 280
Mondstein *m* 288
Mongolei 318
Monitor *m* 53, 176
Monopoly *n* 272
Monsun *m* 287
Montag *m* 306
Monument *n* 261
Mopp *m* 77
Morgen *m* 305
morgen 306
Morgendämmerung *f* 305
Morgenrock *m* 31
Mörser *m* 68, 167
Mörtel *m* 187
Mosambik 317
Moschee *f* 300
Moskitonetz *n* 267
Motocross *n* 249
Motor *m* 88, 202, 204
Motorboot *n* 214
Motorbootsport *m* 241
Motorhaube *f* 198
Motorrad *n* 204
Motorradrennen *n* 249
Motorradständer *m* 205
Motte *f* 295
Mountainbike *n* 206
Mousse *f* 141
Möwe *f* 292
Mozzarella *m* 142
MP3-Spieler *m* 268
Muffin *m* 140
mulchen 91
Mülleimer *m* 67, 266
Müllschlucker *m* 61
multiplizieren 165
Multivitaminmittel *n* 109
Mumps *m* 44
Mund *m* 14
Mundschutz *m* 237
Mundwasser *n* 72
Mungbohnen *f* 131
Münze *f* 97
Münzfernsprecher *m* 99
Münzrückgabe *f* 99
Muschel *f* 265
Museum *n* 261
Musical *n* 255
Musik *f* 162
Musiker *m* 191
Musikhochschule *f* 169
Musikinstrumente *n* 256
Musikstile *f* 259
Muskatblüte *f* 132
Muskatnuss *f* 132
Muskel *m* 16
Mutter *f* 22, 80
Muttermal *n* 14
Mütze *f* 36
Myanmar 318

N

Naanbrot *n* 139
Nabe *f* 206
Nabel *m* 12
Nabelschnur *f* 52
nach 320
Nachbar *m* 24
Nachmittag *m* 305
Nachrichten *f* 100, 178
Nachrichtensprecher *m* 191
Nachrichtensprecherin *f* 179
nachschneiden 39
Nachspeisen *f* 140
nächste Woche 307
Nacht *f* 305
Nachthemd *n* 31, 35
Nachttisch *m* 70, 153
Nachttischlampe *f* 70
Nachtwäsche *f* 31
Nacken *m* 13
Nadel *f* 109, 276
Nadelbaum *m* 86
Nadelkissen *n* 276
Nagel *m* 80
Nagelfeile *f* 41
Nagelhaut *f* 15
Nagelknipser *m* 41
Nagelkopf *m* 81
Nagellack *m* 41
Nagellackentferner *m* 41
Nagelschere *f* 41
nahe 320
nähen 277
Näherin *f* 277
Nähfuß *m* 276
Nähkorb *m* 276
Nähmaschine *f* 276
Nahrungsmittel *n* 118, 130
Naht *f* 34, 52
Namensbändchen *n* 53
Namibia 317
Nascherei *f* 113
Nase *f* 14
Nasenbluten *n* 44
Nasenklemme *f* 238
Nasenloch *n* 14
Nasenriemen *m* 242
Nashorn *n* 291
nass 286, 321
Nation *f* 315
Nationalpark *m* 261
Naturfaser *f* 31
Naturheilkunde *f* 55
Naturreis *m* 130
Naturwissenschaft *f* 162
navigieren 240
Nebelfleck *m* 280
neben 320
Nebengebäude *n* 182
Nebenwirkungen *f* 109
Neffe *m* 23
Negativ *n* 271
negative Elektrode *f* 167
Negligé *n* 35
Nektarine *f* 126
Nelke *f* 110
Nenner *m* 165
Nennwert *m* 97
Nepal 318
Neptun *m* 280
Nerv *m* 19, 50
Nervensystem *n* 19
nervös 25
Nessel *f* 297
Netz *n* 217, 226, 227, 231
Netzhaut *f* 51
Netzwerk *n* 176
neu 321
Neubelag *m* 187
neue Kartoffel *f* 124

Neugeborene *n* 53
Neujahr *n* 27
Neumond *m* 280
neun 308
neunhundert 308
neunter 309
neunzehn 308
neunzehnhundert 307
neunzehnhunderteins 307
neunzehnhundertzehn 307
neunzehnter 309
neunzig 308
neunzigster 309
Neurologie *f* 49
Neuseeland 319
neutral 60
neutrale Zone *f* 224
Nicaragua 314
nicht falten 98
Nichte *f* 23
Nichtraucherbereich *m* 152
Nickel *m* 289
Niederlande 316
niedrig 321
Niere *f* 18, 119
Niesen *n* 44
Niger 317
Nigeria 317
Nilpferd *n* 291
Nockenriemen *m* 203
Nord- und Mittelamerika 314
Norden *m* 312
Nordkorea 318
nördliche Halbkugel *f* 283
nördlicher Polarkeis *m* 283
Nordpol *m* 283
Nordpolarmeer *n* 312
Nordsee *f* 312
normal 39
Norwegen 316
Notation *f* 256
Notaufnahme *f* 48
Notausgang *m* 210
Note *f* 163, 256
Noten *f* 255, 256
Notfall *m* 46
Nothebel *m* 209
Notizblock *m* 173
Notizbuch *n* 172
Notizen *f* 175, 191
Notizen machen 163
Notrufsäule *f* 195
November *m* 306
Nudelholz *n* 69
Nudeln *f* 158
Nugat *m* 113
null 230, 308
Nummernschild *n* 198
Nüsse *f* 151
Nüsse und Dörrobst f, *n* 129
Nylon *n* 277

O

oben 98
Oberarmknochen *m* 17
oberer Kuchenteil *m* 141
Oberschenkel *m* 12
Oberschenkelknochen *m* 17
Oberschenkelmuskeln *m* 16
Objektivlinse *f* 167
Objektträger *m* 167
Oboe *f* 257
Obsidian *m* 288
Obst *n* 107, 126, 128, 157
Obstanbau *m* 183
Obstkorb *m* 126
Obstkuchenform *f* 69
Obstsaft *m* 156
Obsttörtchen *n* 140
Obus *m* 196
offen 321
offenes Gedränge *n* 221
ohne 320
ohne Bedienung 152
ohne Kohlensäure 144
Ohr *n* 14
Öhr *n* 244
Ohrring *m* 36
Okra *f* 122
Oktober *m* 306
Okular *n* 167
Okularmuschel *f* 269
Öl *n* 142, 199
Öle *n* 134
Ölfarben *f* 274
Oliven *f* 151
Olivenöl *n* 134
Ölmessstab *m* 202
Ölsumpf *m* 204
Öltanker *m* 215
Oman 318
Omelett *n* 158
Onkel *m* 22
Onkologie *f* 49
online 177
Onyx *m* 289
Opal *m* 288
Oper *f* 255
Operation *f* 48
Operationssaal *m* 48
Optiker *m* 189
orange 274
Orange *f* 126
Orangenlimonade *f* 144
Orangenmarmelade *f* 134, 156
Orangensaft *m* 148
Orchester *n* 254, 256
Orchestergraben *m* 254
Orchidee *f* 111
Ordner *m* 172, 177
Oregano *m* 133
Origami *n* 275
Orthopädie *f* 49
Öse *f* 37, 276
Osten *m* 312
Osteopathie *f* 54
Osterglocke *f* 111
Ostern *n* 27
Österreich 316
Ostsee *f* 313
Ost-Timor 319
Otter *m* 290
Ouvertüre *f* 256
Oval *n* 164
Overall *m* 82
Overheadprojektor *m* 163
Ozean *m* 282
Ozeandampfer *m* 215
Ozonschicht *f* 286

P

Paar *n* 24
Päckchen *n* 311
Päckchen Zigaretten *n* 112
Packung *f* 311
Paddel *n* 241
Pagenkopf *m* 39
Paket *n* 99
Pakistan 318
Palette *f* 186, 274
Palme *f* 86, 296
Palmherzen *n* 122
Palmtop *m* 175
Panama 314
Pandabär *m* 291
Paniermehl *n* 139
Panzer *m* 293
Papagei *m* 293
Papaya *f* 128
Papierbehälter *m* 172
Papierführung *f* 172
Papierklammer *f* 173
Papierkorb *m* 172, 177
Papierserviette *f* 154
Papiertaschentuch *n* 108
Papiertaschentuch-schachtel *f* 70
Pappe *f* 275
Pappel *f* 296
Pappmaschee *n* 275
Paprika *f* 124
Papua-Neuguinea 319
Par *n* 233
Paraguay 315
parallel 165
Parallelogramm *n* 164
Paranuss *f* 129
Parfum *n* 41
Parfümerie *f* 105
Park *m* 261, 262
parken 195
Parkett *n* 254
Parkplatz *m* 298
Parkuhr *f* 195
Parmesan *m* 142
Partner *m* 23
Partnerin *f* 23
Parfümerie *f* 105
Pass *m* 213, 226
Passagier *m* 216
Passagierhafen *m* 216
Passah *n* 27
Passionsfrucht *f* 128
Passkontrolle *f* 212, 213
Pastellstifte *m* 274
Pastete *f* 142, 156, 158
Pasteten *f* 143
Pastetenform *f* 69
pasteurisiert 137
Pastinake *f* 125
Patchwork *n* 277
Pathologie *f* 49
Patientenkurve *f* 48
Patientenstuhl *m* 50
Patientin *f* 45
Patiogarten *m* 85
Pause *f* 254, 269
Pausenzeichen *n* 256
Pay-Kanal *m* 269
Pazifischer Ozean *m* 312
Pecannuss *f* 129
Pedal *n* 206
Pediküre *f* 41
Peeling *n* 41
Pelikan *m* 292
Pendler *m* 208
Penguin *m* 292
Penis *m* 21
Peperoni *f* 124, 142, 143
per Luftpost 98
Pergola *f* 84
Periduralanästhesie *f* 52
Periodikum *n* 168
Perlenkette *f* 36
Persimone *f* 128
Personal *n* 175
Personalabteilung *f* 175
Personenwaage *f* 45
persönliche Bestleistung *f* 234
Peru 315
Perücke *f* 39
Pessar *n* 21
Pestizid *n* 89, 183
Petersilie *f* 133
Petrischale *f* 166
Pfannengericht *n* 158
Pfannenwender *m* 68
Pfannkuchen *m* 157
Pfau *m* 293
Pfeffer *m* 64, 152
Pfefferkorn *n* 132
Pfefferminz *n* 113
Pfefferminztee *m* 149
Pfeife *f* 112
Pfeil *m* 249
Pferch *m* 185
Pferd *n* 185, 235, 242
Pferderennen *n* 243
Pferdeschwanz *m* 39
Pferdestall *m* 243
Pfingstrose *f* 111
Pfirsich *m* 126, 128
pflanzen 183
Pflanzen *f* 296
Pflanzenarten *f* 86
Pflanzenöl *n* 135
Pflanzenschildchen *n* 89
Pflanzschaufel *f* 89
Pflaster *n* 47
Pflaume *f* 126
Pflegetuch *n* 75
pflücken 91
pflügen 183
Pflug *m* 182
pfropfen 91
Pfund *n* 310
Phantombild *n* 181
Philippinen 319
Philosophie *f* 169
Physik *f* 162, 169
Physiotherapie *f* 49
Picknick *n* 263
Picknickbank *f* 266
Picknickkorb *m* 263
Pier *m* 217
Pik *n* 273
pikante Wurst *f* 142
Pikkoloflöte *f* 257
Pilates-Übungen *f* 251
Pille *f* 21, 109
Pilot *m* 190, 211
Pilz *m* 125
Piment *m* 132
Piniennuss *f* 129
PIN-Kode *m* 96
Pinne *f* 240
Pinnwand *f* 173
Pinsel *m* 274
Pint *n* 311
Pintobohnen *f* 131
Pinzette *f* 40, 47, 167
Pipette *f* 167
Pistazie *f* 129
Pistole *f* 94
Pitabrot *n* 139
Pizza *f* 154
Pizzabelag *m* 155
Pizzeria *f* 154
Plädoyer *n* 180
Plakat *n* 255
Plakatfarbe *f* 274
Planet *m* 280, 282
Planken *f* 85
Planschbecken *n* 263
Plastiktüte *f* 122
plastische Chirurgie *f* 49
Plateau *n* 284
Plateauschuh *m* 37
Platin *n* 289
Platte *f* 283
Platten *f* 85
Plattengeschäft *n* 115
Plattenspieler *m* 268
Platz *m* 299
Platzanweiser *m* 255
Platzverweis *m* 223
Plazenta *f* 52
plus 165
Pluto *m* 280
pochieren 67
pochiert 159
Podium *n* 256
Poker *n* 273
Pol *m* 60, 282
Polarlicht *n* 286
Polen 316
polieren 77

deutsch

Politologie *f* 169
Politur *f* 77
Polizei *f* 94
Polizeiauto *n* 94
Polizeiwache *f* 94
Polizeizelle *f* 94
Polizist *m* 94, 189
Poller *m* 214, 298
Polo *n* 243
Polster *n* 220, 224, 225
Polyester *n* 277
Pommes frites 154
Poolbillard *n* 249
Pop *m* 259
Popcorn *n* 255
Pore *f* 15
Port *m* 176
Portefeuille *n* 97
Portmonee *n* 37, 97
Portion *f* 64
Portionierer *m* 68
Portokosten *f* 98
Portugal 316
Portwein *m* 145
Porzellan *n* 105
Posaune *f* 257
Pose *f* 244
positive Elektrode *f* 167
Post *f* 98
Postanweisung *f* 98
Postbeamte *m* 98
Posteingang *m* 177
postgraduiert 169
Postkarte *f* 112
Postleitzahl *f* 98
Postsack *m* 98
Poststempel *m* 98
Posttasche *f* 190
Potpourri *n* 111
Praline *f* 113
Präsentation *f* 174
Preis *m* 152
Preiselbeere *f* 127
Preisliste *f* 154
Premiere *f* 254
Presse *f* 178
Pressluftbohrer *m* 187
Privatbadezimmer *n* 100
private Fitnesstrainerin *f* 250
Privatjet *m* 211
Privatzimmer *n* 48
Probleme *n* 271
Produzent *m* 254
Profilsäge *f* 81
Programm *n* 176, 254, 269
Programmgestaltung *f* 178
Projektor *m* 174
Promenade *f* 265
Promotion *f* 169
Propeller *m* 211
Prosciutto *f* 143
Prostata *f* 21
Protokoll *n* 174
Protokollführer *m* 180
Provinz *f* 315
Provision *f* 97
Prozentsatz *m* 165
Prozessor *m* 176
Prüfung *f* 163
Psychiatrie *f* 49
Psychotherapie *f* 55
Publikum *n* 254
Puck *m* 224
Puderdose *f* 40
Puderpinsel *m* 40
Puderquaste *f* 40
Puderrouge *n* 40
Puerto Rico 314
Pullover *m* 33
Pulsschlag *m* 47
Pult *n* 162, 269
Pulver *n* 77, 109
Punkmusik *f* 259
pünktlich
Pupille *f* 51
Puppe *f* 75
Puppenhaus *n* 75
pürieren 159
Pute *f* 119
Putter *m* 233
putzen 77
Puzzle *n* 273
Pyramide *f* 164

Q

Quadrat *n* 164
Quadratfuß *m* 310
Quadratmeter *m* 310
Qualle *f* 295
Quart *n* 311
Quarz *m* 289
Quecksilber *n* 289
quer 271
Querflöte *f* 257
Querlatte *f* 222
Querruder *n* 210
Quiche *f* 142
Quitte *f* 128
Quittung *f* 152

R

Rachen *m* 19
Racquetball *n* 231
Rad *n* 198, 207
Rad fahren 207
Radar *m* 214, 281
Radfahren *n* 263
Radicchio *m* 123
Radiergummi *m* 163
Radieschen *n* 124
Radio *n* 179, 268
Radiologie *f* 49
Radiowecker *m* 70
Radius *m* 164
Radkappe *f* 202
Radmuttern *f* 203
Radschlüssel *m* 203
Rafting *n* 241
Rahmen *m* 206, 230
Rahmkäse *m* 136
Rakete *f* 211
Rallyefahren *n* 249
RAM *n* 176
Ramadan *m* 26
Rap *m* 259
Raps *m* 184
Rapsöl *n* 135
Rasen *m* 85, 90
Rasenmäher *m* 88, 90
Rasenrandschere *f* 88
Rasensprenger *m* 89
Rasieren *n* 73
Rasierklinge *f* 73
Rasierschaum *m* 73
Rasierwasser *n* 73
Rassel *f* 74
Rathaus *n* 299
Ratte *f* 290
Rattenschwänze *f* 39
Rauch *m* 95
rauchen 112
Raucherbereich *m* 152
Räucherfisch *m* 143
Räucherheringe *m* 157
Rauchmelder *m* 95
Raumanzug *m* 281
Raumfähre *f* 281
Raumforschung *f* 281
Raumstation *f* 281
Raupe *f* 295
Raureif *m* 287
Reagenzglas *n* 166
Rebound *m* 227
Rechnung *f* 152
Recht *n* 180
rechtes Feld *n* 229
rechte Spur *f* 194
Rechteck *n* 164
rechts 260
rechts abbiegen verboten 195
Rechtsabteilung *f* 175
Rechtsanwalt *m* 180, 190
Rechtsberatung *f* 180
Rechtsfall *m* 180
Rechtssteuerung *f* 201
Rechtswissenschaft *f* 169
Reck *n* 235
Recyclingbehälter *m* 61
Redakteurin *f* 191
Reflexzonenmassage *f* 54
Reformhaus *n* 115
Regal *n* 268
Regen *m* 287
Regenbogen *m* 287
Regenbogenforelle *f* 120
Regenhaut *f* 245, 267
Regenmantel *m* 31, 32
Regenschirm *m* 36
Regenwald *m* 285
Reggae *m* 259
Region *f* 315
Reibahle *f* 80
Reibe *f* 68
reiben 67
reif 129
Reifen *m* 198, 205, 206
Reifendruck *m* 203
Reifenpanne *f* 203, 207
Reifenprofil *n* 207
Reifenschlüssel *m* 207
Reihe *f* 210, 254
Reihen(haus) 58
Reiki *n* 55
Reinigung *f* 115
Reinigungsartikel *m* 77
Reinigungsmilch *f* 41
Reinigungsmittel *n* 51, 77
Reinigungstuch *n* 108
Reis *m* 130, 158, 184
Reisebüro *n* 114
Reisebürokauffrau *f* 190
Reisebus *m* 196
Reiseführer *m* 260
Reisekrankheitstabletten *f* 109
Reisescheck *m* 97
Reisetasche *f* 37
Reiseziel *n* 213
Reismelde *f* 130
Reißverschluss *m* 277
Reißzwecke *m* 173
Reiten *n* 263
Reiter *m* 242
Reitgerte *f* 242
Reithelm *m* 242
Reithose *f* 242
Reitsport *m* 242
Reitstiefel *m* 242
Reitweg *m* 263
Rekord *m* 234
Reliefpapier *n* 83
Renaissance- 301
Rennbahn *f* 234, 243
Rennbügel *m* 207
Rennen *n* 234, 240
rennen 228
Rennfahrer *m* 249
Rennmaschine *f* 205
Rennpferd *n* 243
Rennrad *n* 206
Rennsport *m* 249
Reparaturkasten *m* 207
Reporterin *f* 179
Reproduktion *f* 20
Reptilien *n* 293
Restaurant *n* 101, 152
Rettungsboot *n* 214, 240
Rettungsring *m* 240
Rettungssanitäter *m* 94
Rettungsturm *m* 265
Return *m* 231
Revers *n* 32
Rezept *n* 45
R-Gespräch *n* 99
Rhabarber *m* 127
Rhombus *m* 164
rhythmische Gymnastik *f* 235
Richter *m* 180
Richtungsangaben *f* 260
Riemen *m* 207
Riesenslalom *m* 247
Rinde *f* 136, 142, 296
Rindfleisch *n* 118
Ring *f* 36
Ringbefestigungen *f* 89
Ringe *m* 235
Ringen *n* 236
Ringfinger *m* 15
Ringordner *m* 173
Rinnstein *m* 299
Rippe *f* 17, 126
Rippchen *f* 155
Rippenstück *n* 119
Robbe *f* 290
Robe *f* 169
Rochen *m* 120, 294
Rochenflügel *m* 120
Rock *m* 30, 34
Rockbund *m* 35
Rockkonzert *n* 258
Rocky Moutains 312
Rodeo *n* 243
Roggenbrot *n* 138
Roggenmehl *n* 138
roh 124, 129
Rohr *n* 202
Rohrabschneider *m* 81
Rohrzange *f* 81
Rokoko- 301
Rolle *f* 244, 245, 311
Roller *m* 83, 205
Rollo *n* 63
Rollschuh *m* 249
Rollschuhfahren *n* 249
Rollstuhl *m* 48
Rollstuhlzugang *m* 197
Rolltreppe *f* 104
Röntgenaufnahme *f* 48, 50
Röntgenbild *n* 50
Röntgenschirm *m* 45
rosa 274
Röschen *n* 122
Rose *f* 110
rosé 145
Rosenkohl *m* 122
Rosenschere *f* 89
Rosine *f* 129
Rosinenbrot *n* 139
Rosmarin *m* 133
Rost *m* 67
rostfreier Stahl *m* 79
rot 39, 145, 274
rotbraun 39
Rote Bete *f* 125
rotes Fleisch *n* 118
rote Karte *f* 223
Rotes Meer *n* 313
rote Bohnen *f* 131
rote Linsen *f* 131
Rotfärbung der Augen *f* 271
Rotorblatt *n* 211
Rotzunge *f* 120
Rough *n* 232
Route *f* 260
Ruanda 317
Rübe *f* 124
Rubin *m* 288
Rücken *m* 13

Rückenbürste *f* 73
Rückenflosse *f* 294
rückenfrei 35
Rückenlehne *f* 210
Rückenmuskel *m* 16
Rückenschwimmen *n* 239
Rückgabedatum *n* 168
Rückhand *f* 231
Rücklauf *m* 269
Rücklicht *n* 207
Rucksack *m* 31, 37, 267
Rücksitz *m* 200
Rückspiegel *m* 198
Rückstrahler *m* 207
rückwärts fahren 195
Ruder *n* 241
Ruderboot *n* 214
Ruderer *m* 241
Rudermaschine *f* 250
rudern 241
Rufknopf *m* 48
Rugby *n* 221
Rugbyball *m* 221
Rugbyspieler *m* 221
Rugbytrikot *n* 221
Rührei *n* 157
Rührschüssel *f* 69
Rum *m* 145
Rum mit Cola *m* 151
Rumänien 316
Rumpf *m* 210, 214, 240
Rumpfheben *n* 251
Rumpsteak *n* 119
Runde *f* 237
runder Ausschnitt *m* 33
Rundfunkstation *f* 179
Rundkorn- 130
Rüssel *m* 291
Russische Föderation 318
Rutsche *f* 263
rutschen 229

S

säen 90, 183
Safaripark *m* 262
Safran *m* 132
Saft *m* 109, 127
Säfte und Milchshakes *f* 149
saftig 127
sägen 79
Sahara *f* 313, 317
Sahne *f* 137, 140, 157
Sahnetorte *f* 141
Saint Kitts und Nevis 314
Saint Lucia 314
Saint Vincent und die Grenadinen 314
Saison- 129
Saite *f* 230, 258
Saiteninstrument *n* 256
Salamander *m* 294
Salami *f* 142
Salat *m* 123, 149
Salatsoße *f* 158
Salbe *f* 47, 109
Salbei *m* 133
Salomonen 319
Salto *m* 235
Salz *n* 64, 152
salzig 155
Sambia 317
Samen *m* 88, 122, 130
Samenausführungsgang *m* 21
Samenbläschen *n* 21
Samenleiter *m* 21
Sämling *m* 91
Samstag *m* 306
San Marino 316
Sand *m* 85, 264
Sandale *f* 37
Sandalen *f* 31
Sandburg *f* 265
Sandkasten *m* 263
Sandsack *m* 237
Sandstein *m* 288
Sandwich *n* 155
Sandwichtheke *f* 143
Sängerin *f* 191
Sao Tomé und Príncipe 317
Saphir 288
Sardine *f* 120
Sardinien 316
Satellit *m* 281
Satellitenschüssel *f* 269
Satsuma *f* 126
satt 64
Sattel *m* 206, 242
Sattelgurt *m* 242
Sattelstütze *f* 206
Saturn *m* 280
Satz *m* 230
saubere Wäsche *f* 76
Saubohnen *f* 131
Saudi-Arabien 318
sauer 127
Sauerteigbrot *n* 139
Sauger *m* 75, 81
Säugetiere *n* 290
Saugglocke *f* 53
Säuglingspflege *f* 74
Saugschlauch *m* 77
Säule *f* 300
Saum *m* 34
Sauna *f* 250
saure Sahne *f* 137
Saxophon *n* 257
Scan *m* 48
Scanner *m* 106, 176
Schabe *f* 295
Schablone *f* 83
Schach *n* 272
Schachbrett *n* 272
Schachtel Pralinen *f* 113
Schädel *m* 17
Schaf *n* 185
Schaffarm *f* 183
Schaffner *m* 209
Schafsmilch *f* 137
Schal *m* 31
Schale *f* 126, 127, 128, 129
schälen 67
Schäler *m* 68
Schalldämpfer *m* 204
Schalotte *f* 125
schalten 207
Schalter *m* 60, 96, 98, 100
Schalthebel *m* 201, 207
Schamlippen *f* 20
scharf 124
Schaschlik *m* 158
Schattenpflanze *f* 87
Schauer *m* 286
Schaufel *f* 187, 265
Schaukel *f* 263
Schaum *m* 148
Schaumbad *n* 73
Schaumlöffel *m* 68
Schauspieler *m* 179, 191, 254
Schauspielerin *f* 254
Scheck *m* 96
Scheckheft *n* 96
Scheibe *f* 119, 121, 139
Scheibenbrot *n* 138
Scheibenputzmittelbehälter *m* 202
Scheibenschießen *n* 249
Scheibenwaschanlage *f* 199
Scheibenwischer *m* 198
Scheide *f* 20
Scheidenmuschel *f* 121
Scheidung *f* 26
Schein *m* 97
Scheinwerfer *m* 198, 205, 259
Schellfisch *m* 120
Schenkel *m* 119
Schere *f* 38, 47, 188, 276
Scheune *f* 182
Schiebedach *n* 202
Schiedsrichter *m* 222, 225, 226, 229, 230
Schiedsrichterball *m* 226
Schiefer *m* 288
Schienbein *n* 12, 17
Schiene *f* 47, 208
schießen 223, 227
Schiff *n* 214
Schiffsschraube *f* 214
Schild *n* 172
Schilddrüse *f* 18
Schildkröte *f* 293
Schinken *m* 119, 143, 156
Schirm *m* 233
Schirmständer *m* 59
Schlafabteil *n* 209
Schlafanzug *m* 30, 33
Schläfe *f* 14
Schlafen *n* 74
Schlaflosigkeit *f* 71
Schlafmatte *f* 267
Schlafmittel *n* 109
Schlafsack *m* 267
Schlafzimmer *n* 70
Schlag *m* 233
Schlaganfall *m* 44
Schläge *m* 231
schlagen 67, 224, 225, 229
Schläger *m* 224
Schlägerspiele *n* 231
Schlagfehler *m* 228
Schlagholz *n* 225
Schlaginstrumente *n* 257
Schlagmal *n* 228
Schlagmann *m* 225, 228
Schlagzeug *n* 258
Schlagzeuger *m* 258
Schlange *f* 293
Schlauch *m* 95, 207
Schlauchboot *n* 215
Schlauchwagen *m* 89
schlecht 321
Schlegel *m* 275
Schleier *m* 35
Schleierkraut *n* 110
Schleifmaschine *f* 78
Schleppdampfer *m* 215
Schleppe *f* 35
schleudern 76
Schleudertrauma *n* 46
Schlick *m* 85
Schließfächer *n* 239
Schlinge *f* 46
Schlitten *m* 247
Schlittenfahren *n* 247
Schlittschuh *m* 224, 247
Schlittschuh laufen 224
Schloss *n* 59
Schlot *m* 283
Schlucht *f* 284
Schlüssel *m* 59, 80, 207
Schlüsselbein *n* 17
Schlüsselblume *f* 297
schmal 321
Schmerzmittel *n* 109
Schmerztabletten *f* 47
Schmetterball *m* 231
Schmetterling *m* 239, 295
schmirgeln 82
Schmirgelpapier *n* 81, 83
Schmortopf *m* 69
Schmuck *m* 36
Schmuckkasten *m* 36
Schmucksteine *m* 288
schmutzige Wäsche *f* 76
Schnabel *m* 293
Schnabeltasse *f* 75
schnarchen 71
Schnauze *f* 293
Schnecke *f* 295
Schnee *m* 287
Schneeanzug *m* 30
Schneebesen *m* 68
Schneemobil *n* 247
Schneeregen *m* 286
schneiden 38, 67, 79, 277
Schneider *m* 80, 88, 191
Schneiderei *f* 115
Schneiderkreide *f* 276
Schneiderpuppe *f* 276
Schneidezahn *m* 50
schnell 321
schnell zubereitet 130
Schnellimbiss *m* 154
Schnellstraße *f* 195
Schnitt *m* 46
Schnittlauch *m* 133
Schnittmuster *n* 276
schnitzen 79
Schnorchel *m* 239
Schnur *f* 244
schnurloses Telefon *n* 99
Schnurrhaare *n* 290
Schnürschuh *m* 37
Schnürsenkel *m* 37
Schock *m* 47
schockiert 25
Schokolade *f* 156
Schokoladenaufstrich *m* 135
Schokoladenmilchshake *m* 149
Schokoladentorte *f* 140
Schönheit *f* 40
Schönheitsbehandlungen *f* 41
Schönheitspflege *f* 105
Schöpflöffel *m* 68
Schornstein *m* 58, 214
Schot *f* 241
Schote *f* 122
Schraube *f* 80
Schraubenschlüssel *m* 80
Schraubenzieher *m* 80
Schraubenziehereinsätze *m* 80
Schraubstock *m* 78
schreiben 162
Schreibtisch *m* 172
Schreibtischschränkchen *n* 172
Schreibwaren *f* 105
schreien 25
Schreiner *m* 188
Schriftart *f* 177
Schritt *m* 243
schrubben 77
Schubkarre *f* 88
Schublade *f* 66, 70, 172
schüchtern 25
Schuh *m* 233
Schuh mit hohem Absatz *m* 37
Schuhabteilung *f* 104
Schuhe *f* 34, 37
Schuhgeschäft *n* 114
Schulbuch *n* 163
Schulbus *m* 196
schuldig 181
Schule *f* 162, 299
Schüler *m* 162
Schuljunge *m* 162
Schulleiter *m* 163
Schulmädchen *n* 162
Schultasche *f* 162
Schulter *f* 13

deutsch

Schulterblatt *n* 17
Schulterpolster *n* 35
Schulterriemen *m* 37
Schuluniform *f* 162
Schuppe *f* 121, 294
Schuppen *f* 39, 293
Schuppen *m* 84
Schürze *f* 30, 69
Schüssel *f* 65
Schutz *m* 88
Schutzanstrich *m* 83
Schutzblech *n* 205
Schutzbrille *f* 81, 167
Schutzhelm *m* 95, 186, 224
Schutzkappe *f* 270
Schutzmaske *f* 228
schwach 321
Schwager *m* 23
Schwägerin *f* 23
Schwalbe *f* 292
Schwamm *m* 73, 74, 83
Schwan *m* 293
schwanger 52
Schwangerschaft *f* 52
Schwangerschaftstest *m* 52
Schwanz *m* 121, 242, 290, 294
Schwarte *f* 119
schwarz 39, 272, 274
schwarzer Gürtel *m* 237
schwarze Johannisbeere *f* 127
schwarzer Kaffee *m* 148
schwarzes Loch *n* 280
Schwarzes Meer *n* 313
schwarze Olive *f* 143
schwarzer Tee *m* 149
Schwebebalken *m* 235
Schweden 316
Schwefel *m* 289
Schweif *m* 280
Schweifsäge *f* 81
Schwein *n* 185
Schweinefarm *f* 183
Schweinefleisch *n* 118
Schweinestall *m* 185
Schweißband *n* 230
Schweiz *f* 316
schwer 321
Schwerkraft *f* 280
Schwert *n* 241
Schwertfisch *m* 120, 294
Schwester *f* 22
Schwiegermutter *f* 23
Schwiegersohn *m* 22
Schwiegertochter *f* 22
Schwiegervater *m* 23
Schwimmbad *n* 101
Schwimmbecken *n* 238, 250
Schwimmbrett *n* 238
Schwimmbrille *f* 238
schwimmen 238
Schwimmer *m* 61, 238
Schwimmflosse *f* 239
Schwimmflügel *m* 238
Schwimmreifen *m* 265
Schwimmsport *m* 238
Schwimmstile *m* 239
Schwimmweste *f* 240
schwingen 232
Science-Fiction-Film *m* 255
Scotch mit Wasser *m* 151
Scrabble *n* 272
Scrollbalken *m* 177
sechs 308
Sechseck *n* 164
sechshundert 308
sechster 309
sechzehn 308
sechzehnter 309
sechzig 308
sechzigster 309
sedimentär 288
See *m* 285
Seebarsch *m* 120
Seebrassen *m* 120
Seefischerei *f* 245
Seelöwe *m* 290
Seemann *m* 189
Seepferd *n* 294
Seepolyp *m* 121, 295
Seestern *m* 295
Seeteufel *m* 120
Seezunge *f* 120
Segel *n* 241
Segelboot *n* 215
Segelfliegen *n* 248
Segelflugzeug *n* 211, 248
Segeljacht *f* 240
Segelsport *m* 240
Sehenswürdigkeiten *f* 261
Sehkraft *f* 51
Sehne *f* 17
Sehnerv *m* 51
Sehtest *m* 51
Seide *f* 277
Seife *f* 73
Seifenoper *f* 178
Seifenschale *f* 73
Seil *n* 248
Seilbahn *f* 246
Seilspringen *n* 251
sein Testament machen 26
Seite *f* 164
Seitendeck *n* 240
Seitenleitwerk *n* 210
Seitenlinie *f* 220, 221, 226, 230
Seitenpferd *n* 235
Seitenruder *n* 210
Seitenspiegel *m* 198
Seitenstraße *f* 299
Seitenstreifen *m* 194
Seitfußstoß *m* 237
Sekretariat *n* 168
Sekunde *f* 304
Sekundenzeiger *m*
Selbstbräunungscreme *f* 4[illegible]
selbstsicher 25
Selbstverteidigung *f* 237
Sellerie *m* 124
senden 177, 178
Sendung *f* 179
Senegal 317
Senf *m* 155
Senfkorn *n* 131
Senkblei *n* 82
senkrecht 165
Sepie *f* 121
September *m* 306
Server *m* 176
Serviceprovider *m* 177
servieren 64
Servierlöffel *m* 68
Serviette *f* 65, 152
Serviettenring *m* 65
Sesamkorn *n* 131
Sesamöl *n* 134
Sessel *m* 63
Sessellift *m* 246
Set *n* 64, 179
Setzkasten *m* 89
Setzkescher *m* 244
seufzen 25
Shampoo *n* 38
Sherry *m* 145
Shiatsu *n* 54
Shorts 30, 33
Sibirien 313
sich anfreunden 26
sich aufwärmen 251
sich übergeben 44
sich verlieben 26
Sicherheit *f* 75, 240
Sicherheitsbohrer *m* 80
Sicherheitsgurt *m* 198, 211
Sicherheitsnadel *f* 47
Sicherheitssperre *f* 246
Sicherheitsventil *n* 61
Sicherheitsvorkehrungen *f* 212
sichern 177
Sicherung *f* 60
Sicherungskasten *m* 60, 203
Sieb *n* 68, 89
sieben 91, 138, 308
siebenhundert 308
siebter 309
siebzehn 308
siebzehnter 309
siebzig 308
siebzigster 309
Siegerpodium *n* 235
Sierra Leone 317
Signal *n* 209
Silber *n* 235, 289
Silo *m* 183
Simbabwe 317
Singapur 319
Sinus *m* 19
Sirene *f* 94
Sitz *m* 204, 209, 210, 242
Sitzfläche *f* 64
Sitzung *f* 174
Sitzungsraum *m* 174
Sizilien 316
Skalpell *n* 81, 167
Skateboard *n* 249
Skateboardfahren *n* 249, 263
Skelett *n* 17
Ski *m* 246
Skianzug *m* 246
Skibrille *f* 247
Skihang *m* 246
Skiläuferin *f* 246
Skipiste *f* 246
Skisport *m* 246
Skisprung *m* 247
Skistiefel *m* 246
Skistock *m* 246
Skizze *f* 275
Skizzenblock *m* 275
Skorpion *m* 295
Slalom *m* 247
Slice *m* 230
Slip *m* 33, 35
Slipeinlage *f* 108
Slipper *m* 37
Slowakei 316
Slowenien 316
Smaragd *m* 288
SMS *f* 99
Snackbar *f* 148
Snooker *n* 249
Snowboarding *n* 247
Socken *f* 33
Sodabrot *n* 139
Sodawasser *n* 144
Sofa *n* 62
Sofakissen *n* 62
Sofortbildkamera *f* 270
Software *f* 176
Sohle *f* 37
Sohn *m* 22
Sojabohnen *f* 131
Sojasprosse *f* 122
Soldat *m* 189
Somalia 317
Sommer *m* 31, 307
Sommersprosse *f* 15
Sonate *f* 256
Sonde *f* 50
Sonne *f* 280
Sonnenaufgang *m* 305
sonnenbaden 264
Sonnenbank *f* 41
Sonnenblocker *m* 108, 265
Sonnenblume *f* 184, 297
Sonnenblumenkern *m* 131
Sonnenblumenöl *n* 134
Sonnenbrand *m* 46
Sonnenbräune *f* 41
Sonnenbrille *f* 51, 265
Sonnenhut *m* 30, 265
Sonnenmilch *f* 265
Sonnenschein *m* 286
Sonnenschirm *m* 148, 264
Sonnenschutzcreme *f* 108
Sonnensystem *n* 280
Sonnenuhr *f* 262
Sonnenuntergang *m* 305
sonnig 286
Sonntag *m* 306
Sorbet *n* 141
Soße *f* 134, 143, 155
Soufflé *n* 158
Souffléform *f* 69
Soziussitz *m* 204
Spachtel *m* 82
Spachtelmasse *f* 83
spachteln 82
Spalier *n* 84
Spanholz *n* 79
Spanien 316
Spann *m* 15
Spannung *f* 60
Spareinlagen *f* 96
Sparkonto *n* 97
Sparring *n* 237
spät 305
Spatel *m* 167
Spaten *m* 88
später 304
Spatz *m* 292
Specht *m* 292
Speck *m* 118
Speckscheibe *f* 119
Speerfischen *n* 245
Speerwerfen *n* 234
Speiche *f* 17, 207
Speicher *m* 176
Speisekarte *f* 148, 153, 154
Speiseröhre *f* 19
Speisewagen *m* 209
Spermium *n* 20
Sperrholz *n* 79
Spiegel *m* 40, 63, 71, 167
Spiegelei *n* 157
Spiel *n* 230, 273
Spielanzug *m* 30
Spielbahn *f* 225, 233
Spiele *n* 272
spielen 75, 229, 273
Spieler *m* 273
Spielerbank *f* 229
Spielergebnis *n* 273
Spielernummer *f* 226
Spielfeld *n* 220, 221, 226, 228
Spielfeldgrenze *f* 225
Spielfilm *m* 269
Spielhaus *n* 75
Spielmarke *f* 272
Spielplatz *m* 263
Spielshow *f* 178
Spielstand *m* 220
Spielwaren *f* 105
Spielzeug *n* 75
Spielzeugkorb *m* 75
Spieß *m* 68
Spikes *m* 233
Spin *m* 230

deutsch

Spinat *m* 123
Spinne *f* 295
Spinnerkasten *m* 244
Spion *m* 59
Spirale *f* 21
Spitze *f* 35, 37, 122, 165, 246
Spitzenklöppelei *f* 277
Spitzer *m* 163
Spitzhacke *f* 187
Splitter *m* 46
Sport *m* 162, 220, 236
Sportangeln *n* 245
Sportartikel *m* 105
Sportjackett *n* 33
Sportkabriolett *n* 198
Sportler *m* 191
Sportplatz *m* 168
Sportschuhe *f* 31
Sportwagen *m* 75
Sprachen *f* 162
Sprachmitteilung *f* 99
Spray *m* 109
Sprechanlage *f* 59
Sprecher *m* 174
Sprechzimmer *n* 45
Springbrunnen *m* 85
springen 227
Springer *m* 238, 272
Springreiten *n* 243
Sprinter *m* 234
Spritzbeutel *m* 69
Spritze 48, 109, 167
Spritzschutz *m* 66
Sprühbehälter *m* 311
Sprühdose *f* 311
sprühen 91
Sprung *m* 235, 237, 239, 243
Sprungball *m* 226
Sprungbrett *n* 235, 238
Sprungfeder *f* 71
Spuckbecken *n* 50
Spülbecken *n* 66
Spule *f* 276
Spüle *f* 61
spülen 76, 77
Spuler *m* 276
Spülkasten *m* 61
Spülmaschine *f* 66
Squash *n* 231
Sri Lanka 318
Staat *m* 315
Staatsanwaltschaft *f* 180
Stab *m* 225, 235
Stabhochsprung *m* 234
Stachel *m* 295
Stachelbeere *f* 127
Stadien *n* 23
Stadion *n* 223
Stadt *f* 298, 299
Stadtplan *m* 261
Stadtrundfahrtbus *m* 260
Stängel *m* 111, 297
Staffelei *f* 274
Staffellauf *m* 235
Stahlwolle *f* 81
Stake *f* 245
Stall *m* 185
Stallbursche *m* 243
Stamm *m* 296
Stammaktie *f* 97
Ständer *m* 88, 268
Stange *f* 90, 207, 250
Stangen *f* 133
Stangenbohne *f* 122
Stangensellerie *m* 122
stark 321
Start- und Landebahn *f* 212
Startblock *m* 234, 238
starten 211
Startlinie *f* 234
Startsprung *m* 239
Stativ *n* 166, 270, 281
Staub wischen 77
Staubgefäß *n* 297
Staubsauger *m* 77, 188
Staubtuch *n* 77
Staudamm *m* 300
Staudenrabatte *f* 85
stechen 90
Stechmücke *f* 295
Stechpalme *f* 296
Steckdose *f* 60
Stecker *m* 60
Stecknadel *f* 276
Steckschlüssel *m* 80
Steg *m* 258
Steigbügel *m* 242
Stein *m* 272, 275
Steingarten *m* 84
Steinobst *n* 126
Steiß- 52
Steißbein *n* 17
Stempel *m* 173
Stempelkissen *n* 173
Steppdecke *f* 71
sterben 26
stereo 269
steril 20, 47
Stern *m* 280
Sternanis *m* 133
Sternbild *n* 281
Sternfrucht *f* 128
Sternhyazinthen *f* 297
Stethoskop *n* 45
Steuer *f* 96
Steuerberater *m* 190
Steuerhebel *m* 269
Steuerrakete *f* 281
Steuerung *f* 204
Stich *m* 46, 277
Stichplatte *f* 276
Stichsäge *f* 78
Stichwahltaste *f* 276
Stickerei *f* 277
Stickrahmen *m* 277
Stiefel *m* 220
Stiefmutter *f* 23
Stiefsohn *m* 23
Stieftochter *f* 23
Stiefvater *m* 23
Stiel *m* 112, 187, 297
Stier *m* 185
Stillbüstenhalter *m* 53
stillen 53
Stillen *n* 53
Stimmbänder *n* 19
Stipendium *n* 169
Stirn *f* 14
Stirnmuskel *m* 16
Stirnriemen *m* 242
Stirnrunzeln *n* 25
Stock *m* 58, 91
Stoff *m* 276, 277
Stoffwindel *f* 30
stolz 25
Stop *m* 269
stopfen 277
Stoppball *m* 230
Stoppuhr *f* 234
Stöpsel *m* 72, 166
Storch *m* 292
Stoß *m* 237, 239
Stoßdämpfer *m* 205
Stößel *m* 68
Stoßstange *f* 198
Stoßzahn *m* 291
Stoßzeit *f* 209
Strafmaß *n* 181
Strafraum *m* 223
Strafregister *n* 181
Straftäter *m* 181
Strähnen *f* 39
Strampelanzug *m* 30
Strand *m* 264
Strandhäuschen *n* 264
Strandsandale *f* 37
Strandtasche *f* 264
Strandtuch *n* 265
Strang *m* 277
Straße *f* 298
Straßen *f* 194
Straßenarbeiten *f* 187
Straßenbahn *f* 196, 208
Straßenbaustelle *f* 195
Straßencafé *n* 148
Straßenecke *f* 298
Straßenlaterne *f* 298
Straßenmarkierungen *f* 194
Straßenrad *n* 206
Straßenschild *n* 298
Stratosphäre *f* 286
Strauß *m* 111, 292
Strebepfeiler *m* 301
Strecken *n* 251
Streichbürste *f* 83
Streichhölzer *n* 112
Stress *m* 55
Strichkode *m* 106
Stricken *n* 277
Strickjacke *f* 32
Stricknadel *f* 277
Strohhalm *m* 144, 154
Strom *m* 60
Stromanschluss *m* 266
Stromausfall *m* 60
Strom führende Schiene *f* 209
Stromkabel *n* 176
Stromnetz *n* 60
Stromschnellen *f* 284
Stromzähler *m* 60
Strumpfband *n* 35
Strümpfe *m* 35
Strumpfhalter *m* 35
Strumpfhose *f* 35
Strunk *m* 122
Stuckrahmen *m* 63
Stück *n* 140, 311
Student *m* 169
Studentenheim *n* 168
Studioeinrichtung *f* 178
Stufenbarren *m* 235
Stuhl *m* 64
Stunde *f* 163
Stundenzeiger *m*
Sturm *m* 286
Sturz *m* 186
Stütze *f* 187
stutzen 90
Stützräder *m* 207
subtrahieren 165
suchen 177
Südafrika 317
Sudan 317
Süden *m* 312
Südfrüchte *f* 128
Südkorea 318
südliche Halbkugel *f* 283
Südpolarmeer *n* 313
Sukkulente *f* 87
Sultanine *f* 129
Sumo *n* 237
Sumpf *m* 285
Supermarkt *m* 106
Suppe *f* 153, 158
Suppenlöffel *m* 65
Suppenteller *m* 65
Surfbrett *n* 241
surfen 176
Surfer *m* 241
Suriname 315
süß 124, 127, 155
süßer Aufstrich *m* 134
Süßkartoffel *f* 125
Süßwaren *f* 107, 113
Süßwarengeschäft *n* 113
Süßwasserangeln *n* 245
Swasiland 317
Sweatshirt *n* 33
Symbol *n* 177
Symphonie *f* 256
Synagoge *f* 300
Synchronschwimmen *n* 239
synthetisch 31
Syrien 318
System *n* 176

T

Tabak *m* 112, 184
Tablett *n* 152, 154
Tachometer *m* 204
Tadschikistan 318
Taekwondo *n* 236
Tafel *f* 162
Tafel Schokolade *f* 113
Tag *m* 306
Tagesdecke *f* 70
Tagskarte *f* 152
Tagesordnung *f* 174
Tai Chi *n* 236
Taille *f* 12
Taiwan 319
Takelung *f* 240
Taktstock *m* 256
Taktstrich *m* 256
Tal *n* 284
Tamburin *n* 257
Tampon *m* 108
Tandem *n* 206
Tangelo *f* 126
Tankstelle *f* 199
Tankstellenplatz *m* 199
Tansania 317
Tante *f* 22
Tanzakademie *f* 169
Tänzerin *f* 191
Tanzmusik *f* 259
Tapedeck *n* 268
Tapete *f* 82
Tapetenkleister *m* 82
Tapezierbürste *f* 82
Tapezieren *n* 82
tapezieren 82
Tapezierer *m* 82
Tapeziermesser *n* 82
Tapezierschere *f* 82
Tapeziertisch *m* 82
Tapisserie *f* 277
Tarowurzel *f* 124
Tasche *f* 32, 37
Taschenlampe *f* 267
Taschenrechner *m* 165
Taschentuch *n* 36
Tasmanien 319
Tastatur *f* 172, 176
Taste *f* 176
Tastenfeld *n* 97, 99
Tätigkeiten *f* 77, 183
Tätowierung *f* 41
Taube *f* 292
tauchen 238
Tauchen *n* 239
Taucheranzug *m* 239
Tauchermaske *f* 239
Taufe *f* 26
Tausendfüßler *m* 295
Tauwerk *n* 215
Taxifahrer *m* 190
Taxistand *m* 213
Team *n* 229
Techniken *f* 237
Teddybär *m* 75
Tee *m* 144, 149, 184
Tee mit Milch *m* 149
Tee mit Zitrone *m* 149
Teebeutel *m* 144
Teeblätter *n* 144
Teekanne *f* 65
Teelöffel *m* 65
Teetasse *f* 65
Teich *m* 85
Teig *m* 138, 140
Teigschaber *m* 68
Teilchen *n* 140
Teiler *m* 173

deutsch

teilnehmen 174
Teint *m* 41
Telefon *n* 99, 172
Telefonzelle *f* 99
Telegramm *n* 98
Teleprompter *m* 179
Teleskop *n* 281
Teller *m* 65
Tempel *m* 300
Temperatur *f* 286
Temperaturanzeige *f* 201
Tennis *n* 230
Tennisball *m* 230
Tennisplatz *m* 230
Tennisschläger *m* 230
Tennisschuh *m* 231
Tennisspieler *m* 231
Teppich *m* 63, 71
Tequila *m* 145
Termin *m* 45, 175
Terminal *m* 212
Terminkalender *m* 173, 175
Terminplaner *m* 175
Termite *f* 295
Terpentin *n* 83
Terrassencafé *n* 148
Territorium *n* 315
Tesafilm *m* 173
Tesafilmhalter *m* 173
Text *m* 259
Thailand 318
Theater *n* 254, 299
Theaterkostüm *n* 255
Theaterstück *n* 254
Theke *f* 142, 150
Therapeutin *f* 55
Thermometer *n* 45, 167
Thermosflasche *f* 267
Thermosphäre *f* 286
Thermostat *m* 61
Thermounterwäsche *f* 35
Thermowäsche *f* 267
Thriller *m* 255
Thymian *m* 133
Tiefe *f* 165
tiefes Ende *n* 239
tiefgefroren 121, 124
Tiefkühlkost *f* 107
Tiegel *m* 166
Tierärztin *f* 189
Tier *n* 292, 294
Tierfutter *n* 107
Tierhandlung *f* 115
Tiger *m* 291
Tintenfisch *m* 121, 295
Tisch *m* 64, 148, 167
Tischdecke *f* 64
Tischtennis *n* 231
Tischtennisschläger *m* 231
Titel *m* 168
Toast *m* 157
Toaster *m* 66
Tochter *f* 22
Toffee *n* 113
Togo 317
Toilette *f* 72
Toiletten *f* 104, 266
Toilettenartikel *m* 41, 107
Toilettenbürste *f* 72
Toilettenpapier *n* 72
Toilettensitz *m* 61, 72
Tomate *f* 125, 157
Tomatenketschup *m* 154
Tomatensaft *m* 144, 149
Ton *m* 275
Tonabnehmer *m* 258
Tonhöhe *f* 256
Tonicwater *n* 144
Tonleiter *f* 256
Tonmeister *m* 179
Tonne *f* 310
Tonspur *f* 255
Tonstudio *n* 179
Topas *m* 288
Töpfchen *n* 74
Töpferei *f* 275
Topfhandschuh *m* 69
Topfpflanze *f* 87, 110
Topinambur *m* 125
Tor *n* 85, 182, 221, 223, 224, 247
Torlinie *f* 220, 223, 224
Tornado *m* 287
Tornetz *n* 222
Torpfosten *m* 220, 222
Torraum *m* 221, 223
Törtchenform *f* 69
Torwart *m* 222, 224, 225
Touchdown *m* 220
Tourerfahrrad *n* 206
Tourer *m* 205
Tourismus *m* 260
Tourist *m* 260
Touristenattraktion *f* 260
Touristenbus *m* 197
Touristeninformation *f* 261
Trab *m* 243
Trabrennen *n* 243
Tragbahre *f* 94
Tragebettchen *n* 75
Träger *m* 35, 186
trägerlos 34
Tragfläche *f* 210
Tragflügelboot *n* 215
trainieren 251
Trainingsanzug *m* 31, 32
Trainingshose *f* 33
Trainingsrad *n* 250
Trainingsschuh *m* 251
Traktor *m* 182
Tranchiergabel *f* 68
Träne *f* 51
Transfer *m* 223
Transformator *m* 60
Transmission *f* 202
Trapez *n* 164
Traubenkernöl *n* 134
Traubensaft *m* 144
traurig 25
Treppe *f* 59
Treppenabsatz *m* 59
Treppengeländer *n* 59
Treppengitter *n* 75
treten 207
Trethebel *m* 61
Tretmaschine *f* 250
Triangel *m* 257
Trichter *m* 166
Triebwerk *n* 210
Trifle *n* 141
Trimester *n* 52
Trinidad und Tobago 314
Trittleiter *f* 82
Trizeps *m* 16
trocken 39, 41, 130, 145, 286, 321
Trockenblume *f* 111
Trockendock *n* 217
trocknen 76
Trockner *m* 76
Trog *m* 183
Trommel *f* 258
Trompete *f* 257
Tropen *f* 283
Tropfen *m* 109
Tropfinfusion *f* 53
Troposphäre *f* 286
Trüffel *m* 113, 125
Truthahn *m* 185, 293
Tschad 317
Tschechische Republik 316
T-Shirt *n* 30, 33
Tuba *f* 257
Tube *f* 311
Tülle *f* 80
Tulpe *f* 111
Tunesien 317
Tunfisch *m* 120
Tür *f* 196, 209
Turbolader *m* 203
Türgriff *m* 200
Türkei *f* 316
Türkette *f* 59
Türkis *m* 289
Türklingel *f* 59
Türklopfer *m* 59
Turkmenistan 318
Türknauf *m* 59
Turm *m* 272, 300
Turmalin *m* 288
Turmspitze *f* 300
Turmsprung *m* 239
Turnen *n* 235
Turnerin *f* 235
Turnierplatz *m* 243
Turnschuhe *m* 37
Türriegel *m* 59
Türverriegelung *f* 200
Tüte *f* 311
Typen *m* 205

U

U-Bahn *m* 209
U-Bahnplan *m* 209
Übelkeit *f* 44
über 320
überbelichtet 271
Überdach *n* 266
Überführung *f* 194
Übergepäck *n* 212
überholen 195
Überholspur *f* 194
Überlauf *m* 61
übermorgen 307
Übernachtung mit Frühstück *f* 101
Überpar *n* 233
überrascht 25
Überschallflugzeug *n* 211
Überschwemmung *f* 287
Überweisung *f* 49
U-Boot *n* 215
Übungen *f* 251
Übungsschwung *m* 233
Ufer *n* 284
Uganda 317
Uhr *f* 62
Ukraine *f* 316
Ulme *f* 296
Ultraleichtflugzeug *n* 211
Ultraschall *m* 52
Ultraschallaufnahme *f* 52
Ultraviolettstrahlen *m* 286
um 320
Umfang *m* 164
Umhängetasche *f* 37
Umlaufbahn *f* 280
Umleitung *f* 195
umpflanzen 91
umrühren 67
Umschlag *m* 98
umsteigen 209
Umwelt *f* 280
Umzug *m* 27
Unentschieden *n* 223
Unfall *m* 46
Ungarn 316
ungesalzen 137
ungültiger Schlag *m* 228
Uniform *f* 94, 189
Universität *f* 299
Universum *n* 280
Unkraut *n* 86
Unkrautvernichter *m* 91
unpasteurisiert 137
unscharf 271
unschuldig 181
unsicheres Fangen des Balls *n* 220
unter 320
Unterarm *m* 12
unterbelichtet 271
unterbrochen 99
unterer Kuchenteil *m* 141
Unterführung *f* 194
Untergrund *m* 91
Unterhemd *n* 33, 35
Unterpar *n* 233
Unterrock *m* 35
Unterschrift *f* 96, 98
Untersetzer *m* 150
Untersuchung *f* 45, 49
Unterwäsche *f* 32, 35
Unze *f* 310
Uranus *m* 280
Urlaub *m* 212
Urlaubsprospekt *m* 212
Urologie *f* 49
Urteil *n* 181
Uruguay 315
Usbekistan 318

V

Vanille *f* 132
Vanillepudding *m* 140
Vanuatu 319
Vase *f* 63
Vater *m* 22
Vatikanstadt *f* 316
V-Ausschnitt *m* 33
vegetarischer Hamburger *m* 155
Vene *f* 19
Venezuela 315
Ventil *n* 207
Ventilator *m* 60, 202
Venus *f* 280
Venusmuschel *f* 121
Verankerung *f* 217
verarbeitete Getreidearten *f* 130
verärgert 25
Verband *m* 47
verbinden 177
verbleit 199
Verbrechen *n* 94
Verbrennung *f* 46
Verdächtige *m* 94, 181
Verdauungssystem *n* 19
Verdeck *n* 75
Verdünnungsmittel *n* 83
Vereinigte Arabische Emirate 318
Vereinigte Staaten von Amerika 314
Verfallsdatum *n* 109
Verfügung *f* 180
Vergiftung *f* 46
Vergnügungspark *m* 262
vergrößern *f* 172
Vergrößerung *f* 271
Verkäufer *m* 104
Verkäuferin *f* 188
Verkaufsabteilung *f* 175
Verkehr *m* 194
Verkehrsampel *f* 194
Verkehrsflugzeug *n* 210, 212
Verkehrsinsel *f* 194
Verkehrspolizist *m* 195
Verkehrsschilder *n* 195
Verkehrsstau *m* 195
verkleinern *f* 172
verlängern 168
verlängerte Limousine *f* 199
Verlängerung *f* 223
Verlängerungsschnur *f* 78
verlegen 25
Verletzung *f* 46
verlieren 273
Verlierer *m* 273
Verlobte *m* 24

deutsch

Verlobte f 24
vermehren 91
Vermieter m 58
Vermittlung f 99
Verordnung f 109
verputzen 82
Verrenkung f 46
verrühren 67, 138
Verschluss m 36
Versicherung f 203
Versiegelungsmittel n 83
Versorgungsfahrzeug n 212
Verspätung f 209
Verstärker m 268
verstellbare Schraubenschlüssel m 80
Versuch m 166, 221
Verteidiger m 223
Verteidigung f 181, 220
Verteidigungszone f 224
Verteiler m 203
Verwandte m 23
verwirrt 25
Vibraphon n 257
Videokamera f 260
Videokassette f 269
Videorekorder m 269
Videospiel n 269
Vieh n 183, 185
vier 308
vierhundert 308
vierter 309
viertürig 200
vierzehn 308
vierzehn Tage 307
vierzehnter 309
vierzig 308
vierzig Minuten 304
vierzigster 309
Vietnam 318
Violinschlüssel m 256
Virus m 44
Visier n 205
Visum n 213
Vitamintabletten f 108
Vögel m 292
Vögelbeobachtung f 263
Vogelscheuche f 184
Volant m 71
voll 266, 321
Voll tanken, bitte 199
Volley m 231
Volleyball m 227
Vollkorn- 131
Vollkornbrot n 139, 149
Vollkornmehl n 138
Vollmilch f 136
Vollmond m 280
Vollpension f 101
Volumen n 165, 311
vom Abschlag spielen 233
von Bord gehen 217
von, aus 320
vor 320
vorbestellen 168
Vordach n 58
vorderer Backenzahn m 50
Vorderrad n 196
Vorderzwiesel m 242
Vorfeld n 212
vorgeburtlich 52
vorgestern 307
Vorhand f 231
Vorhang m 63, 254
Vorhaut f 21
vorher aufgezeichnet 178
Vorkriegsmodell n 199
Vorladung f 180
Vorlauf m 269
Vorort m 299
Vorschlaghammer m 187
Vorspeise f 153
Vorteil m 230
vorzeitig 52
Vulkan m 283

W

Waage f 53, 98, 118, 310
Waagschale f 310
Wabenhonig m 134
Wachtel f 119
Wachtelei n 137
Wächter m 189
Wade f 13
Wadenbein n 17
Wadenmuskel m 16
Waffeln f 157
Wagen m 208
Wagenheber m 203
Wagentyp m 199
wählen 99
Wal m 290
Wald m 285
Walnuss f 129
Walnussöl n 134
Walross n 290
Walze f 187
wandern 263
Wanderritt m 243
Wanderschuh m 37
Wanderschuhe f 267
Wandlampe f 62
Wange f 14
Wanne f 83
Warenlager n 216
Warenregal n 106
warm 286
Wärmflasche f 70
Warnlicht n 201
Wartehäuschen n 197
Wartezimmer n 45
Waschautomat mit Trockner m 76
Waschbär m 290
Waschbecken n 38, 72
waschen 38
Waschküche f 76
Waschmaschine f 76
Waschmittel n 77
Waschsalon m 115
Wäsche f 76, 105
Wäschedienst m 101
Wäscheklammer f 76
Wäschekorb m 76
Wäscheleine f 76
Wäscheschleuder f 76
Wasser n 144, 238
Wasser treten 239
Wasserball m 239, 265
Wasserbehandlung f 55
Wasserfall m 285
Wasserflasche f 206, 267
Wasserflugzeug n 211
Wassergarten m 84
Wasserglas n 65
Wasserhahn m 66
Wasserhindernis n 232
Wasserkastanie f 124
Wasserkocher m 66
Wassermelone f 127
Wassersport m 241
Wasserpflanze f 86
Wasserraum m 61
Wasserschildkröte f 293
Wasserski n 241
Wasserskifahrer m 241
Wassersport m 241
Wasserstrahl m 95
Wasserwaage f 80, 187
Watstiefel m 244
Wattebällchen n 41
wattieren 277
WC n 61
weben 277
Website f 177
Webstuhl m 277
Wechselkurs m 97
Wechselstrom m 60
Wechselstube f 97
Wecker m 70
Wedge n 233
Weg m 58, 85
Wegschnecke f 295
Wegwerf- 109
Wegwerfwindel f 30
Wehe f 52
weiblich 20
weich 129, 321
weiches Brötchen n 139
Weichholz n 79
Weichkäse m 136
Weichspüler m 76
Weide f 182, 296
Weihnachten n 27
Wein m 145, 151
Weinberg m 183
Weinbrand m 145
weinen 25
Weinessig m 135
Weinglas n 65
Weinhandlung f 115
Weinkarte f 152
Weinstock m 183
weiß 39, 145, 272, 274
Weißbrot n 139
weißes Fleisch n 118
weiße Haut f 126
weiße Johannisbeere f 127
weißer Reis m 130
weiße Schokolade f 113
weiße Bohnen f 131
Weißfisch m 120
Weißrussland 316
weit 320
Weitsichtigkeit f 51
Weitsprung m 235
Weizen m 130, 184
Weizenmehl n 138
Weizenschrot m 130
Welle f 241, 264
Wellenlänge f 179
Wellenreiten n 241
Welpe m 290
Weltkarte f 312
Weltraum m 280
Wendekreis des Krebses m 283
Wendekreis des Steinbocks m 283
Werbung f 269
werdende Mutter f 52
werfen 221, 225, 227, 229
Werfer m 225, 229
Werferplatte f 228
Werft f 217
Werkbank f 78
Werkstatt f 199, 203
Werktag m 306
Werkzeuge n 187
Werkzeuggestell n 78
Werkzeuggürtel m 186
Werkzeugkasten m 80
Werkzeugleiste f 177
Wertpapiere n 97
Wespe f 295
Weste f 33
Westen m 312
Western m 255
Wette f 273
Wetter n 286
Wetzstein m 81
Whisky m 145
Wickelmatte f 74
Wickelraum m 104
Widerhaken m 244
Wiederbelebung f 47
wiegen 310
Wiese f 285
Wild n 118
Wildbret n 119
Wildreis m 130
Wildwasser n 240
Wimper f 14, 51
Wimperntusche f 40
Wind m 241, 286
Windel f 75
windig 286
Windjacke f 33
Windpocken f 44
Windschutz m 265
Windschutzscheibe f 198, 205
Windsurfer m 241
Windsurfing n 241
Winkel m 164
Winkelmesser m 165
Winter m 31, 307
Wintersport m 247
Wippe f 263
Wirbel m 259
Wirbellosen f 295
Wirbelsäule f 17
Wirsing m 123
Wirtschaftsprüfer m 97
Wirtschaftswissenschaft f 169
wischen 77
Wissenschaft f 166
Wissenschaftler m 190
Woche f 306
Wochenende n 306
wöchentlich 307
Wodka m 145
Wodka mit Orangensaft m 151
Wohnblock m 59, 298
Wohngegend f 299
Wohnmobil n 266
Wohnung f 59
Wohnwagen m 266
Wohnzimmer n 62
Wok m 69
Wolf m 290
Wolke f 287
Wolkenkratzer m 299, 300
Wolle f 277
Wörterbuch n 163
Wunde f 46
Wundsalbe f 74
Wurf m 237
Würfel m 164, 272
Wurflinie f 225
Wurm m 295
Wurst f 143, 155
Würstchen n 118, 157
Wurzel f 124, 296
Wurzeln f 39
Wüste f 285

Y

Yard n 310
Yoga n 54

Z

Zahlen f 308
zählen 165
Zähler m 165, 270
Zahlung f 96
Zahn m 50
Zahnarzt m 50
Zahnärztin f 189
Zahnbelag m 50
Zahnbürste f 72
Zahnfleisch n 50
Zahnfüllung f 50
Zahnpasta f 72
Zahnpflege f 72, 108
Zahnprothese f 50
Zahnrad m 206
Zahnschmelz m 50
Zahnschmerzen m 50

Zahnseide *f* 50, 72
Zahnspange *f* 50
Zahnwurzel *f* 50
Zange *f* 167
Zäpfchen *n* 109
Zapfhahn *m* 150
Zapfsäule *f* 199
Zaumzeug *n* 242
Zaun *m* 85, 182
Zebra *n* 291
Zeder *f* 296
Zeh *m* 15
Zehe *f* 125
Zehennagel *m* 15
zehn 308
zehntausend 309
zehnter 309
Zeichendreieck *n* 165
Zeichentrickfilm *m* 178, 255
Zeichnen *n* 275
zeichnen 162
Zeigefinger *m* 15
Zeit *f* 234
Zeiteinstellscheibe *f* 270
Zeiten *f* 261
Zeitmesser *m* 166
Zeitschrift *f* 112, 168
Zeitschriften *f* 107
Zeitung *f* 112
Zeitungshändler *m* 112
Zelt *n* 267
Zeltboden *m* 267
zelten 266
Zeltplatz *m* 266
Zeltplätze frei 266
Zeltspannleine *f* 266
Zeltstange *f* 266
Zement *m* 186
Zentimeter *m* 310
Zentimetermaß *n* 276
Zentralafrikanische Republik 317
Zentrale *f* 175
Zentraleinheit *f* 176
zerbrechlich 98
zerstoßen 132
Zeuge *m* 180
Zicklein *n* 185
Ziege *f* 185
Ziegelstein *m* 187
Ziegenkäse *m* 142
Ziegenmilch *f* 136
ziehen 91
Ziellinie *f* 234
Zielscheibe *f* 249
Zier- 87
Zierstrauch *m* 87
Zigaretten *f* 112
Zigarre *f* 112
Zimmer *n* 58, 100
Zimmernummer *f* 100
Zimmerreinigung *f* 101
Zimmerschlüssel *m* 100
Zimmerservice *m* 101
Zimt *m* 133
Zink *n* 289
Zinn *n* 289
Zinssatz *m* 96
Zirkel *m* 165
Zirkeltraining *n* 251
Zitrone *f* 126
Zitronenaufstrich *m* 134
Zitronengras *n* 133
Zitrusfrüchte *f* 126
Zoll *m* 212, 310
Zollamt *n* 216
Zone *f* 315
Zoo *m* 262
Zoologie *f* 169
Zoom *n* 270
Zopf *m* 39
zu 320
zu, nach 320
zubereitet 121
Zubereitung *f* 159
Zubringer *m* 197
Zucchini *f* 125
züchten 91
Zuckerguss *m* 141
Zuckerkrankheit *f* 44
Zuckerrohr *n* 184
Zufahrtsstraße *f* 194, 216
Zug *m* 208, 239, 273
Zugabe *f* 255
Zügel *m* 242
Zugfenster *n* 209
Zugtypen *m* 208
Zuleitung *f* 61
zum Mitnehmen 154
Zündkerze *f* 203
Zündung *f* 200
Zunge *f* 19, 37, 118
zur Schule kommen 26
Zusatzstoffe *f* 55
Zuschauer *m* 233
Zustellung *f* 98
zwanzig 308
zwanzig Minuten 304
zwanzigster 309
zwanzigtausend 309
zwei 308
zwei Uhr 304
Zweibettzimmer *n* 100
Zweig *m* 296
Zweigstelle *f* 175
zweihundert 308
zweijährig 86
Zweispännerrennen *n* 243
zweitausend 307
zweitausendeins 307
zweitausendzwei 307
zweite Etage *f* 104
zweiter Rang *m* 254
zweiter 309
zweitürig 200
zweiundzwanzig 308
zweiundzwanzigster 309
Zwerchfell *n* 19
Zwiebel *f* 86, 124
Zwillinge *m* 23
Zwinge *f* 78
Zwirn *m* 89
zwischen 320
Zwischenrippenmuskel *m* 16
zwölf 308
Zwölffingerdarm *m* 18
zwölfter 309
Zylinder *m* 164
Zylinderkopf *m* 202
Zypern 316

deutsch

ringraziamenti • Dank

DORLING KINDERSLEY dankt Tracey Miles und Christine Lacey für die Design-Assistenz, Georgina Garner für ihre redaktionelle und administrative Unterstützung, Sonia Gavira, Polly Boyd und Cathy Meeus für die redaktionelle Hilfe und Claire Bowers für die Erstellung des Bildnachweises.

Der Verlag dankt den folgenden Personen und Institutionen für die freundliche Genehmigung zum Abdruck ihrer Bilder:
Abkürzungen: t=oben, b=unten, r=rechts, l=links, c=Mitte

Abode: 62; **Action Plus:** 224bc; **alamy.com:** 154t; A.T. Willett 287bcl; Michael Foyle 184bl; Stock Connection 287bcr; **Allsport/Getty Images:** 238cl; **Alvey and Towers:** 209 acr, 215bcl, 215bcr, 241cr; **Peter Anderson:** 188cbr, 271br. **Anthony Blake Photo Library:** Charlie Stebbings 114cl; John Sims 114tcl; **Andyalte:** 98tl; **apple mac computers:** 268tcr; **Arcaid:** John Edward Linden 301bl; Martine Hamilton Knight, Architects: Chapman Taylor Partners, 213cl; Richard Bryant 301br; **Argos:** 41tcl, 66cbl, 66cl, 66br, 66bcl, 69cl, 70bcl, 71t, 77tl, 269tc, 270tl; **Axiom:** Eitan Simanor 105bcr; Ian Cumming 104; Vicki Couchman 148cr; **Beken Of Cowes Ltd:** 215cbc; **Bosch:** 76tcr, 76tc, 76tcl; **Camera Press:** 27c, 38tr, 256t, 257cr; Barry J. Holmes 148tr; Jane Hanger 159cr; Mary Germanou 259bc; **Corbis:** 78b; Anna Clopet 247tr; Bettmann 181tl, 181tr; Bo Zauders 156t; Bob Rowan 152bl; Bob Winsett 247cbl; Brian Bailey 247br; Carl and Ann Purcell 162l; Chris Rainer 247ctl; ChromoSohm Inc. 179tr; Craig Aurness 215bl; David H.Wells 249cbr; Dennis Marsico 274bl; Dimitri Lundt 236bc; Duomo 211tl; Gail Mooney 277ctcr; George Lepp 248c; Gunter Marx 248cr; Jack Fields 210b; Jack Hollingsworth 231bl; Jacqui Hurst 277cbr; James L. Amos 247bl, 191ctr, 220bcr; Jan Butchofsky 277cbc; Johnathan Blair 243cr; Jon Feingersh 153tr; Jose F. Poblete 191br; Jose Luis Pelaez.Inc 153tc, 175tl; Karl Weatherly 220bl, 247tcr; Kelly Mooney Photography 259tl; Kevin Fleming 249bc; Kevin R. Morris 105tr, 243tl, 243tc; Kim Sayer 249tcr; Lynn Goldsmith 258t; Macduff Everton 231bcl; Mark Gibson 249bl; Mark L. Stephenson 249tcl; Michael Pole 115tr; Michael S. Yamashita 247ctcl; Mike King 247cbl; Neil Rabinowitz 214br; Owen Franken 112t; Pablo Corral 115bc; Paul A. Sounders 169br, 249ctcl; Paul J. Sutton 224c, 224br; Peter Turnley 105tcr; Phil Schermeister 227b, 248tr; R. W Jones 309; R.W. Jones 175tr; Richard Hutchings 168b; Rick Doyle 241ctr; Robert Holmes 97br, 277ctc; Roger Ressmeyer 169tr; Russ Schleipman 229; Steve Raymer 168cr; The Purcell Team 211ctr; Tim Wright 178; Vince Streano 194t; Wally McNamee 220br, 220bcl, 224bl; Yann Arhus-Bertrand 249tl; **Demetrio Carrasco / Dorling Kindersley (c) Herge / Les Editions Casterman:** 112ccl; **Dixons:** 270cl, 270cr, 270bl, 270bcl, 270bcr, 270ccr; **Education Photos:** John Walmsley 26tl; **Empics Ltd:** Adam Day 236br; Andy Heading 243c; Steve White 249cbc; **Getty Images:** 48bcl, 100t, 114bcr, 154bl, 287tr; 94tr; **Dennis Gilbert:** 106tc; **Hulsta:** 70t; **Ideal Standard Ltd:** 72r; **The Image Bank/Getty Images:** 58; **Impact Photos:** Eliza Armstrong 115cr; John Arthur 190tl; Philip Achache 246t; **The Interior Archive:** Henry Wilson, Alfie's Market 114bl; Luke White, Architect: David Mikhail, 59tl; Simon Upton, Architect: Phillippe Starck, St Martins Lane Hotel 100bcr, 100br; **Jason Hawkes Aerial Photography:** 216t; **Dan Johnson:** 26cbl, 35r; **Kos Pictures Source:** 215cbl, 240tc, 240tr; David Williams 216b; **Lebrecht Collection:** Kate Mount 169bc; **MP Visual.com:** Mark Swallow 202t; **NASA:** 280cr, 280ccl, 281tl; **P&O Princess Cruises:** 214bl; **P A Photos:** 181br; **The Photographers' Library:** 186bl, 186bc, 186t; **Plain and Simple Kitchens:** 66t; **Powerstock Photolibrary:** 169tl, 256t, 287tc; **Rail Images:** 208c, 208 cbl, 209br; **Red Consultancy:** Odeon cinemas 257br; **Redferns:** 259br; Nigel Crane 259c; **Rex Features:** 106br, 259tc, 259tr, 259bl, 280b; Charles Ommaney 114tcr; J.F.F Whitehead 243cl; Patrick Barth 101tl; Patrick Frilet 189cbl; Scott Wiseman 287bl; **Royalty Free Images:** Getty Images/Eyewire 154bl; **Science & Society Picture Library:** Science Museum 202b; **Skyscan:** 168t, 182c, 298; Quick UK Ltd 212; **Sony:** 268bc; **Robert Streeter:** 154br; **Neil Sutherland:** 82tr, 83tl, 90t, 118, 188ctr, 196tl, 196tr, 299cl, 299bl; **The Travel Library:** Stuart Black 264t; **Travelex:** 97cl; **Vauxhall:** Technik 198t, 199tl, 199tr, 199cl, 199cr, 199ctcl, 199ctcr, 199tcl, 199tcr, 200; **View Pictures:** Dennis Gilbert, Architects: ACDP Consulting, 106t; Dennis Gilbert, Chris Wilkinson Architects, 209tr; Peter Cook, Architects: Nicholas Crimshaw and partners, 208t; **Betty Walton:** 185br; **Colin Walton:** 2, 4, 7, 9, 10, 28, 42, 56, 92, 95c, 99tl, 99tcl, 102, 116, 120t, 138t, 146, 150t, 160, 170, 191ctcl, 192, 218, 252, 260br, 260l, 261tr, 261c, 261cr, 271cbl, 271cbr, 271ctl, 278, 287br, 302, 401.

DK PICTURE LIBRARY:
Akhil Bahkshi; Patrick Baldwin; Geoff Brightling; British Museum; John Bulmer; Andrew Butler; Joe Cornish; Brian Cosgrove; Andy Crawford and Kit Hougton; Philip Dowell; Alistair Duncan; Gables; Bob Gathany; Norman Hollands; Kew Gardens; Peter James Kindersley; Vladimir Kozlik; Sam Lloyd; London Northern Bus Company Ltd; Tracy Morgan; David Murray and Jules Selmes; Musée Vivant du Cheval, France; Museum of Broadcast Communications; Museum of Natural History; NASA; National History Museum; Norfolk Rural Life Museum; Stephen Oliver; RNLI; Royal Ballet School; Guy Ryecart; Science Museum; Neil Setchfield; Ross Simms and the Winchcombe Folk Police Museum; Singapore Symphony Orchestra; Smart Museum of Art; Tony Souter; Erik Svensson and Jeppe Wikstrom; Sam Tree of Keygrove Marketing Ltd; Barrie Watts; Alan Williams; Jerry Young.

Weitere Fotografien von Colin Walton.

Colin Walton dankt:
A&A News, Uckfield; Abbey Music, Tunbridge Wells; Arena Mens Clothing, Tunbridge Wells; Burrells of Tunbridge Wells; Gary at Di Marco's; Jeremy's Home Store, Tunbridge Wells; Noakes of Tunbridge Wells; Ottakar's, Tunbridge Wells; Selby's of Uckfield; Sevenoaks Sound and Vision; Westfield, Royal Victoria Place, Tunbridge Wells.